Aider les enfants en difficulté d'apprentissage

DU MÊME AUTEUR

Favoriser le développement de l'enfant. Psychomotricité et action éducative, Les Presses de l'Université Laval, 1997.

La déficience intellectuelle. Connaître, comprendre, intervenir, Les Presses de l'Université Laval, 1997.

Jean-Charles Juhel

Aider les enfants en difficulté d'apprentissage

Chronique Sociale
Les Presses de l'Université Laval
1998

Les Presses de l'Université Laval reçoivent chaque année du Conseil des Arts du Canada et de la Société de développement des entreprises culturelles du Québec une aide financière pour l'ensemble de leur programme de publication.

Nous reconnaissons l'aide financière du gouvernement du Canada par l'entremise de son Programme d'aide au développement de l'industrie de l'édition pour nos activités d'édition.

Données de catalogage avant publication (Canada)

Juhel, Jean-Charles, 1947-

Aider les enfants en difficulté d'apprentissage

Comprend des réf. bibliogr.

ISBN 2-7637-7525-X

1. Enfants en difficulté d'apprentissage – Éducation. 2. Apprentissage, Troubles de l'. 3. Enfants handicapés visuels – Éducation. 4. Enfants handicapés auditifs – Éducation. 5. Hyperactivité. 6. Dyslexie. I. Titre.

LC4704.J83 1998 371.9'043 C98-941481-7

Illustration de la couverture : Caroline Merola

Mise en pages : Diane Trottier

5e tirage 2006

Dépôt légal, 2e trimestre 1998
ISBN 2-7637-7525-X

DISTRIBUTION DE LIVRE UNIVERS
845, rue Marie-Victorin
Saint-Nicolas (Québec)
Canada G7A 3S8
Tél. (418) 831-7474 ou 1 800 859-7474
Téléc. (418) 831-4021
http:/www.ulaval.ca/pul

CHRONIQUE SOCIALE
7, rue du Plat
69288 Lyon cedex 02 – FRANCE
Tél. : 78 37 22 12
Fax :78 42 03 18

Table des matières

Remerciements

Cet ouvrage, qui a demandé un travail assidu, exigeant beaucoup de temps consacré à des relectures et précisions, je n'aurais pu le faire seul. Je tiens donc à remercier Raynald Trottier des Presses de l'Université Laval et Jean-Claude Deschênes du Cégep de Sainte-Foy qui m'ont aidé à ordonner, alléger et compléter ce travail qui, grâce à eux, est devenu un plaisir.

Je remercie Mario Goulet du Département d'éducation spécialisée du Cégep de Sainte-Foy et Guy Héraud, formateur à Bauné (France), de leurs avis éclairés.

Je tiens également à remercier Marie Bérubé pour sa collaboration à la rédaction du chapitre sur le handicapé visuel, Judith Beaudoin qui a agrémenté de ses dessins cet ouvrage, ainsi que Claire Lemieux qui a grandement contribué à rendre le texte accessible aux personnes sourdes.

Je tiens à souligner l'apport essentiel des étudiants en techniques d'éducation spécialisée du Cégep de Sainte-Foy ; leurs réflexions et leurs témoignages m'ont encouragé à rédiger cet ouvrage.

Enfin, je remercie profondément Agathe et Amélie qui ont accepté bien des contraintes imposées durant des mois par la rédaction de ce manuscrit. Elles ont partagé mes angoisses, ma nervosité, mes absences.

Avant-propos

Qui n'a pas ou n'a pas eu à faire face au quotidien à la détresse d'enfants ou d'adolescents en difficulté d'apprentissage scolaire ? Qui n'a pas eu une de ces classes de malheur dont personne ne veut parce que les élèves sont réputés « inintéressés et inintéressants », et qui rejettent systématiquement tout ce qu'on leur propose ?

Ce sont ces élèves qui obligent l'enseignant à descendre de son « piédestal » pour se rapprocher d'eux, qui le forcent à adopter une pédagogie faisant appel à leur affectivité, à leur créativité et à leur vécu personnel. Sa tâche n'est pas de leur « bourrer le crâne », mais d'abord et avant tout de leur fournir des possibilités d'adaptation, des habitudes sociales par le travail de groupe, des connaissances utilisables dans la classe et en dehors de la classe et, plus tard, dans la vie courante.

Combien d'enseignantes et d'enseignants ont consacré un temps énorme et ont pris un soin minutieux à préparer leurs activités, mais se sont vite rendu compte que, sans la motivation de leurs élèves, c'était peine perdue ! Il a donc fallu alors qu'ils fassent « autre chose », qu'ils sortent du cadre traditionnel qui, de toute évidence, s'avérait tout bonnement inapproprié et inefficace dans les circonstances. C'est « cette autre chose » que nous proposons dans ce livre, c'est-à-dire une pédagogie qui consiste à faire découvrir et non à faire « ingurgiter » ou « avaler » des connaissances.

Le présent ouvrage est divisé en six chapitres. Le premier aborde les théories de l'apprentissage et présente les éléments essentiels de ce processus. Le chapitre 2 traite des causes, des manifestations et des façons d'intervenir auprès des élèves ayant des difficultés d'apprentissage. Le chapitre 3 est centré sur les problèmes de lecture, d'orthographe et de dyslexie. Le chapitre 4 décrit les causes de l'hyperactivité, les caractéristiques de l'enfant hyperactif et les moyens d'intervention. Enfin, les chapitres 5 et 6 concernent les enfants et les adolescents ayant un handicap sensoriel (visuel ou auditif) ; ils proposent quelques attitudes à adopter avec eux.

Cet ouvrage a été construit de façon à rejoindre également l'enfant sourd qui, vu son handicap, comprend généralement plus difficilement la langue écrite. Aussi, j'ai essayé de simplifier ma façon d'écrire et de mettre quelque peu le souci littéraire en veilleuse. De la même façon, un certain nombre de mots de vocabulaire, éventuellement porteurs de difficulté de compréhension pour la personne sourde ou malentendante, sont signalés en caractères gras dans le texte ; un synonyme ou une courte définition du mot apparaît sur la partie gauche ou droite de la page. Lorsqu'un mot est suivi d'un astérisque (*), on en retrouvera la définition précise dans le glossaire.

Ce livre se veut un outil pratique à l'usage des intervenants. Il permettra de connaître les enfants présentant des difficultés d'apprentissage, de comprendre leurs attitudes et leurs réactions et de savoir comment s'y prendre avec eux. Il intéressera non seulement tout pédagogue, mais également toute personne, parent ou intervenant, en contact avec ces enfants.

Un cahier d'exercices complète cet ouvrage. Il s'inspire des approches originales de trois pédagogues : Marianne Frostig, Reuven Feuerstein et Simonne Ramain. Les exercices proposés touchent plus particulièrement les aspects d'attention-concentration, de perception visuelle, de motricité fine, de logique, de déduction et des notions d'espace-temps.

Le cahier d'exercices est disponible au Québec chez le même éditeur et en France chez

Chronique Sociale
7, rue du Plat
69288 Lyon Cedex 02
tél. : 04 78 37 22 12

L'auteur

L'apprentissage

Avec le XXe siècle apparaît ce qu'on nomme la pédagogie* active. John Dewey aux États-Unis, Kerschensteiner et Foerster en Allemagne, Ferrière et Claparède en Suisse, Maria Montessori en Italie, Ovide Decroly en Belgique et Célestin Freinet en France en sont les tenants. Ils préconisent l'activité manuelle, le travail en équipe, l'autonomie. L'éducation* passe du

statisme au dynamisme. En raison de cette métamorphose de l'éducation, on voit les termes apprendre, connaissance, enseignement et apprentissage prendre de plus en plus de place dans la pédagogie du XXe siècle.

> ***Statisme*** : sans mouvement
>
> ***Faits*** : événements, situations
>
> ***Moment opportun*** : lorsque l'on en a besoin

Dans ce chapitre, nous verrons tout d'abord ce qu'est l'apprentissage, puis nous aborderons ensuite les étapes de l'apprentissage de la lecture, de l'écriture, des mathématiques et les difficultés que l'enfant peut rencontrer lors de ces apprentissages. Enfin, en nous inspirant de la pédagogie active, nous proposerons quelques stratégies et des moyens d'intervention. Nous nous centrerons sur des principes de base pour faciliter les apprentissages de l'élève en difficulté. Le lecteur intéressé à la pédagogie active pourra consulter en annexe de cet ouvrage les méthodes d'intervention de trois pédagogues : Montessori, Decroly et Freinet.

1.1 QU'EST-CE QUE L'APPRENTISSAGE ?

L'apprentissage est le processus par lequel on acquiert des connaissances, on établit des liens entre les ***faits***, on les met en mémoire et on les rappelle au ***moment opportun***. Pour bien comprendre ce processus, voici l'exemple de Jean-Claude qui découvre le papillon et comment cette découverte va devenir pour lui source d'apprentissage (illustration 1.1).

1.1 Papillon

1re étape : l'*appréhension* (l'entrée des messages)

L'information doit parvenir au cerveau et y être enregistrée. Cette information passe par les sens (vue, ouïe, odorat, goût, toucher) et les nerfs afférents.

2e étape : l'*intégration*

L'information est classée, enregistrée et comprise.

3e étape : la *rétention*

L'information est conservée en mémoire pour pouvoir être retrouvée. Mémorisation à court ou long terme.

4e étape : le *transfert*

Transfert de l'information par les nerfs efférents et les divers moyens de communication, comme la parole, le geste et l'écrit.

Ainsi, on entend par apprentissage, le fait que Jean-Claude soit capable de nommer « papillon » dans son livre d'images, de reproduire par dessin un papillon et d'écrire le mot papillon.

Jean-Claude a appris ce qu'est un papillon.

papillon

1.1

Dans l'exemple de l'apprentissage du mot « papillon », Jean-Claude a retenu l'information parce que cet apprentissage avait un sens pour lui : c'était concret, logique, beau, plaisant, attirant, utile, passionnant.

Commun des mortels :
tout le monde en général, la plupart des gens

Un biologiste qui regarde une cellule au microscope voit différentes structures : cela a un sens pour lui, mais pour le ***commun des mortels***, cela ne représente rien, ne veut rien dire, n'a pas de sens. Pour comprendre, il faut que l'activité ait un sens pour celui qui la fait, sinon il n'y a pas d'apprentissage.

Prenons un autre exemple.

1.2

Lire, c'est décoder un message écrit pour le comprendre, Prenons le mot « chien ». Pour que le mot « chien » ait un sens, il faut qu'il soit emmagasiné dans la mémoire, c'est-à-dire qu'on ait une image claire d'un chien (illustration 1.2).

L'utilisation du mot, sa graphie et la possibilité de voir l'animal fournissent des informations complètes pour savoir à quoi réfère le mot « chien ». Dans ce cas, la compréhension s'appuie sur l'expérience concrète.

Que se passe-t-il par contre à la lecture du mot « tétraèdre » ?

On peut reconnaître la forme de chaque lettre et reconstituer le mot. Puis le cerveau cherche dans sa mémoire si ce mot est associé à quelque chose qu'il a emmagasiné, mais c'est le vide. Ce mot ne fait référence a rien de déjà connu. On ne connaît pas ce mot. Mais si l'on dit : « Un tétraèdre, c'est un polyèdre, une figure géométrique à quatre faces, une pyramide dont la base est triangulaire », on commence à comprendre parce que l'on a déjà vu une figure géométrique. On sait déjà ce que représentent les mots « faces », « pyramide », « triangulaire ». On peut même commencer à le représenter comme ci-dessous :

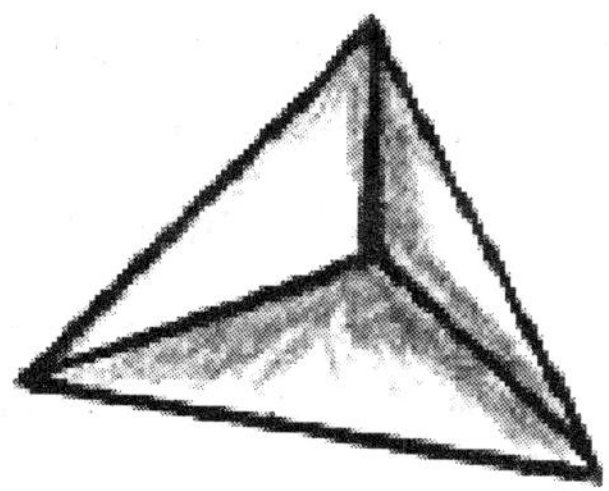

Tétraèdre

On est allé ***puiser*** dans des connaissances déjà acquises et conservées dans la mémoire. À l'aide de ces connaissances acquises (figure, pyramide, géométrique, faces triangulaires), on a découvert un nouveau mot et une nouvelle réalité. Voilà un exemple de la façon dont s'effectue le transfert d'apprentissages passés à de nouvelles situations d'apprentissage.

> ***Puiser*** : chercher
>
> ***Conversation courante*** : conversation, discussion avec des mots qu'on connaît déjà. C'est facile d'en comprendre le sens.

L'enfant apprend des nouveaux mots en se servant de ceux qu'il a déjà maîtrisés. Au départ, il faut des mots qu'il a découverts dans le concret et qui font partie de sa ***conversation courante*** (vocabulaire actif).

1.2 Aptitudes requises pour l'apprentissage

Certains préalables sont particulièrement nécessaires pour rendre l'apprentissage le plus adéquat possible. L'enfant doit percevoir des formes, des grandeurs, des nombres. Il doit percevoir l'ordre des éléments. Il doit associer des formes à des sons, ce qui implique :

- une bonne organisation spatio-temporelle ;
- l'acceptation d'un ordre d'écoulement de la gauche vers la droite ;

- l'acceptation d'une correspondance entre l'espace et le temps : gauche = avant ; droite = après ;
- une bonne perception auditive et visuelle ;
- une rapidité d'analyse et de décision ;
- une faculté de mémorisation et d'évocation immédiate ;
- une faculté de symbolisation ;
- une attitude de détente et de motivation au travail scolaire qui fait que l'élève est disponible et réceptif ;
- une maîtrise de la latéralité* ;
- une bonne motricité fine* ;
- une maîtrise de la notion de quantité afin de pouvoir l'associer au symbole correspondant ;
- une connaissance des notions d'ajouter, d'enlever, de multiplier, de diviser ;
- une faculté de raisonnement* et de réversibilité de la pensée ;
- une possibilité de représentation mentale.

Nous constatons que les aptitudes requises pour les différentes acquisitions correspondent généralement aux déficits constatés chez les enfants ayant des difficultés d'apprentissage.

1.3 L'APPRENTISSAGE DE LA LECTURE

Ça y est, Jean-Claude sait lire ! Il a compris le mécanisme complexe qui permet d'accéder au monde de l'écrit : celui des bandes dessinées, des affiches, des livres et des journaux. Les parents attendent avec une grande impatience ce moment privilégié dans le développement intellectuel d'un enfant.

Dans une civilisation industrialisée et informatisée, ne pas savoir lire constitue un handicap majeur. Le langage* écrit est présent partout dans notre vie quotidienne : les panneaux de circulation, les modes d'emploi de tel ou tel produit, les journaux, l'utilisation des guichets automatiques, de l'ordinateur, etc. La lecture est la clef permettant l'accès à de nombreuses connaissances.

Plusieurs intervenants s'interrogent sur la meilleure méthode à prendre pour aider le jeune enfant dans son apprentissage de la lecture. Mais avant d'aborder cette question, attardons-nous un peu à la lecture.

1.3.1 Qu'est-ce que la lecture ?

Décodage : traduction

Lire c'est comprendre la signification des symboles* codifiés (mots) par la société à laquelle on appartient. C'est pouvoir établir la correspondance entre les signes écrits et des sons. La lecture c'est la transformation d'éléments écrits (graphèmes) en éléments sonores (phonèmes*). C'est pouvoir traduire un code graphique en un code phonétique (la parole). Ce **_décodage_** permet de comprendre le sens des mots et de la phrase. Lire c'est décoder un message écrit pour le comprendre.

L'acte de la lecture est très complexe. Il met en fonction tout un réseau d'activités cérébrales*, chacune relevant de centres nerveux bien spécifiques. La qualité de l'acte de la lecture relève non seulement du bon fonctionnement de chacun de ces centres nerveux, mais aussi de la qualité de la communication* qui s'instaure entre les uns et les autres. Il faut aussi prendre en considération que toute cette activité cérébrale subit l'influence des émotions*, de l'état physique et psychologique du lecteur.

Il est important que l'éducateur soit conscient des ***facteurs*** qui peuvent ***contribuer*** à rendre la lecture difficile à un enfant. Ces facteurs sont de trois ordres :

- psychologique : équilibre émotif de la personnalité, de l'environnement (l'influence familiale, l'organisation scolaire, les conditions socio-culturelles) ;
- intellectuel : faible ***potentiel*** intellectuel, absence de capacités d'analyse, de ***synthèse***, d'***abstraction*** et de ***généralisation*** (pensée symbolique). Méconnaissance des structures linguistiques (étendue du vocabulaire) ;
- physiologique : dommages cérébraux, neurologiques et endocriniens ; troubles perceptifs, linguistiques et intellectuels.

> ***Facteurs*** : éléments, parties
>
> ***Contribuer*** : aider
>
> ***Potentiel*** : capacité
>
> ***Synthèse*** : résumé (trouver les éléments importants)
>
> ***Abstraction*** : idées abstraites, pas concrètes
>
> ***Généralisation*** : action de réfléchir pour trouver les conclusions qui sont bonnes pour l'ensemble du groupe
>
> ***Symbolisme*** : les mots sont les images des choses
>
> ***Signe*** : quelque chose qui montre, qui explique
>
> ***Désigner*** : montrer
>
> ***Situation*** : événement, circonstance

1.3.2 Conditions préalables à l'apprentissage de la lecture

L'apprentissage de la lecture n'est possible que si l'enfant :

1) comprend la notion de ***symbolisme***, c'est-à-dire qu'il est capable d'utiliser un ***signe*** pour ***désigner*** un objet, une ***situation***, une personne ou un message ;
2) comprend le sens de l'unicité des symboles. Voici un exemple. Au début de son apprentissage, le jeune

enfant utilisera le mot « orange » ***à toutes les sauces***. Tout ce qui est rond ou de couleur orangée sera pour lui une orange. Cela veut dire qu'à ce stade le jeune enfant n'a pas encore compris l'unicité des symboles. Ce n'est que ***petit à petit*** qu'il prendra connaissance de ce qu'est un symbole ;

3) a une maturation visuelle et auditive suffisante ;
4) a des habiletés langagières minimales, par exemple pouvoir exprimer ses désirs ;
5) comprend le sens des questions, par exemple, pouvoir répondre aux questions : « Comment ? Qui ? Quand ? Pourquoi ? Quoi ? Où ? » ;
6) peut organiser sa pensée, raisonner, juger, et classifier ;
7) a une certaine motivation à apprendre à lire.

À toutes les sauces : pour toutes sortes de choses

Petit à petit : un peu à la fois

Préconisons : préférons

1.3.3 Les méthodes de lecture

Quelle méthode choisir ? Un intervenant de talent sait toujours « utiliser » n'importe quelle méthode parce que, au-delà des techniques, il trouve comment s'adresser à chacun de ses élèves, comment lui permettre de s'épanouir. Une méthode de lecture mal appliquée et détournée de l'esprit qui l'anime est souvent désastreuse.

Nous ne ***préconisons*** aucune méthode en particulier : la meilleure sera toujours celle qui donnera les résultats les plus rapides et les plus durables. L'essentiel est que l'enfant prenne plaisir à cet apprentissage difficile qu'est la lecture.

Plusieurs méthodes très différentes sont actuellement utilisées dans les écoles ; les plus connues sont : la méthode synthétique, la méthode globale, la méthode mixte et la méthode phonétique et gestuelle. Voici, dans leurs grandes lignes, chacune d'elles.

a) La méthode synthétique

> ***Fait appel*** : demande l'aide de quelque chose
>
> ***Être considérée*** : être examinée, vue
>
> ***N'évoquant rien*** : ne voulant rien dire, qui n'ont pas de sens
>
> ***Provoquera*** : produira, fera

Cette méthode est aussi appelée syllabique. Elle ***fait appel*** à la mémoire, utilise la « lettre » comme point de départ de l'apprentissage et exige que l'élève reconstruise le tout (syllabe, mot ou phrase) à partir des éléments (lettres). L'élève est immédiatement placé devant les signes de l'alphabet qu'il apprend à reconnaître visuellement et à traduire en sons. Il procède ensuite à des associations signes et sons :

p + i = pi

p + a = pa

l + o = lo

Cette association graphique et phonétique peut ***être considérée*** comme une synthèse qui exige de la part de l'élève un double effort important de la mémoire : effort pour reconnaître les éléments graphiques abstraits qui entrent en combinaison et effort en vue de l'émission des sons s'y rattachant. Il faudra un long travail d'association avant que le mot apparaisse à l'esprit du jeune élève. Les différentes synthèses pratiquées à partir de la consonne « p » et des différentes voyelles donneront successivement les sons « pa », « pe », « pi », « po », « pu », sons ***n'évoquant rien*** pour l'enfant. Ce n'est que lorsque l'on ***provoquera*** certaines

synthèses que le but de la lecture apparaîtra. Les associations **pa + pa = papa**
pa + pe = pape
pi + pe = pipe choisies par l'éducateur ***conduiront*** à la lecture ***proprement dite***, à condition toutefois que les ensembles « papa », « pape », « pipe » soient ***émis*** d'un seul souffle, globalement. Ce n'est que lorsque ce stade est atteint que l'élève réalise que le travail ***aride*** jusqu'alors fourni ***n'a pas été vain*** puisqu'il permet de mettre ***à sa disposition*** un ***nouveau moyen*** d'expression.

> ***Conduiront*** : amèneront
>
> ***Proprement dite*** : elle-même
>
> ***Émis*** : prononcés
>
> ***Aride*** : difficile
>
> ***N'a pas été vain*** : n'a pas été fait pour rien, a été utile
>
> ***À sa disposition*** : disponible pour lui
>
> ***Nouveau moyen*** : nouvelle façon
>
> ***Familier*** : connu
>
> ***Capital-mots*** : plusieurs mots, banque de mots
>
> ***Se constitue*** : se forme
>
> ***Phrases évocatrices*** : phrases qui rappellent des choses que l'enfant connaît
>
> ***S'imposent*** : se forment

b) La méthode globale

La méthode globale est aussi appelée analytique. Le processus d'apprentissage apparaît tout à fait différent, voire opposé à la méthode synthétique. Dès les premières leçons, l'élève est mis en présence d'un certain nombre de mots simples qu'il apprend à reconnaître globalement, selon leur allure générale : longueur du mot, nombre et disposition des lettres. Chaque mot présenté devient vite ***familier*** ; un sens est accroché au graphisme et une nouvelle forme d'expression apparaît à l'élève dès les premières leçons.

Un ***capital-mots se constitue*** (maman, poupée, est, rouge, la, une), mots entrant dans la constitution de ***phrases évocatrices*** et permettant des associations de plus en plus riches et variées. Quand le capital-mots est devenu suffisamment important, des comparaisons ***s'imposent*** à l'esprit de l'élève. Il procède à ce stade, de façon spontanée, à des rapprochements : la syllabe « pan » de « panpan » se retrouve dans « pantin », la

S'opère : se produit, se fait

À partir duquel : avec lequel

Obtention : formation

Procède : comprend, fait

Perçoivent : connaissent

papa

1.3

syllabe « ma » de « maman » est reconnue visuellement, puis phonétiquement, dans « mare », tout comme le « mi » de « minet » apparaît dans « minute ».

Un travail naturel d'analyse ***s'opère à partir duquel*** des associations de syllabes conduiront à l'***obtention*** de mots nouveaux. À condition de faire preuve de patience et de faire confiance à l'élève pour constituer un capital suffisant de mots, l'apprentissage de la lecture se fait de façon naturelle ; le jeune lecteur ***procède*** spontanément à l'analyse des mots familiers pour en extraire des syllabes permettant des synthèses qui donneront naissance à un nombre toujours croissant de mots nouveaux (illustration 1.3).

Pour Ovide Decroly, auteur de cette méthode de lecture, l'individu est un tout ; il perçoit les objets ou les personnes comme des touts et réagit comme un tout. Dès leur plus jeune âge, les enfants ***perçoivent*** de façon globale ce qui les entoure. S'ils n'expriment d'abord que les détails, c'est par manque de vocabulaire*. En réalité, c'est l'ensemble qu'ils perçoivent en premier lieu ; ils ne sont capables de détailler que dans un deuxième temps. Ces remarques générales s'appliquent tout à fait à l'apprentissage de la lecture : la perception des phrases précède celle des syllabes et des lettres (illustration 1.4).

1.4

Decroly fit une petite expérience avec son fils alors âgé de deux ans. Il lui présenta sa photo en même temps qu'un carton portant le mot « PAPA ». L'enfant fit rapidement le rapprochement entre l'image et le mot. Peu à peu, Decroly lui présenta d'autres mots et d'autres phrases auxquels les intérêts de l'enfant étaient étroitement liés. Celui-ci les ***assimila*** très vite et, six mois plus tard, il était capable de lire plusieurs phrases.

Assimila : a appris

Détailler : détacher

Il ne restait à Decroly qu'à appliquer cette méthode globale de lecture dans son école. Le succès fut certain. Peu à peu, les enfants ayant assimilé un grand nombre de phrases étaient capables d'en détacher les mots rencontrés souvent. Ils apprenaient par eux-mêmes à les ***détailler***, à en reconnaître les syllabes et enfin les lettres.

Decroly a ainsi ***démontré*** que les enfants ont plus de facilité à retenir des phrases ***dans la mesure*** où celles-ci présentent pour eux un ***intérêt immédiat***. Les syllabes et les lettres sont des notions trop abstraites pour être ***abordées*** et comprises dans un premier temps.

Decroly est convaincu que, par cette méthode, les enfants en général apprennent à lire plus rapidement et avec plus de plaisir que par des méthodes ***traditionnelles***, et que cette méthode, très concrète, est plus facile pour ceux qui présentent des difficultés d'apprentissage.

Démontré : prouvé

Dans la mesure où : lorsque, si

Intérêt immédiat : qui est intéressant tout de suite

Abordées : montrées, enseignées

Traditionnelles : qui sont habituelles

Notamment : particulièrement

Allie : combine, unit

Vise à susciter : cherche à intéresser

c) *La méthode mixte*

Certains éducateurs, tout en reconnaissant l'attrait de la méthode purement globale, hésitent à faire entièrement confiance à la spontanéité enfantine, ***notamment*** au stade de la constitution du capital-mots. Ils préfèrent partir d'un nombre très réduit d'acquisitions globales et provoquer, à partir de celles-ci, un travail d'analyse qui dégage la syllabe, puis la lettre et qui sera suivi immédiatement d'un travail de synthèse. C'est ainsi que la phrase : « papa fume la pipe » permet de rapprocher les mots « papa » et « pipe », puis d'isoler le son « p ». Le « p » obtenu est ensuite associé aux différentes voyelles : p + a = pa ; p + e = pe ; p + i = pi, afin de composer des syllabes qui pourront elles-mêmes être groupées pour obtenir des mots nouveaux. Exemple : pa + pe = pape ; pi + le = pile.

Cette méthode ***allie*** les avantages des deux précédentes et ***vise à susciter*** et à conserver l'intérêt de l'enfant en dirigeant son attention sur les éléments d'un ***tout significatif***.

d) *La méthode phonétique et gestuelle*

La méthode phonétique et gestuelle est une méthode qu'on utilise plus souvent pour des enfants qui présentent des difficultés d'apprentissage. Dès le départ, l'élève apprend les voyelles, ***en dehors de tout contexte*** de phrase ; elles sont symbolisées par un geste qui leur donne toute leur signification, leur ***attrait***. L'élève étudie ensuite les consonnes dont le son dure : « ch, s » parce qu'elles sont faciles à prononcer, puis les occlusives « t, d », les ***diphtongues*** et les consonnes doubles. Jamais il ne nomme les lettres : seul le phonème (le son) est prononcé.

Certains gestes évoquent le son et décrivent la forme de la lettre. Ainsi pour le « N », deux doigts représentant les deux barres verticales de cette lettre sont appuyés sur la base du nez, résonateur principal de ce son nasal. L'éducateur explique : « N a deux pattes ; il chante dans ton nez. » Pour le son « ch », l'élève serre ses deux joues avec une main, ce qui évite de prononcer « s » (illustration 1.5).

Ces gestes sont vite ***assimilés*** : ils forcent à écouter chaque son d'un mot, à connaître ses ***incidences*** sur le corps, à retenir la forme qui lui correspond. L'éducateur parle très peu. Il montre les mouvements à l'élève et l'aide à les ***réaliser***. Il lui fait mimer et tracer, en rythme, les lettres dans l'espace.

Tout significatif : tout connu pour lui, qui veut dire quelque chose pour lui

En dehors de tout contexte : sans sens, sans signification

Attrait : intérêt

Diphtongues : voyelles dont le son du langage se modifie au cours de leur prononciation

Assimilés : compris

Incidences : conséquences, effets, réactions

Réaliser : produire, faire

1.5

Reproche : n'est pas d'accord avec quelque chose

N'en ressent plus : n'a plus

Perturbé : dérangé

Canaliser : concentrer

Prise de conscience : apprentissage, connaissance, découverte

On ***reproche*** parfois à cette méthode de nécessiter un apprentissage supplémentaire et inutile : celui du mouvement. En fait, la plupart des élèves ont une mémoire motrice qui soutient beaucoup la mémoire visuelle* et auditive*. L'on remarque que le geste disparaît de lui-même dès que l'élève ***n'en ressent plus*** le besoin. Pour l'élève hyperactif dont le rythme de vie est ***perturbé***, ces gestes ont l'avantage de ***canaliser*** son énergie, de capter son attention. Cette méthode favorise aussi une ***prise de conscience*** du schéma corporel, de l'environnement spatial et du rythme.

1.3.4 Les difficultés d'apprentissage de la lecture

Pour l'enfant qui a des difficultés d'apprentissage en lecture, la lettre « E, e » ne peut pas avoir de sens parce qu'il ne peut faire de liens ni de relations avec des expériences qui sont enregistrées, mémorisées. La compréhension de la lettre « E » exige :

1) de comprendre la forme ;
2) de comprendre la direction : gauche et droite ;
3) de comprendre l'orientation : haut et bas ;
4) de comprendre les notions de grandeur, d'espace et d'orientation :

Haut

Gauche E Droite

Bas

5) de comprendre que, même si la lettre « e » n'a pas toujours la même forme ou la même grosseur, elle représente toujours la lettre « e » :

E e *e* **e** e

6) de comprendre que les lettres de l'alphabet sont composées de formes géométriques simples. En voici quelques exemples :

la lettre O	= un cercle	
la lettre C	= un demi-cercle	C
la lettre b	= un bâton + un demi-cercle	| + ɔ = b
la lettre V	= un triangle – la barre du haut	
la lettre u	= deux bâtons + un demi-cercle	| | + ◡ = u
la lettre i	= un bâton + un cercle plein	| + • = i

Il est important de réaliser que les lettres et les chiffres sont des symboles. Ils sont donc abstraits en soi, ils ne font référence à rien de concret, contrairement à l'odeur de la guimauve grillée ou à celle de la mouffette qui éveille tout de suite une image dans notre tête.

> ***Fourneau*** : partie de la pipe où brûle le tabac

Mais les lettres « p » et « b » ne nous donnent pas une image aussi nette. Si l'on change leur orientation, elles ne se prononcent plus de la même façon, elles deviennent « d » et « q ».

Mais si je prends un objet comme une pipe, peu importe que son ***fourneau*** soit tourné vers le bas, le haut, la droite, la gauche, cela reste toujours une pipe. Mais si je change la position ou l'orientation de la lettre « q », cela devient autre chose, ce n'est plus la lettre « q » :

Un élève qui a des difficultés a besoin d'une image mentale nette, concrète. Il faut qu'il établisse des liens entre les sons et les formes.

Voici quelques exemples pour rendre l'apprentissage des lettres « b », « d », « p » et « q » plus facile pour l'élève.

lettre p

La grosse tête de grand-**p**ère se situe en haut à droite.

La boucle de la lettre « p » se dessine en haut à droite, comme la grosse tête de grand-**p**ère.

lettre q

La grosse **q**ueue de l'écureuil est derrière à gauche.

La boucle de la lettre « q » se dessine à gauche dans la même direction que la **q**ueue de l'écureuil.

lettre b

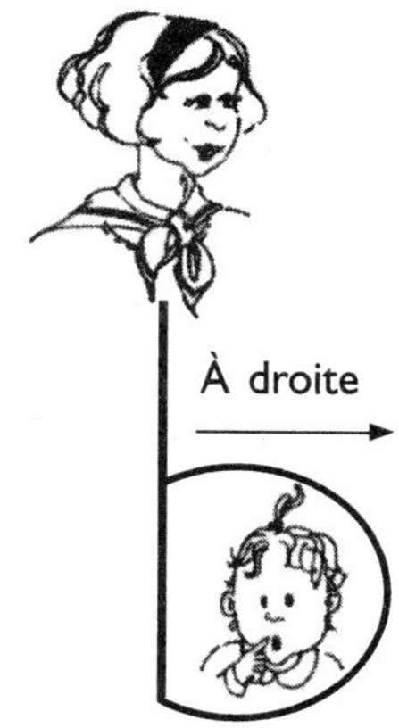

Quand maman était enceinte elle avait son bébé dans son ventre. Sur le devant, en bas.

Dans la lettre « b », la boucle est devant, en bas de la lettre, à droite.

lettre d

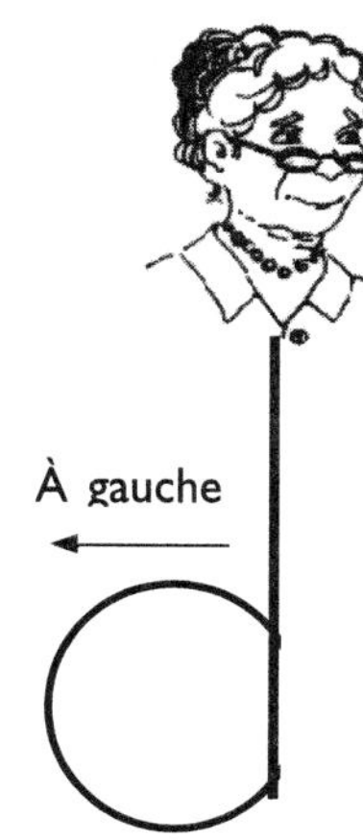

Grand-maman a un gros derrière : il est en bas du dos.

Dans la lettre « d », la boucle est en bas de la lettre, derrière, à gauche.

1.4 L'APPRENTISSAGE DE L'ÉCRITURE

C'est pendant leur première année scolaire que les enfants sont en général initiés à un réel apprentissage de l'écriture. La manière dont est vécue cette expérience peut avoir des répercussions importantes : le goût que l'enfant peut prendre à ces premiers travaux d'initiation à l'écriture et les techniques qui lui sont données peuvent influer sur ses apprentissages scolaires futurs.

Il importe que l'enfant ne soit pas rebuté, qu'il aime découvrir cette forme de langage et qu'il y trouve un moyen plaisant d'expression et de communication. Il faut, dans la mesure du possible, éviter les écueils qui le guettent lors des premières exécutions des lettres. Le tableau 1.1 fait état des différents stades de l'évolution de l'apprentissage de l'écriture du jeune enfant.

Tableau 1.1

Les stades de l'évolution de l'apprentissage de l'écriture de 3 à 12 ans

Stade	Description
Premier stade : phase du gribouillage (3-4 ans)	Lorsque l'enfant cherche à imiter l'adulte qui écrit, il trace des formes maladroites mais qui évoquent déjà la forme des lettres.
Deuxième stade : phase pré-calligraphique (5-9 ans)	Au début l'enfant peut copier avec une certaine adresse des mots ou de courtes phrases. Cependant les traits sont maladroits, cassés, les lignes courbes sont bosselées, les traits droits courbés. L'enfant est souvent incapable de reproduire des formes comme le losange. Ce n'est pas parce qu'il ne voit pas la forme du losange, mais il ne peut reporter les angles obtus, aigus, les directions et les grandeurs, donc il ne peut reproduire correctement.
Troisième stade : phase calligraphique (9-12 ans)	C'est l'âge de la belle écriture. L'enfant maîtrise vraiment le dessin des lettres.
Quatrième stade : phase post-calligraphique (12 ans et +)	Les exigences de rapidité font passer la qualité esthétique de l'écriture au second plan. Celle-ci se désintègre rapidement. On constate l'élimination des ornements (majuscules, boucles), des raccourcis et même parfois l'abandon de certains éléments distinctifs (barre du « t » ; point sur le « i » ; accents...).

On prépare le jeune élève à une forme d'écriture ***efficiente*** si l'on prend soin de lui proposer des formes d'écriture bien structurées et simples, si on lui fait acquérir une bonne technique de liaison des lettres, si on ne force pas ses positions et ses mouvements naturels lorsqu'ils sont bons et si on ne rectifie que très progressivement ceux qui sont déficients. L'encadré 1.1 montre les degrés de difficulté que représente la calligraphie des lettres.

Efficiente : efficace

Encadré 1.1

Familles de lettres, par ordre croissant de difficulté

1) Famille des lignes droites **i l t**
2) Famille des lignes arrondies **o e c s**
3) Famille des lignes obliques **k v w x z y**
4) Famille des lignes courbes **h n m r u**
5) Famille des lignes en demi-cercle **a d g q b p**
6) Famille des lignes droites et courbes **f j**

Pour apprendre à lire et à écrire, il faut que l'enfant soit capable de décoder et de comprendre à partir de son vécu. Les cinq facteurs suivants ont aussi un rôle vital à jouer dans les actes de la lecture et de l'écriture. Il s'agit de :

1) la motricité (adaptation, contrôle, coordination, espace, temps) ;
2) la perception (visuelle, auditive) ;
3) le langage (symbolisme, représentation mentale, habiletés langagières) ;
4) la pensée (organisation, raisonnement, jugement) ;
5) le comportement (affectivité, motivation).

Particulière : spéciale

Proportionnée : de la bonne grandeur pour quelqu'un

1.4.1 La posture

Les enfants du primaire ont une façon ***particulière*** de se tenir lorsqu'ils écrivent. Regardons quelques postures*.

Les jeunes enfants de six ans ont besoin de s'appuyer le torse contre la table de travail, même si celle-ci est ***proportionnée*** à leur taille ; ils ont tendance à s'incliner vers l'avant, car le tonus* de leur tronc, dans la situation d'immobilité de l'écriture, n'est pas encore suffisamment développé pour qu'ils restent immobiles. Cela n'exclut pas que l'on demande aux enfants un effort pour se tenir droit (illustrations 1.6 et 1.7), mais il faut savoir qu'ils ne peuvent fournir cet effort longtemps. Aussi faut-il limiter la durée des exercices d'écriture sur papier, en plan horizontal. C'est par la qualité de ces exercices et non par leur longueur que les enfants en tireront profit.

Il est souhaitable de leur faire exécuter les mêmes exercices d'écriture au tableau. Ils apprécient beaucoup ces exercices qui développent les muscles de leur épaule et qui les rendent donc plus aptes à supporter l'effort graphique.

1.4.2 La position de la main

La main de l'enfant de six ans prend, en écrivant, une position caractéristique. Elle est posée très ***en biais*** sur la feuille, presque parallèle à la ligne (illustration 1.8). Au fur et à mesure que l'enfant grandit et s'entraîne à l'écriture, sa main se met ***spontanément*** « sous la ligne », selon un angle qui dépend de l'âge et des possibilités motrices. À sept ans, la main est encore assez ***oblique*** par rapport à la ligne ; c'est ainsi qu'il est à l'aise. C'est à neuf ans que l'enfant met vraiment sa main sous la ligne, et cela sans ***intervention particulière*** dans la grande majorité des cas (illustration 1.9).

Les enfants droitiers de six ans ne sont pas ***gênés*** par la position que prend leur main. Par contre, cette position peut gêner les gauchers (illustration 1.10). Cependant, c'est au cours des deux premières années du primaire que l'enfant gaucher apprend progressivement à mettre sa main sous la ligne (illustration 1.11). Voici encore deux positions particulières de la main :

- La première est ***peu favorable*** : le pouce touche le bureau, l'extrémité du crayon est dirigée vers l'épaule (illustration 1.12). Cette position ne se rencontre que dans des cas de grave maladresse. En position normale, la main doit être à demi-couchée sur le côté du petit doigt (illustrations 1.8 et 1.9).

En biais : en oblique

Spontanément : naturellement

Oblique : de côté

Intervention particulière : avertissement spécial

Gênés : mal à l'aise

Peu favorable : pas idéale, pas conseillée

- La deuxième position ***est adoptée*** par une minorité de gauchers qui écrivent la main placée au-dessus de la ligne (illustration 1.13). Cette position un peu particulière n'est pas anormale. ***Il n'y a pas lieu*** de la changer si l'enfant l'a prise spontanément et si c'est ainsi qu'il écrit le mieux.

Est adoptée : est choisie

Il n'y a pas lieu : ce n'est pas nécessaire

Adroit : habile

Saisit : comprend

Disposition : manière de placer

Rectification : correction

Précocement : tôt, le plus vite possible

Sans rigidité : sans sévérité, doucement

Contexte : situation

1.4.3 La position des doigts

Les illustrations 1.8 et 1.14 montrent des exemples de positions correctes des doigts et les illustrations 1.15 et 1.16, des exemples de positions incorrectes des doigts.

Un enfant normalement ***adroit saisit*** vite la manière correcte de disposer ses doigts. Un enfant ayant des difficultés motrices a besoin qu'on lui enseigne cette ***disposition***. Il faut lui faire prendre conscience de ses doigts. Il doit les nommer un à un en les montrant, les observer (le plus grand, le plus petit, etc.) et, enfin, remarquer comment ils doivent être disposés autour du crayon.

La ***rectification*** d'une position incorrecte des doigts doit se faire ***précocement***, mais ***sans rigidité***. C'est parfois après une ou même deux années d'entraînement à l'écriture qu'un enfant ayant des difficultés motrices arrivera enfin à améliorer la position de ses doigts. D'autre part, si l'on s'y prend à temps, on peut rectifier plus vite et plus facilement certaines de ces positions incorrectes. On les améliore souvent en utilisant de gros crayons ou des stylos à gros manche, afin que ce changement se fasse dans un ***contexte*** de souplesse musculaire et sans causer d'irritation.

Faire écrire un enfant avec un instrument (crayon, stylo) trop fin, c'est le ***crisper*** et lui mettre des « freins » qui le gêneront considérablement dans son apprentissage. Il vaut mieux qu'il écrive avec souplesse, pas trop petit, avec un ***trait moins fin***. Il n'en sera que plus sûr de lui lorsqu'il aura à faire un effort plus long. S'il se fatigue moins, il aura plus de plaisir à écrire.

Crisper : stresser

Trait moins fin : ligne moins mince

1.4.4 Les mouvements

Les mouvements de l'écriture sont extrêmement complexes. Il est difficile d'intervenir pour les corriger pendant la période d'écriture. Les exercices de Simonne Ramain et ceux de Marianne Frostig sur la coordination oculo-motrice*, que l'on retrouve dans le cahier d'exercices, sont très efficaces pour le développement de la motricité des doigts.

1.6

Posture adaptée et détendue d'une élève droitière de six ans

1.7

Posture adaptée et détendue d'une élève gauchère de six ans.

On a intérêt à habituer les enfants gauchers de cet âge à placer leur feuille légèrement sur leur gauche.

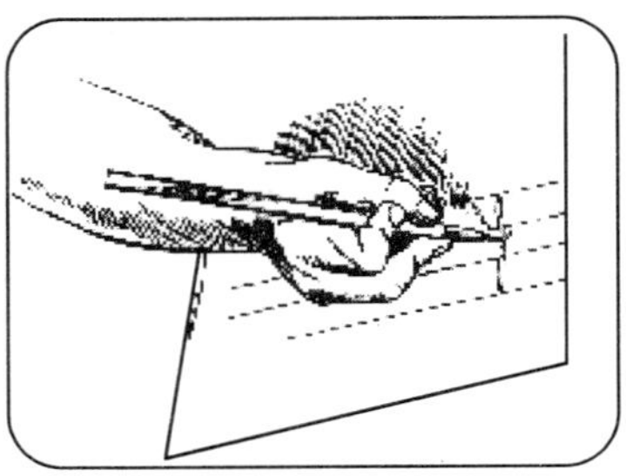

1.8

Exemple d'une bonne position des doigts chez un élève droitier de six ans.

La prise est particulièrement souple.

La main est placée très obliquement, ce qui est normal à six ans.

1.9

Attitude normale d'un enfant droitier de neuf ans. Le papier est légèrement incliné vers la gauche. La main est sous la ligne.

1.10

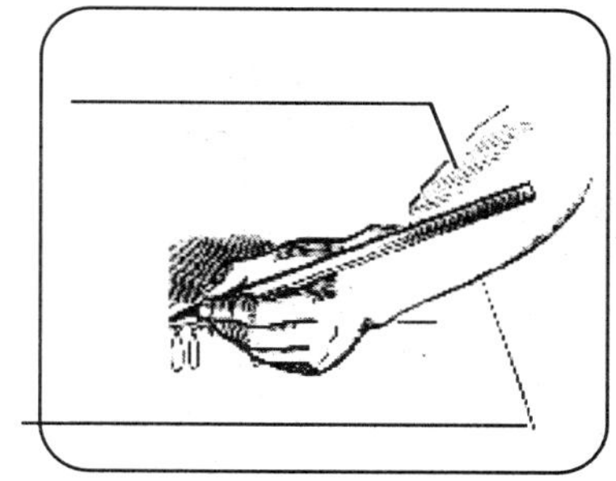

Position de main normale pour un élève gaucher de six ans.

La main « balaie » la ligne.

Cette position est symétrique de celle du droitier.

Le papier est tenu droit : c'est la perspective du dessin qui peut faire croire ici qu'il est penché.

1.11

Attitude normale d'un enfant gaucher de neuf ans. Le papier est légèrement incliné vers la droite. La main est sous la ligne.

1.12

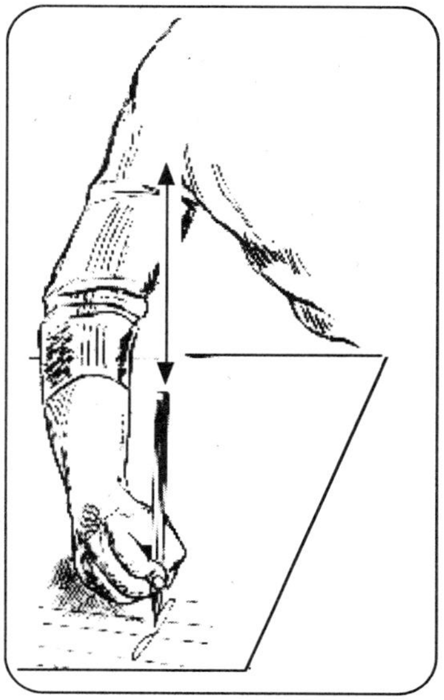

Position particulièrement défavorable.

La main est en pronation ; le pouce touche la table ; l'extrémité du crayon est dirigée vers l'épaule.

Cette position perturbe les mouvements graphiques.

1.13

Position « main au-dessus de la ligne » adoptée par une minorité de gauchers.

Dans ce cas, on place le papier droit ou, parfois, légèrement incliné à gauche, comme pour un élève droitier.

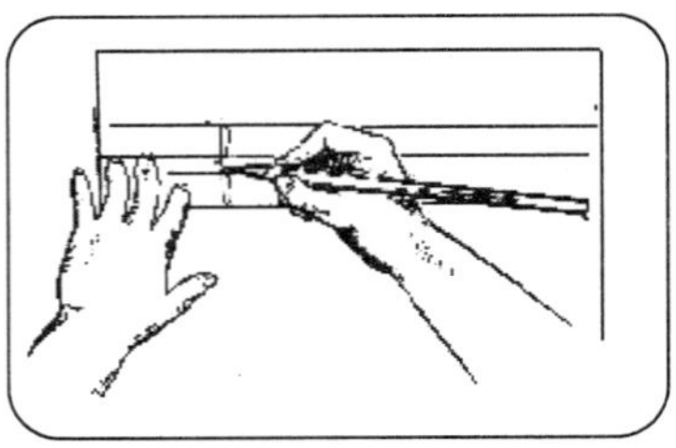

1.14

Cette position de la main est normale à six ans.

Elle est placée très obliquement et repose sur le côté cubital (côté du petit doigt).

La position des doigts est correcte.

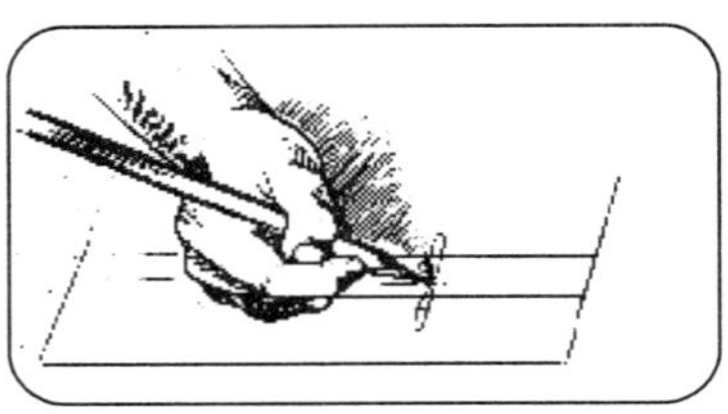

1.15

Position défavorable des doigts.

Le pouce chevauche le crayon ; l'extrémité de l'index est trop fléchie.

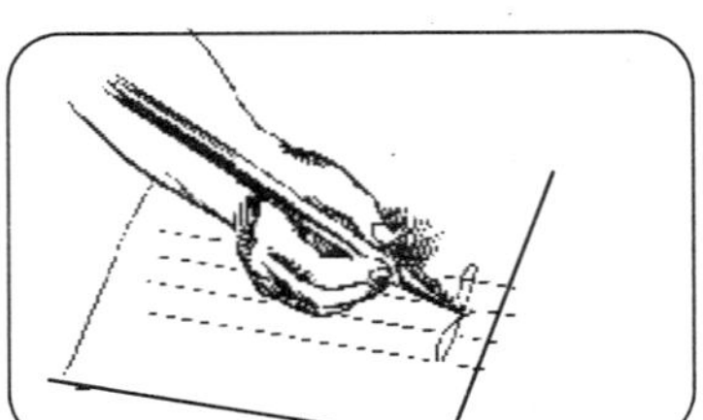

1.16

Position défavorable des doigts.

L'index très brisé chevauche le crayon ; le majeur est posé sur le crayon.

1.5 L'APPRENTISSAGE DES MATHÉMATIQUES

Très vite, le petit enfant peut prononcer les mots « encore » et « n'a pu », ces deux mots préfigurant le sens des termes « ajouter » et « enlever » qui traduisent les deux opérations de base des mathématiques. Au cours de ses études primaires, l'élève doit acquérir les principes de la numération, le mécanisme des quatre opérations et pouvoir résoudre de petits problèmes portant sur ces quatre opérations. Il doit concevoir à la fois la notion de quantité et le moyen d'exprimer des quantités (unités, dizaines, centaines...), et d'en retenir le vocabulaire correspondant. Il ne s'agit pas pour l'élève de réciter les noms des nombres dans l'ordre sans qu'il comprenne que chacun des nombres correspond à une quantité, mais de créer l'idée de nombre qui permet d'établir la correspondance quantité-symbole-expression graphique de ce symbole.

L'apprentissage des mathématiques n'est possible que si l'enfant possède des aptitudes requises pour la lecture et l'écriture, deux éléments indispensables pour la perception* des nombres et des symboles. Il faut qu'il ait atteint un certain degré de maturation intellectuelle permettant l'établissement du concept de nombre. Jean Piaget (1941) disait à ce sujet, dans son livre *La genèse du nombre chez l'enfant* :

> Chacun sait que chez le petit enfant il y a construction d'à peu près un nombre entier par an [...] jusqu'à six ou sept ans, où toute la suite des nombres se décroche. Je prétends que ces nombres ne sont pas encore de vrais nombres, ce sont des figures perceptives.

Il faut que le jeune élève maîtrise la notion de quantité et développe la faculté d'abstraction lui permettant l'accès au raisonnement nécessaire pour comprendre non seulement le déroulement des opérations, mais aussi la représentation des actions par des opérations abstraites. Enfin, il doit avoir atteint un degré de maturation affective et psychomotrice.

Assimiler : comprendre et mémoriser

Mécanismes : façons de fonctionner

Masquer : cacher

« Bourrage de crâne » : façon de forcer à apprendre sans donner le temps de bien comprendre

Dresser un bilan : faire une analyse des apprentissages et des problèmes d'apprentissage d'un enfant

Concepts fondamentaux : théories de base

Sériations : actions de placer en séries

Silhouettes : formes

Tâtonnements : essais

1.5.1 Les difficultés d'apprentissage des mathématiques

Les élèves présentant des difficultés spécifiques en mathématiques ont souvent accumulé des connaissances sans vraiment les ***assimiler***. Ils ont développé des ***mécanismes*** qui peuvent ***masquer*** de profondes difficultés. Il ne s'agit pas de poursuivre le « ***bourrage de crâne*** », mais de reprendre les étapes qui ont été incomprises. L'intervenant doit ***dresser un bilan*** aussi complet que possible pour vérifier si les ***concepts fondamentaux*** sont intégrés.

L'élève est-il capable d'effectuer des ***sériations*** ? A-t-il compris la notion de conservation de la quantité ? A-t-il acquis les notions d'organisation spatio-temporelle ? Voici quelques exercices pour vérifier ces acquisitions.

a) La sériation

Faire classer par ordre de grandeur cinq ***silhouettes*** en carton. Observer les ***tâtonnements*** de l'élève et, lorsqu'il a terminé, lui demander de montrer « le plus petit », « le plus grand ».

Demander à l'élève de verbaliser en employant les termes comparatifs : « plus grand que », « plus petit que ».

Faire classer par ordre de grandeur une dizaine de réglettes de 1 cm à 10 cm.

b) La conservation de la quantité

Placer deux rangées de jetons en ***exacte correspondance terme à terme***, soit 6 rouges et 6 bleus. Demander à l'enfant s'il y a « plus de bleus que de rouges ». Même question après avoir espacé les jetons bleus. Les réponses que donnera l'élève sont le reflet de sa compréhension ou non du problème. L'élève en difficulté répondra de la façon suivante : « il y a plus de bleus parce qu'ils prennent plus de place », ou : « il y a plus de rouges parce qu'ils sont plus serrés », types de raisonnements prélogiques selon Piaget.

Exacte correspondance terme à terme :

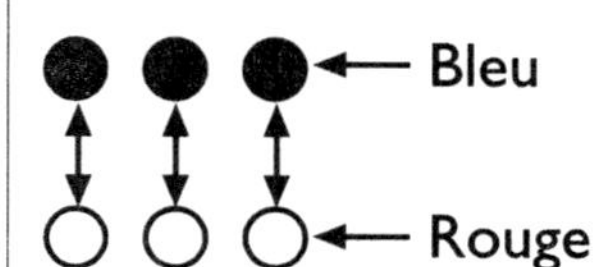

Tenir compte : respecter

Confusion : mélange

c) L'organisation spatio-temporelle

Ici, les difficultés de l'élève se situent surtout au niveau de la forme et de l'orientation spatiale des chiffres.

Les chiffres sont des symboles. Il faut ***tenir compte*** de l'orientation de leur tracé parce que, si on la change, ils peuvent aussi changer de signification. Par exemple, il peut y avoir ***confusion*** entre les chiffres

2 et 5, 6 et 9, 1 et 7.

Les notions de gauche-droite, haut-bas, dessous-dessus, dans l'apprentissage de l'addition, de la soustraction, de la multiplication et de la division sont des éléments importants. Voici un exemple : l'addition 84 + 16.

La retenue pour la dizaine va en haut, au-dessus du chiffre 8.

Le signe + va au-dessus de la barre.
La barre est placée au-dessous des chiffres.
Le résultat est au-dessous de la barre.

$$\begin{array}{r} 84 \\ +\ 16 \\ \hline 100 \end{array}$$

On fait l'addition de droite à gauche, contrairement à l'écriture.

Souvent l'enfant, au lieu d'additionner d'abord les chiffres de la colonne de droite, commence par celle de gauche. Il a de la difficulté à mettre à la bonne place le symbole qui indique l'***opération*** qu'il veut faire (signes +, –, :, ___).

> ***Opération*** : calcul
>
> ***Aborde*** : commence, débute
>
> ***Procéder*** : faire le calcul

Cela se complique quand il ***aborde*** l'apprentissage de la division. Pour faire cette opération il doit ***procéder*** de la gauche vers la droite. Ce qui est l'inverse de l'addition. L'on remarque alors qu'il hésite souvent quand le nombre passe de 69 à 70, de 89 à 90, de 199 à 200. Il saute souvent des nombres ; par exemple, il compte 197, 198, 199, 190.

Il fait souvent ses chiffres en miroir : **3 = Ɛ , 6 = 9**.

Il fait des inversions : **402 = 420, 61 = 16**.

Il a du mal à retenir la table de multiplication.

Exemples : 9 × 7 = 63 ou 8 × 8 = 64 ;
7 × 8 = 56 ou 8 × 7 = 56.

La raison de la difficulté est que les résultats sont identiques ou très proches et que l'élève ***a du mal*** à différencier deux nombres presque identiques.

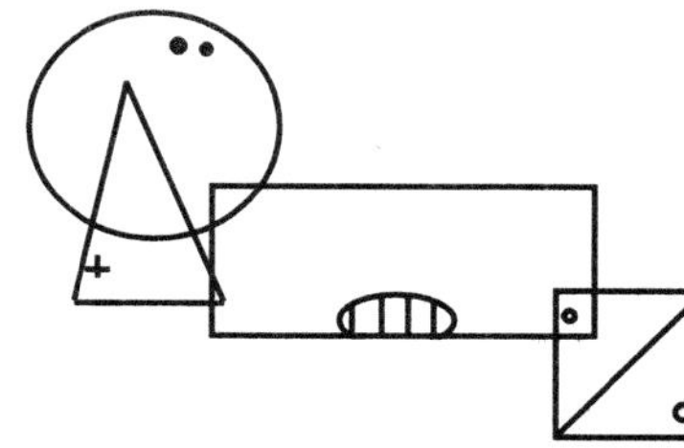

Afin de s'assurer que l'élève ne présente pas de difficultés d'organisation spatio-temporelle*, on peut lui demander de copier la figure de Rey simplifiée ci-contre. Il doit reproduire le dessin avec le plus d'exactitude possible.

Les cubes de Kohs sont aussi très utiles pour vérifier l'acquisition des notions spatiales. Ils font intervenir la formation des concepts non verbaux, la pensée abstraite et concrète, ainsi que l'aptitude générale à planifier et à organiser.

Il est intéressant, en cas d'échec, de regarder la façon dont l'élève ***appréhende*** ces figures ainsi que sa capacité d'analyse et de synthèse devant différents ***complexes visuo-spatiaux***.

A du mal : c'est difficile pour lui

Appréhende : voit la forme

Complexes visuo-spatiaux : dessins où il y a différentes formes dans l'espace

1.5.2 Exercices de mathématiques adaptés

- Construire quatre jeux de cartes (10 cartes par jeu, numérotées de 1 à 10).
  - Le premier, formé de cartes représentant des symboles-points :

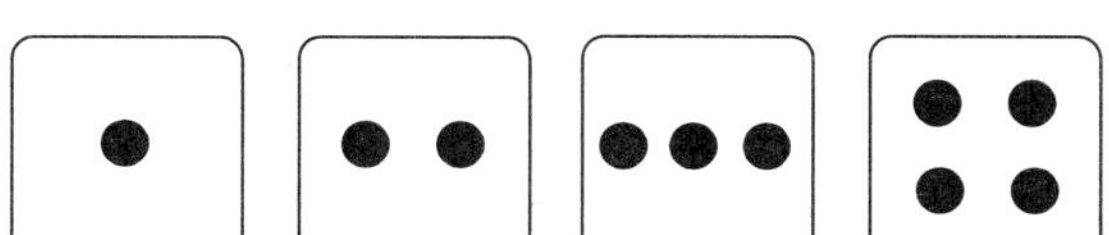

– Le deuxième, formé de cartes représentant des symboles-chiffres :

1	2	3	4

– Le troisième, formé de cartes représentant des symboles-lettres :

un	deux	trois	quatre

– Le quatrième, formé de cartes représentant les trois types de symboles sur la même carte :

●	● ●	● ● ●	● ● ● ●
1	2	3	4
un	deux	trois	quatre

le symbole visuel = le chiffre = le mot = la valeur

Affirmation : ce qu'il dit

- L'élève en difficulté dit : « 3 × 4 et 4 × 3 c'est pareil, parce que le résultat est 12 » sans comprendre le principe sur lequel repose cette ***affirmation***.

Voici un exercice qui prépare à l'acquisition de cette notion.

●	●	●	●
●	●	●	●
●	●	●	●

L'éducateur dispose un jeton dans chaque case. Il demande à l'élève de décrire la situation obtenue en fonction des lignes et des colonnes :

3 lignes de 4 jetons = 12 jetons

4 colonnes de 3 jetons = 12 jetons

L'on demande à l'élève de recompter et, bien souvent, il ne remarque pas que les deux résultats sont identiques. Après plusieurs manipulations des jetons sur le quadrillé, l'élève découvrira que 3 lignes de 4 jetons = 4 colonnes de 3 jetons. Alors, il dira : « c'est la même chose ».

- Faire additionner en empilant des cubes portant des chiffres. Plus la tour est haute, plus la somme est élevée. L'élève comprendra mieux une ***disposition*** verticale qu'une disposition horizontale. Il conservera mieux une image visuelle présentée de cette façon-là.
- Faire des chiffres à l'aide d'un pochoir.
- Faire des chiffres avec du tissu rembourré.
- Utiliser des dés à chiffres : ces dés portent non pas les ***constellations numériques*** mais des chiffres. L'élève doit ***attribuer*** ces chiffres aux nombres représentés sur des cartes. Il est important que l'élève comprenne qu'un vocabulaire différent ne change en rien la nature du problème. De cette façon l'élève apprend très tôt à associer concept et langage.
- Pour aider l'élève à mémoriser et à comprendre le langage particulier des mathématiques, on peut se servir du questionnaire du Boehm Test of Concepts

Disposition : manière de placer des éléments dans l'espace

Constellations numériques : groupe, nombre de points sur les faces du dé

Attribuer : comparer et faire correspondre ensemble

(Psychological Corporation, New York) et lui demander de décrire le mot, mais également d'en mimer la signification (encadré 1.2).

Encadré 1.2

Mots tirés du questionnaire du Boehm Test of Concepts

sommet	quelques	par-dessus	le plus près
à travers	pas beaucoup	le plus large	deuxième
loin de	milieu	le plus	coin
à côté de	peu	entre	plusieurs
dans	le plus loin	entier	derrière
après	autour	comme	presque
moitié	rang	jamais	centre
autant que	différent	début	autre
sous	paires	toujours	droite / gauche
devant	moyen	zéro / rien	chaque

Palpables : qu'on peut toucher, pratiques

Polysensorielles : qui demandent la participation de plusieurs sens

1.5.3 Quelques conseils pour l'intervenant

Pour terminer ce chapitre, voici quelques conseils pratiques qu'il est toujours bon d'avoir en tête :

- Expérimenter des formes ***palpables*** avant de passer à l'étape du papier-crayon.
- Utiliser des méthodes simples ***polysensorielles*** qui correspondent au style de l'élève (visuel, auditif ou tactile).

- Intégrer le jeu dans la pédagogie.
- Prendre le temps d'observer le pourquoi de l'erreur, de chercher comment l'enfant arrive à raisonner sur son problème de mathématique.
- Prendre le temps d'écouter l'élève.
- Ce n'est pas parce qu'un élève est capable de recopier une forme ou de la calquer comme il faut, qu'il peut nécessairement s'en souvenir lorsqu'il la retrouve dans un autre contexte.

La mémoire visuelle est souvent ***défectueuse*** chez l'élève qui présente des difficultés d'apprentissage.

Défectueuse : pas normale, avec des défauts

Constance : permanence, durée

Consigne : règle, ordre, directive

S'énoncer : être expliqué

- La mémoire visuelle* est la capacité de se souvenir de ce qu'on a vu, c'est-à-dire de visualiser une image mentale, de revoir en esprit ce qu'on a entendu nommer. C'est pourquoi la maîtrise de la ***constance*** de la forme et de l'orientation spatiale joue un rôle si important dans l'apprentissage de la lecture, de l'écriture et des mathématiques.
- Il arrive souvent que l'intervenant exprime une même ***consigne*** de plusieurs façons. Il faut donc apprendre à l'enfant qu'un même problème peut ***s'énoncer*** de diverses manières, mais que le résultat sera toujours le même. Voici un exemple de consignes :

  – « Si tu as 12 bonbons et que je t'en enlève 6, combien pourras-tu en manger ? »
  – « J'ai 12 bonbons, mais j'en soustrais 6, il m'en reste combien pour toi ? »

Nature : type, sorte

- Il est important que l'élève comprenne qu'un vocabulaire différent ne change en rien la ***nature*** du problème. De cette façon l'élève apprend très tôt à associer concept* et langage.

BIBLIOGRAPHIE

Auzias, M., *Les troubles de l'écriture chez l'enfant*, Delachaux et Niestlé, Neuchâtel, 1970.

Borel-Maisonny, S., *Langage oral et écrit*, I et II, Delachaux et Niestlé, Paris, 1966.

Bourneuf, D. et Paré, A., *Pédagogie et lecture*, Québec-Amérique, Montréal, 1975.

Coben, R., L'*apprentissage précoce de la lecture*, P.U.F., Paris, 1992.

Côté, R., *Psychologie de l'apprentissage et enseignement*, Gaëtan Morin, Boucherville, 1987.

Dubé, L., *Psychologie de l'apprentissage*, Presse de l'Université du Québec, Sainte-Foy, 1990.

Estienne, F., *Le langage et l'enfant*, Jean-Pierre Delarge/Éditions universitaires, Paris, 1975.

Froissart, A., *Quand votre enfant apprend à lire*, Le Centurion, Paris, 1975.

Ginandes Weiss, H. et Weiss, M., *La maison, une école privilégiée*, Éditions du Jour, Montréal, 1979.

Gouin-Décarie, T., *Intelligence et affectivité chez le jeune enfant*, Delachaux et Niestlé, Neuchâtel, 1973.

Goupil, G. et Lusignan, G., *Apprentissage et enseignement en milieu scolaire*, Gaëtan Morin, Boucherville, 1993.

Lagrange, G., *L'éducation globale*, Collection « Orientation », Casterman, Paris, 1974.

Langevin, C., *Le langage de votre enfant*, Les Presses de l'Université Laval, Québec, 1970.

Laurendeau, M. et Pinard, A., *Les premières notions spatiales de l'enfant*, Delachaux et Niestlé, Neuchâtel, 1968.

Lentin, L., *Apprendre à parler à l'enfant de moins de 6 ans*, Éditions E.S.F., Paris, 1977.

Lewis, D., *Le langage secret de votre enfant*, Belfond, Paris, 1978.

Maistre, M. de, *Les parents et le développement du langage*, Le Centurion, Paris, 1975.

Piaget, J., *La naissance de l'intelligence chez l'enfant*, Delachaux et Niestlé, Neuchâtel, 1977.

Piaget, J., *La genèse du nombre chez l'enfant*, Delachaux et Niestlé, Neuchâtel, 1941.

Rey, A., *Psychologie clinique et neurologique*, Delachaux et Niestlé, Neuchâtel, 1969.

Richelle, M., *L'acquisition du langage*, Collection « Psychologie du langage », Dessart et Mardaga, Bruxelles, 1976.

Rondal, J.A., *Langage et éducation*, Pierre Mardaga, Bruxelles, 1978.

Van Grunderbeeck, N., *Les difficultés en lecture. Diagnostic et pistes d'intervention*, Gaëtan Morin, Boucherville, 1994.

Wyatt, G., *La relation mère-enfant et l'acquisition du langage*, Dessart, Bruxelles, 1969.

Chapitre 2

Les difficultés d'apprentissage

Dans le premier chapitre, nous avons mis l'accent sur l'importance de développer dès le jeune âge certaines aptitudes essentielles pour la réussite scolaire de l'enfant. L'incapacité de le faire à l'âge prévu entraîne inévitablement un retard dans son développement* et, plus le retard est important, plus on peut s'attendre à le voir éprouver des difficultés importantes d'apprentissage à l'école. Le retard dans son développement global et les difficultés qu'il connaîtra plus tard à l'école n'empêchent cependant pas l'enfant d'être intelligent, voire d'avoir une intelligence* supérieure : Albert Einstein et Léonard de Vinci avaient des difficultés d'apprentissage.

L'enfant qui éprouve des difficultés d'apprentissage est souvent un enfant très bavard, curieux, ***inquisiteur***, créatif et ***apte*** à utiliser la ***pensée divergente***. Il est capable d'une curiosité que l'on qualifierait d'alarmante. Par exemple, quand il démonte en pièces des appareils électriques pour les reconstruire, on a l'impression qu'il se sent obligé de partir du début des choses. Ses professeurs l'accusent de manquer d'attention* et de concentration*, d'être souvent dans la lune ou de faire le clown au lieu d'écouter. Il semblerait plutôt que ces attitudes soient des mécanismes de défense et de manipulation, c'est-à-dire des façons multiples de camoufler un problème réel si souvent mal compris de son entourage.

Inquisiteur : trop curieux, donc impoli

Apte : capable

Pensée divergente : pensée ouverte aux autres idées

Hypersensibilité : vraiment trop sensible

Somatise : transforme ses peurs, ses angoisses ou ses frustrations en maladie physique

En général, l'enfant aux prises avec des difficultés d'apprentissage a une très mauvaise image de lui-même, doublée d'un sentiment d'impuissance, de retrait et de dépression. De plus, il est souvent d'une grande ***hypersensibilité*** et ***somatise*** facilement ses troubles : maux de tête, d'estomac, etc.

Dans ce chapitre, nous verrons que l'enfant aux prises avec des difficultés d'apprentissage est un enfant simplement différent, qui a des besoins particuliers, et nous essayerons de montrer comment répondre à ses besoins spécifiques.

Dans un premier temps, nous nous pencherons sur les causes, puis sur les manifestations et les caractéristiques des difficultés d'apprentissage et, enfin, sur ce qu'elles sont véritablement et sur les façons de les reconnaître. Nous verrons ensuite comment établir un plan d'intervention à partir d'une évaluation globale basée sur l'histoire de l'enfant, sur son évolution et sur ses particularités personnelles.

2.1 DIFFICULTÉS OU PROBLÈMES D'APPRENTISSAGE ?

Un problème d'apprentissage trouve la plupart du temps sa source dans un problème d'ordre affectif, visuel, auditif ou physique. Il peut être attribuable à une perte, à une malformation ou à une anomalie d'un organe, d'une structure ou d'une fonction physiologique, anatomique ou psychologique qui occasionne par le fait même une limitation fonctionnelle. Si l'on donne à l'élève aux prises avec un problème d'apprentissage les services pour ***pallier*** sa ou ses limitations fonctionnelles, il pourra continuer normalement ses apprentissages. Par exemple, une personne sourde a besoin d'un interprète pour suivre l'exposé du professeur. Le jeune immigrant a besoin d'un éducateur pour lui permettre de mieux comprendre les us et coutumes de son nouveau pays. L'étudiant aveugle a besoin de matériel adapté pour lire et écrire.

> ***Pallier*** : aider à ôter les difficultés de

Ces personnes ont, non pas des difficultés d'apprentissage, mais des problèmes d'apprentissage, car leurs facultés intellectuelles sont normales ; elles réussiront pourvu que leurs problèmes physiques ou environnementaux puissent être contrôlés ou réglés. Par contre, quand on utilise l'expression « difficultés d'apprentissage » on fait référence à une ou plusieurs difficultés ***qu'éprouve*** l'enfant à ***se soumettre*** aux exigences du système scolaire où il se trouve. Ces élèves présentent des difficultés diverses qui ne peuvent être expliquées par une déficience intellectuelle, physique ou sensorielle.

Qu'éprouve : que vit

Se soumettre : respecter

Traitement de l'information : analyser, examiner, traduire l'information (nouveaux apprentissages)

Emmagasinage : garder dans sa mémoire les apprentissages (informations)

Pression : stress, nervosité

Doté : avec

Particulier : spécial

Ces enfants ont en commun une difficulté relative au ***traitement de l'information***, à l'***emmagasinage*** et à la reproduction de l'information reçue. Imaginez une personne possédant un vocabulaire supérieur à la moyenne, mais qui ne peut lire. Songez à l'adolescent qui peut assembler toutes les pièces d'une tondeuse à gazon, mais qui est incapable de s'asseoir, de rester immobile, même un bref instant. Songez à la ***pression*** qui s'exerce sur un jeune qui n'arrive tout simplement pas à se concentrer et qui ne comprend pas pourquoi. Imaginez la frustration et la solitude de toutes ces personnes qui semblent si « normales » et qui sont cependant si « différentes ».

L'on pourrait comparer le cerveau d'un élève qui a des difficultés d'apprentissage à un ordinateur ***doté*** de millions de circuits, mais dont quelques-uns sont branchés différemment de ceux de la plupart des autres ordinateurs (élèves normaux). Cela signifie que si, le plus souvent, il agit exactement comme n'importe qui d'autre, dans certains cas il fonctionne différemment. Les éducateurs qui programment cet « ordinateur » doivent donc apprendre son mode de fonctionnement ***particulier*** tout en ne perdant pas de vue qu'il possède les mêmes capacités que les autres.

2.2 LES CAUSES DES DIFFICULTÉS D'APPRENTISSAGE

Les difficultés d'apprentissage peuvent provenir d'anomalies génétiques ou neurologiques ainsi que de facteurs pédagogiques, psychologiques et affectifs (figure 2.1).

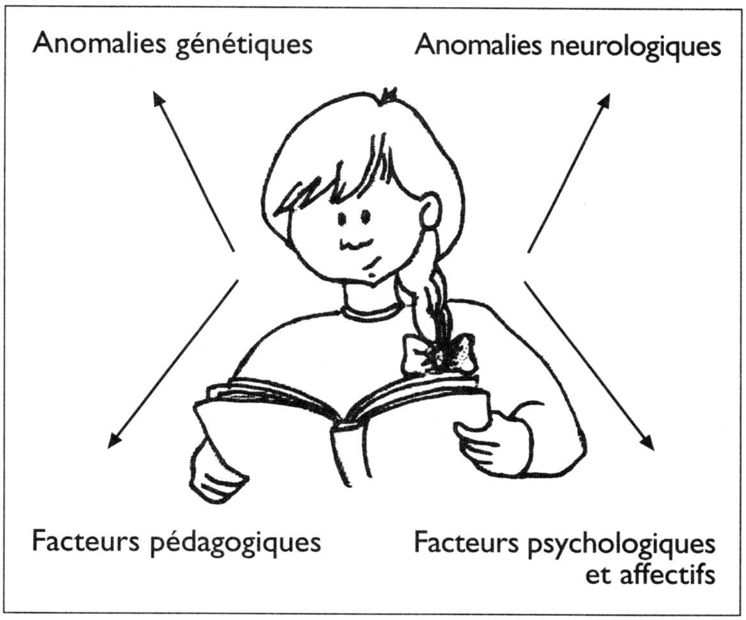

Figure 2.1

Facteurs à l'origine des difficultés d'apprentissage

2.2.1 Les anomalies génétiques

Dans certains cas, les difficultés d'apprentissage sont d'origine génétique, mais la manière dont elles se transmettent est encore inconnue. Par exemple, on attribue certaines difficultés d'apprentissage à la ***dysfonction*** des glandes endocrines ; on sait que ces glandes ***sécrètent*** des hormones, ou substances chimiques, dans le ***circuit sanguin*** qui, à son tour, ***influe*** sur le fonctionnement des autres tissus et organes. Les glandes endocrines se situent dans différentes parties du corps humain (figure 2.2).

Dysfonction : trouble du fonctionnement

Sécrètent : produisent

Circuit sanguin : veines et artères

Influe : influence, modifie

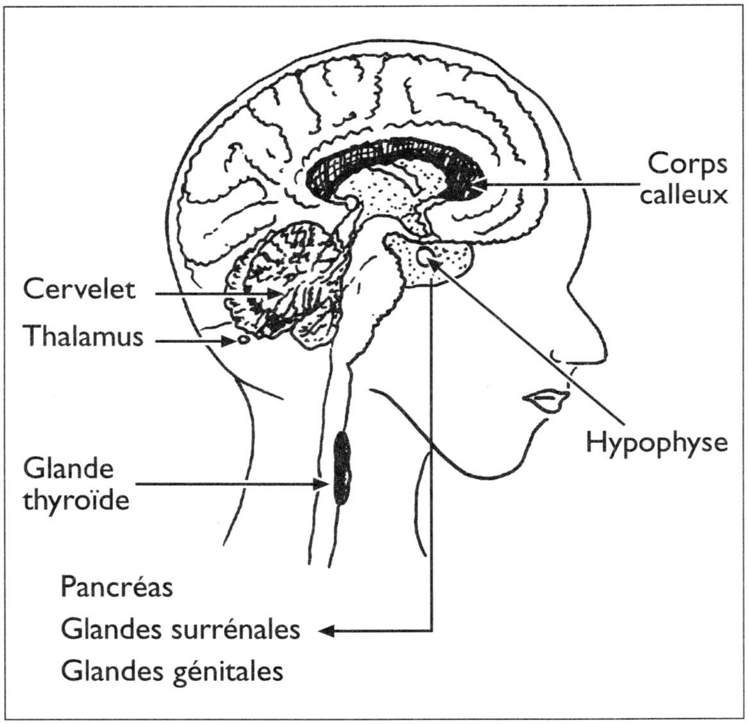

Figure 2.2

Les glandes endocrines du corps humain

Voici quelques-unes de ces glandes dont le dysfonctionnement est responsable des difficultés d'apprentissage.

- La glande thyroïde, située dans le cou, sécrète la thyroxine. Son rôle est de contrôler la consommation d'oxygène et de fournir le ***rendement énergétique***. Une ***sous-production*** aura comme ***conséquence*** une mémoire déficiente et un manque d'énergie chez l'enfant. Une ***surproduction*** sera cause chez l'enfant d'hyperactivité, d'***irritabilité*** et de manque de concentration.
- Le pancréas, situé près de l'estomac, sécrète l'insuline. S'il ne joue pas son rôle ***adéquatement***, il ***occasionnera*** l'hypoglycémie (peu de sucre dans le sang), qui aura comme conséquence des ***perturbations*** dans les apprentissages scolaires.
- Les glandes surrénales, situées au-dessus des reins, sécrètent l'adrénaline et le cortisol. Ces glandes fonctionnent ***en étroite collaboration*** avec l'hypophyse ; certaines dysfonctions sont liées à des allergies ou à des maladies diverses dont certaines nécessitent un traitement à la cortisone.
- Les glandes génitales mâles et femelles sécrètent leurs hormones respectives, la testostérone et les œstrogènes. Quand leur fonctionnement est régulier tout au long de la croissance, l'enfant ***atteint*** la puberté dans un temps normal et devient un adulte. Dans le cas d'un fonctionnement anormal, le développement sexuel de l'enfant est soit précoce, soit tardif, ce qui peut produire de graves problèmes d'ajustement social qui auront une ***incidence*** négative sur l'apprentissage scolaire.

Rendement énergétique : production normale de l'énergie

Sous-production : manque de production, pas assez de production

Conséquence : résultat

Surproduction : trop de production

Irritabilité : facilement en colère, fâché

Adéquatement : normalement

Occasionnera : causera, donnera

Perturbations : troubles, dérangements

En étroite collaboration : travaillent ensemble

Atteint : arrive à

Incidence : résultat

- Le thalamus joue un rôle de ***téléscripteur*** qui sélectionne l'information reçue par les voies nerveuses. Un mauvais fonctionnement aura des ***répercussions*** sur les apprentissages de l'enfant.
- L'hypophyse, située dans le cerveau, sécrète une dizaine d'hormones différentes. Certaines de ces hormones contribuent à la croissance physique et d'autres stimulent le comportement sexuel. L'hypophyse joue un peu le rôle de chef d'orchestre de toutes les autres glandes du corps.

Téléscripteur : coordination

Répercussions : influences

Interreliées : liées (attachées) ensemble

Établissent : font

Défectueuse : qui fonctionne mal

Problème mineur : petit problème

Circuits linguistiques : nerfs du cerveau pour le langage

Lésions : modifications, troubles, défauts

2.2.2 Les anomalies neurologiques

Le cerveau a un système de fibres ***interreliées*** qui ***établissent*** la relation entre les fonctions visuelles, auditives, tactiles et motrices. Si l'une des connexions est ***défectueuse***, l'élève risque d'avoir des difficultés dans ses apprentissages scolaires : difficultés dans la concentration, la mémorisation, l'abstraction, les associations mentales rapides et les mouvements rythmiques.

Un ***problème mineur*** dans les ***circuits linguistiques*** du cerveau peut suffire à causer une difficulté d'apprentissage de la lecture et de l'écriture. Il existe une relation entre des ***lésions*** de certaines parties du cerveau et des troubles du comportement* (tableau 2.1). Il est vrai que le comportement dépend du cerveau tout entier, mais certaines activités motrices et intellectuelles dépendent davantage d'un des deux hémisphères*. Par exemple, l'hémisphère gauche est souvent considéré comme « le cerveau analytique » responsable du langage, des aptitudes mathématiques, de la pensée logique, etc. L'hémisphère droit serait « le cerveau artistique » favorisant le développement de la mémoire visuelle*, de la création et de la sensibilité aux formes. Cependant, les deux hémisphères doivent unir leurs spécialités pour accomplir certaines tâches complexes (figure 2.3).

Tableau 2.1

Les lésions et leurs conséquences

Hémisphère gauche *		**Hémisphère droit**	
Site de la lésion	**Conséquences**	**Site de la lésion**	**Conséquences**
Lobe frontal (langage verbal)	Difficulté d'articulation et à répéter ce que l'éducateur dit.	Lobe frontal (articulation, dextérité manuelle, abstraction, affectivité)	Difficulté sur les plans de la mémoire à court terme, de la rapidité d'esprit, du jugement social, du contrôle affectif et de la motivation.
Lobe temporal (mémoire auditive)	Difficulté à suivre les consignes de l'intervenant.	Lobe temporal (espace, géométrie)	Difficulté en arithmétique, en arts plastiques et en dessin.
Lobe pariétal (image corporelle, orientation, espace, toucher)	Difficulté en arithmétique. Écriture mal structurée et mal formée.	Lobe occipital (perception visuelle)	Difficulté sur le plan de la discrimination et de la reconnaissance des formes, des figures et des symboles. Ce que l'enfant voit ne correspond pas aux explications de l'intervenant.

* L'hémisphère gauche est le siège de la compréhension, de la parole, de l'expression, de l'écriture et de l'ordonnance de la lecture.

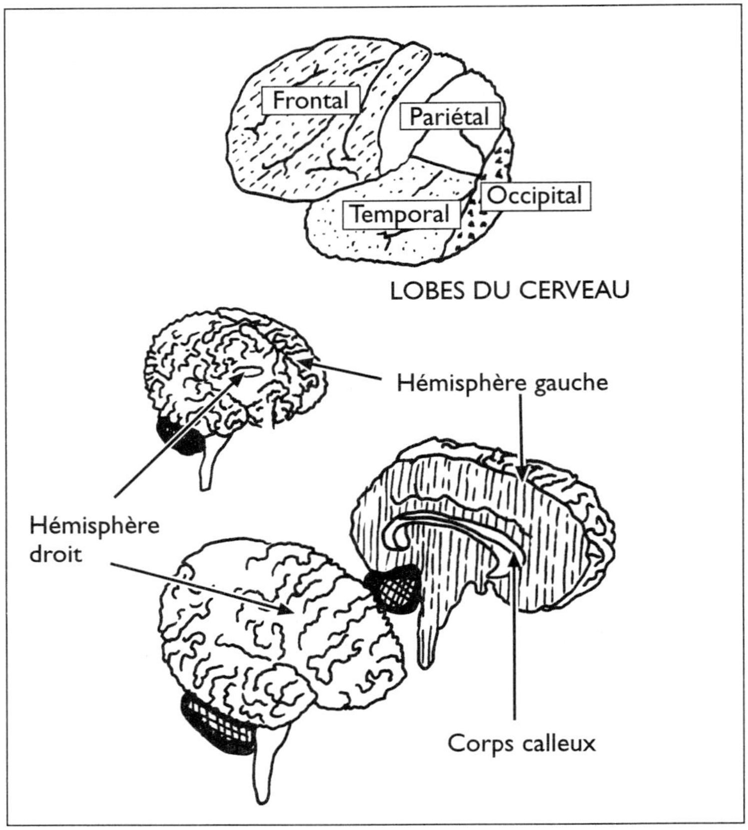

Figure 2.3

Le cerveau humain

Perturbée : modifiée, dérangée

Le corps calleux constitue l'un des principaux ponts de communication* entre les deux hémisphères du cerveau (droit-gauche). Quand il ne joue pas son rôle adéquatement, la coordination entre les hémisphères sera ***perturbée***. Ainsi, l'hémisphère droit du cerveau contrôle l'aspect des notions d'espace ; l'hémisphère gauche les activités verbales. Le corps calleux permettra la communication entre la ***perception*** spatiale et la formation du mot qui correspond au symbole. Par exemple, on présente à l'enfant un triangle dessiné sur un carton et on lui demande de nous dire ce que représente cette figure.

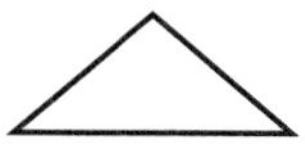 = perception de la figure au niveau de l'hémisphère droit

Triangle = réponse verbale (mot) formée au niveau de l'hémisphère gauche

2.2.3 Les facteurs pédagogiques

Perception : réception par les sens (yeux, oreilles, nez, toucher, goût) d'une sensation

L'un des buts de l'enseignant est de créer un milieu favorable à l'apprentissage scolaire. Pour atteindre cet objectif, l'enseignant doit pouvoir répondre aux questions suivantes : Comment les élèves apprennent-ils ? Qu'est-ce qui influence l'élève dans son apprentissage ? Qu'est-ce que je dois faire pour aider les élèves à apprendre ? Quelle pédagogie conviendrait le mieux à chacun des élèves ? Les stratégies d'enseignement ne sont efficaces que si elles correspondent à la façon dont les élèves assimilent les connaissances. Chaque élève a son « style d'apprentissage » et il importe d'y associer des activités scolaires appropriées.

Les élèves doivent trop souvent adapter leur style d'apprentissage aux différentes approches pédagogiques de l'enseignant. Cela peut ralentir le progrès de certains.

En voici quelques exemples. L'enseignant utilise une méthode de lecture globale alors que l'enfant est auditif, ou une méthode syllabique alors que l'enfant est visuel.

Sa pédagogie est non directive alors que l'élève a besoin d'un ***cadre***, d'une routine, de directives précises pour faire son travail. L'enseignant propose des activités en grand groupe alors que l'élève a besoin d'une approche individualisée, d'être guidé pour apprendre. Certains élèves, face à l'enseignant, sont embarrassés, ils ont peur de se tromper, ils deviennent trop tendus pour se concentrer. Dans cette situation, il est souhaitable que ces élèves travaillent seuls ou en petit groupe.

Cadre : limite

Certains intervenants pensent que les élèves sont capables de travailler au son de la musique ou lorsqu'il y a du bruit. Quelques élèves peuvent le faire, mais, par contre, certains ont besoin d'une ambiance relativement calme et d'autres, d'un silence complet afin de pouvoir se concentrer. On pourrait multiplier les exemples de ce genre ; disons simplement que la tâche de l'enseignant n'est pas d'essayer de changer l'élève mais d'accepter ses capacités telles qu'elles existent et de lui proposer des choix qui lui permettent d'apprendre. Les élèves apprennent de différentes façons et nous devons nous garder de favoriser un style d'apprentissage au détriment d'un autre. Enfin, une relation difficile avec l'enseignant peut être un facteur créateur de difficultés d'apprentissage pour l'élève.

2.2.4 Les facteurs psychologiques et affectifs

Les difficultés d'apprentissage de l'enfant sont souvent vécues par les parents comme une obsession où alternent espoir et désespoir selon que les résultats scolaires sont satisfaisants ou négatifs. Ces parents vivent depuis longtemps une situation de crise par rapport à l'échec scolaire de leur enfant. Plusieurs perçoivent l'aide à l'apprentissage qu'ils donnent à leur enfant comme une corvée et ils voient arriver l'heure des devoirs avec une grande appréhension.

Certains parents revivent, à travers l'échec de leur enfant, leurs propres difficultés scolaires. Pour d'autres, les difficultés d'apprentissage de leur enfant sont devenues une source de conflit. Si l'échec scolaire ne peut être tenu comme seul responsable des problèmes ***intra-familiaux***, il servira souvent de prétexte ou de catalyseur. Certains parents se sentent dépassés et impuissants. On remarque cette impuissance par la faible participation des parents aux activités de l'école.

Un autre facteur à l'origine des difficultés d'apprentissage est la malnutrition. Étant donné que le développement des cellules dépend d'une bonne nutrition, il existe un rapport direct entre celle-ci et un développement normal du cerveau et du système nerveux. Une mauvaise nutrition peut entraîner des dommages ***neuraux*** permanents qui risquent de modifier le développement normal de l'intelligence verbale et non verbale ainsi que le développement psychomoteur.

La naissance, dans des conditions plus ou moins difficiles, peut être à l'origine des difficultés d'apprentissage de l'enfant (traumatismes avant, pendant, après la naissance). L'on peut évaluer la ***sévérité*** du stress que subit l'enfant à sa naissance à l'aide d'un instrument appelé « échelle Apgar ».

Intra-familiaux : dans la famille

Neuraux : qui touchent les nerfs

Sévérité : gravité

2.3 MANIFESTATIONS OU SYMPTÔMES DES DIFFICULTÉS D'APPRENTISSAGE

La plupart d'entre nous sommes capables de lire et de comprendre la langue écrite, d'entendre et de saisir la langue parlée. Il nous est même difficile d'imaginer la confusion et la frustration qu'entraînent les difficultés d'apprentissage dont voici les symptômes les plus fréquents :

Coordination : contrôle (des mouvements)

- manque de concentration ;
- troubles de la mémoire et de la pensée ;
- difficulté de l'expression verbale, troubles du langage et de l'audition ;
- troubles de la ***coordination*** ;
- hyperactivité* et instabilité psychomotrice ;
- altération perceptivo-motrice ;
- variabilité de l'humeur (désorganisation) ;
- troubles de l'attention (durée réduite de l'effort d'attention, distraction) ;
- impulsivité (de caractère et dans les activités) ;
- troubles spécifiques de l'apprentissage, en lecture, calcul, écriture et épellation ;
- incapacité de s'organiser en fonction de l'atteinte d'objectifs vitaux ;
- habitudes de sommeil irrégulières ;
- résistance au moment du coucher ;
- désordre des effets personnels, surtout dans la chambre à coucher et le pupitre ;
- fatigabilité importante ;
- énurésie fréquente ;

- habitudes alimentaires particulières ;
- curiosité excessive, surtout en ce qui concerne les mécanismes fonctionnels de certains objets ;
- tendance à se ronger les ongles ;
- tendance à des fuites (on le décrit comme étant dans la lune) ;
- difficulté à exprimer la nature de son problème ;
- cahiers scolaires généralement malpropres et déchirés ;
- surinvestissement dans les animaux.

L'enfant dont le fonctionnement cérébral* est ***déficitaire*** et chez qui certains des ***processus*** physiologiques ***indispensables*** à l'apprentissage sont ***inadéquats*** est incapable d'apprendre correctement sans une aide parfois très spécialisée, ou dans un milieu averti des difficultés qu'il présente. L'enfant qui commence l'école sans avoir atteint le degré de maturation perceptivo-motrice ***requis*** ne peut s'attaquer avec succès aux problèmes apparemment simples de la lecture, de l'écriture et du calcul, qui supposent une certaine maturation* et une maîtrise suffisante du langage et des instruments sensori-moteurs.

On oublie souvent le nombre et la diversité des mécanismes ***mis en marche*** pour poser un acte aussi simple que celui de tracer une ligne ou de reproduire un carré. L'enfant doit s'asseoir, maintenir sa ***posture***, tenir sa tête correctement, contrôler adéquatement les mouvements de sa main, du poignet et des doigts, les ***coordonner*** et les ***dissocier***, les diriger dans une certaine direction et vers un but précis. Tout cela suppose une activité corporelle, une possibilité de différenciation et d'intégration

Déficitaire : en manque, fonctionne mal

Processus : développement (suite des étapes)

Indispensables : nécessaires, obligatoires

Inadéquats : pas corrects

Requis : nécessaire

Mis en marche : mis en fonction

Posture : position

Coordonner : faire fonctionner ensemble

Dissocier : faire fonctionner séparément

Adéquat : correct

Sans à-coups : régulièrement, en douceur

Transposition : transférer l'image dans sa tête à l'image vue

Raccord : lien, attachement

Ne peuvent se concevoir : ne peuvent pas se développer, être faits

Parallèle : en même temps

Dysfonctionnement : mauvais fonctionnement

Intégralement : complètement

Intervention ponctuelle : selon les besoins, de temps en temps

des mouvements fins, simultanés, une précision neuromusculaire pour relâcher la musculature non utilisée, etc. Il faut aussi compter sur un couplage ***adéquat*** de l'œil et de la main, ce qui implique la latéralisation (droite-gauche) et le pouvoir directionnel, la construction des données de l'espace à partir de l'expérience acquise de son propre corps (intégration du schéma corporel*), la possibilité de s'arrêter à l'endroit approprié et au moment opportun et de repartir ***sans à-coups***, la ***transposition*** et l'enchaînement dans le temps et l'espace de formes bien perçues, le ***raccord*** entre l'expérience vécue et inscrite dans la mémoire, etc. Et en plus, bien sûr, il faut vouloir reproduire le carré...

L'affectivité*, l'intelligence, l'apprentissage ***ne peuvent se concevoir*** sans une évolution normale ***parallèle*** de tous les éléments perceptivo-moteurs. Il est évident que le ***dysfonctionnement*** d'un « outil » de perception ou d'exécution sera un handicap pour l'enfant, puisqu'il ne pourra pas capter ***intégralement*** la réalité et ne pourra faire agir ses sentiments et son intelligence adéquatement.

2.4 DIAGNOSTIC ET ÉVALUATION DES DIFFICULTÉS D'APPRENTISSAGE

L'évaluation des habiletés de l'enfant repose sur la compréhension de ce qu'il peut faire, sur l'observation de ses difficultés, sur l'***intervention ponctuelle*** et sur l'évaluation de ce qu'il a appris et de son niveau de maîtrise de la tâche. L'on doit donc prendre en compte le processus individuel de chaque enfant, ses forces et ses besoins ainsi que ses mécanismes d'apprentissage.

L'enfant est une ***entité dynamique*** qui se transforme continuellement par une ***interaction*** avec le milieu dans les quatre grands domaines du développement : physique, émotionnel, social et intellectuel.

Lorsqu'on parle d'apprentissage, au sens strict du terme, on se réfère à un changement de comportement ***de nature cognitive***, affective ou psychomotrice qui ne résulte pas directement d'un processus de maturation physiologique naturel. Il s'agira surtout ici d'apprentissage lié au système scolaire.

L'enfant doit répondre aux exigences d'un système qui lui demande de lire, d'écrire et de compter selon des normes bien établies. Pour ce faire, il doit, d'une part, avoir la capacité « intellectuelle » nécessaire à l'apprentissage scolaire normal et, d'autre part, posséder un ***organisme*** physiologiquement et psychologiquement mature et ***sain*** afin de pouvoir ***assimiler*** et ***intégrer*** de façon complète les notions enseignées.

Un développement mental, physiologique et affectif normal est nécessaire à l'apprentissage scolaire. Ce dernier demande aussi une intégration adéquate de tous les ***processus neuro-moteurs*** complexes, entre autres les habiletés perceptivo-motrices visuelles, perceptivo-motrices auditives, tactiles et linguistiques. Ajoutons à cela l'équilibre affectif et intellectuel sans lequel l'enfant n'arrivera pas à répondre aux exigences de la société ni à celles du système scolaire dans lequel il ***est engagé***.

L'expression « trouble grave d'apprentissage » (TGA) de l'enfant ***est à éviter***, car la ***stigmatisation*** attire le rejet

Entité dynamique : personne unique qui vit, qui agit, qui bouge

Interaction : relation

De nature : qui est liée

Cognitive : de la pensée, de l'apprentissage

Organisme : corps

Sain : en bonne santé

Assimiler : apprendre, savoir

Intégrer : mémoriser les nouvelles connaissances, les savoirs

Processus neuro-moteur : développement du système nerveux qui est responsable des mouvements

Est engagé : participe

Est à éviter : est à ne pas faire

Stigmatisation : étiquetage, mot qui fait du tort

de la part de l'adulte et des autres enfants et souvent l'***exclusion des opportunités essentielles*** à un développement sain et équilibré. Il existe cependant une réalité, celle de la nécessité d'ouvrir les bonnes portes, d'apporter une aide qualifiée, de créer des programmes et de les évaluer.

Enfin, le diagnostic des difficultés d'apprentissage exige une étude complète de l'enfant par une équipe multidisciplinaire. L'équipe idéale devrait se composer comme suit : pédiatre, neurologue, pédopsychiatre, psychologue, orthopédagogue (ou psycho-éducateur ou éducateur spécialisé), travailleur social et spécialiste du langage.

> ***Exclusion des opportunités essentielles*** : non-participation aux bonnes occasions (chances) nécessaires
>
> ***Bilan*** : histoire de la personne
>
> ***Fonctions perceptuelles*** : capacités de percevoir (sentir avec les sens)
>
> ***Profil*** : histoire de la personne

2.4.1 Les composantes du bilan

Le ***bilan*** est habituellement élaboré par les membres d'une équipe interdisciplinaire en collaboration avec les parents. Des formulaires permettant de recueillir l'information pertinente à l'élaboration du bilan sont présentés en annexe du chapitre (annexe A). Le bilan comprend les éléments suivants :

- l'histoire médicale complète et l'étude des données génétiques et neuropsychiatriques ;
- l'examen pédiatrique, avec une attention particulière aux organes sensoriels (vue et ouïe) ;
- l'examen neurologique et l'examen neuro-moteur ;
- les épreuves psychologiques appropriées, c'est-à-dire celles qui mesurent les ***fonctions perceptuelles*** et cognitives ;
- le ***profil*** pédagogique : niveau de scolarité, évaluation qualitative de l'écriture, de la lecture, du calcul, de la capacité d'abstraction, du rythme, etc. ;

– l'analyse du langage oral et écrit ;
– l'évaluation psychiatrique de la personnalité : présence de symptômes ***névrotiques***, ***psychotiques*** ou ***réactionnels*** (autodépréciation, crainte de l'échec, etc.) ;
– les examens spéciaux nécessaires : électroencéphalogramme (EEG), audiométrie, examen des fonctions visuelles, etc. ;
– l'évaluation selon le guide Portage, la B.F.P. 6* ou le B.Q.A.L.** ;
– l'histoire familiale afin de recueillir les ***composantes héréditaires***, les influences physiologiques, psychologiques, économiques, sociales et culturelles et les attitudes et relations entre les parents, la ***fratrie*** et l'enfant ;
– l'histoire complète du développement de l'enfant à partir des informations obtenues de ses parents ou de son responsable. Une attention particulière devra être apportée à la grossesse et à tout ce qui peut toucher la mère, aux infections ***prénatales***, ***périnatales*** et ***postnatales***, ainsi qu'aux intoxications, aux ***traumatismes*** naturels ou causés par des ***agents physiques***, au ***métabolisme***, aux

Névrotiques : troubles du comportement (affectif-émotionnel)

Psychotiques : troubles de la personnalité (maladie mentale)

Réactionnels : peur de ne pas réussir, de ne pas être capable, de se sentir moins bon que les autres

Composantes héréditaires : éléments (ensemble) des influences héréditaires (qui viennent de nos parents)

Fratrie : frères et sœurs d'une famille

Prénatales : avant la naissance

Périnatales : pendant la naissance

Postnatales : après la naissance

Traumatismes : blessures

Agents physiques : objets, éléments, causes

Métabolisme : actions qui se passent dans le corps humain

* Batterie Factorielle Predictive (pour l'évaluation de la lecture et de l'écriture en 1ère année).
** Bilan Qualificatif de l'Apprentissage de la Lecture.

Tumeurs : bosses formées par des cellules qui ne sont pas normales

Aberrations chromosomiques : modifications, changements dans la fonction, le rôle des chromosomes

Tentera d'établir : essayera de trouver

Circonstances : comment ça s'est passé

Tenant compte : en analysant

Reconstitution minutieuse : refaire d'une façon précise l'histoire des étapes

Mettre en valeur : trouver les plus importants

Passation : faire un test

Rendement : capacité

tumeurs, aux ***aberrations chromosomiques*** et aux problèmes psychologiques associés, au milieu familial et socio-culturel. On ***tentera d'établir*** le plus précisément possible l'histoire médicale et les ***circonstances*** entourant la grossesse et l'accouchement en ***tenant compte*** de tous les facteurs pertinents, à savoir : la médication, l'exposition à la radiation, la nature de la présentation du bébé, etc. Seront aussi évalués la condition de l'enfant à la naissance, les habitudes du nouveau-né, son sommeil, son état et son humeur au réveil et ses attitudes face à la nourriture. L'importance des vingt premiers mois de la vie de l'enfant a été clairement définie dans de nombreuses études (Piaget et Gesell). Une ***reconstitution minutieuse*** de cette période permet de ***mettre en valeur*** les éléments pertinents du développement moteur, ceux du langage et de la socialisation, etc. ;

– une évaluation psychomotrice sur les différents aspects suivants : schéma corporel, motricité globale*, latéralité, organisation temporelle et rythme, environnement spatial, motricité fine*, etc.

2.4.2 L'évaluation des difficultés d'apprentissage

La première étape d'une évaluation devrait être de vérifier les aptitudes intellectuelles générales de l'enfant par la ***passation*** du Wechsler Intelligence Scale For Children (W.I.S.C.). Ce test met en évidence le ***rendement*** à deux niveaux : un premier, dit « verbal », influencé par le milieu et les expériences passées de l'éducation de l'enfant, et un deuxième, « non verbal », qui rejoint la dynamique perceptuelle. L'évaluation de chacun des deux niveaux ***comporte*** cinq sous-tests. Pour ce qui est de l'***aspect verbal***, on évaluera les connaissances ou les informations, le jugement, le vocabulaire, les notions de similitude et la mémoire ; quant à l'aspect non verbal, il s'agira d'histoires en images, d'images à compléter, de ***substitutions***, de dessins avec blocs, d'assemblages et de labyrinthes.

Il serait souhaitable à cette étape de demander à l'enfant de dessiner un bonhomme. L'éducateur pourra aussi tenter d'évaluer l'image que l'enfant se fait de lui-même, l'intégration de son schéma corporel, sa conscience corporelle et la réalité de la perception de son « moi ». À cette étape, on pourra aussi ***déceler*** les craintes, les peurs et les anxiétés de l'enfant. Goodenough, Harris et Rey sont des auteurs ***auxquels se référer pour cette question***.

a) L'évaluation des habiletés perceptivo-motrices visuelles

Pour évaluer la maturation du développement de la perception visuelle* on utilisera avec profit le Marianne Frostig Test, le test de Ayres et le test de Rey, la B.F.P. 6 de Lavallée et le B.Q.A.L. de Campeau-Filion et Gauthier.

*b) L'évaluation des habiletés perceptivo-motrices auditives**

Il existe très peu de matériel de ***mesure quantifiable*** en français. Le L.I.T.P. permet de vérifier une bonne partie des habiletés perceptivo-motrices auditives, telles la ***discrimination auditive***, la mémoire des ***séquences***, la ***computation*** des sons, les associations auditivo-vocales. Il y a aussi le test du rythme de Stambak, les

Comporte : inclut

Aspect verbal : communication verbale

Substitutions : remplacements

Déceler : découvrir

Auxquels se référer sur cette question : personnes compétentes sur ce sujet

Mesure quantifiable : test qui permet de mesurer avec précision

Discrimination auditive : action d'isoler les sons entendus

Séquences : étapes, suites

Computation : prévision des sons

phrases à compléter et la localisation spatio-temporelle des sons de Borel-Maisonny.

c) *L'évaluation de la motricité et de l'intégration sensori-motrice*

Au départ, bien sûr, l'observation attentive de l'enfant par l'éducateur lui-même pourra fournir à ce dernier des informations ***pertinentes*** sur la façon dont il habite son corps, se comporte avec lui. Ces observations personnelles pourront être complétées par la passation de différentes batteries de tests (le Lincoln-Oseretsky, le Pic et Vayer, le Kephart, le Ayres), ainsi que par les différents tests du schéma corporel, de l'équilibre*, de la coordination des membres, de la latéralité (le Harris, le Piaget-Head, le Berges et Lépine, le Boulch, le Galifret-Granjon). ***Quant aux*** habiletés de la motricité fine, telles que la coordination œil-main, on utilisera le Frostig et le Ayres, et, pour le développement graphomoteur, le Bander. La direction de l'école ou le centre d'adaptation-réadaptation seront en mesure de vous donner les batteries utiles pour votre travail ou les références des maisons d'édition.

Pertinentes : justes, correctes

Quant aux : pour les

Réceptivité : capacité de recevoir des impressions, des informations, de répondre à certaines stimulations

Niveau opérant : niveau présent

d) *L'évaluation du langage*

Dans le domaine du langage, le Peabody Vocabulary Test de Dune et le Clawson permettent d'évaluer la ***réceptivité*** et l'expression. Le Borel-Maisonny, quant à lui, mesure les habiletés en langage écrit. Le but de l'évaluation du langage oral est de permettre à l'intervenant de connaître avec précision le ***niveau opérant*** du langage de chaque élève afin de lui permettre de planifier ensuite les activités et, plus tard, de mesurer les progrès réalisés. Nous avons placé en annexe du chapitre (annexe B) un instrument simple pour évaluer le langage oral.

e) *L'évaluation des habiletés conceptuelles*

L'évaluation des habiletés conceptuelles pourra être ***menée à bien*** en utilisant les ***épreuves de rendement*** de Piaget, du Stanford-Binet et du O.I.S.E. Il est important de placer l'enfant dans une ***situation clinique*** qui permette d'observer les mécanismes mentaux ***employés*** pour solutionner des problèmes de l'ordre de la qualité, de la masse, de l'espace, du volume extérieur et intérieur. Les épreuves de Piaget, telles que le ***transvasement*** des liquides, les prés et vaches, les îles, la plasticine et la correspondance, mettent en évidence la notion de conservation, les difficultés d'orientation spatiale, de relation des parties au tout, d'analyse de l'espace et de la distance, de la grosseur et de la grandeur, la ***séquence*** gauche-droite et haut-bas.

L'apprentissage exige des habiletés complexes, dont la ***capacité d'abstraction***, grâce à laquelle on passe de l'objet réel tridimensionnel à son symbole abstrait, soit le mot qui le ***désigne***. Ainsi, l'observation de plusieurs chats ou de plusieurs dessins représentant des chats peut ***aboutir*** à la formation du concept « chat ». Il s'agit pour l'enfant de faire abstraction des ***aspects accidentels*** de l'objet ou de son image (dimension, position, orientation, etc.) pour ne retenir que les caractéristiques essentielles. Un processus semblable est aussi utilisé dans la simple perception de la différence entre

Menée à bien : bien faite

Épreuves de rendement : tests des capacités

Situation clinique : dans un laboratoire d'observation

Employés : utilisés

Transvasement : verser un liquide d'un récipient (contenant) dans un autre

Séquence : suite ordonnée

Capacité d'abstraction : capacité pour comprendre les choses abstraites

Désigne : représente

Aboutir : arriver à

Aspects accidentels : ce qui peut changer sans changer l'essentiel les lettres « b » et « d », « p » et « q », ou entre un « N » et un « Z », ces différences étant surtout fonction de la rotation de la même forme.

L'addition ou l'élimination d'un petit détail qui ***convertit*** le « F » en « E », le « N » en « M », le « O » en « Q » ajoute à la ***confusion*** et met à l'épreuve les lois de la constance de la grandeur, de la forme, etc. Même s'il n'y a que 10 chiffres et 26 lettres dans l'alphabet latin, les variations introduites par les ***styles***, par la majuscule et la minuscule, la forme imprimée et la forme ***cursive***, et par toutes les autres combinaisons et permutations, représentent une ***multitude*** de possibilités et un potentiel important de difficultés. Sans compter, en plus, que les sons représentés par certaines de ces lettres et par différentes combinaisons de ces lettres sont aussi très irréguliers : par exemple, le mot « autant » pourrait être épelé « Autun », « attend », « autant », et ainsi de suite.

Convertit : transforme

Confusion : mélange

Styles : formes différentes des lettres

Cursive : écrite à la main

Multitude : beaucoup, beaucoup, beaucoup

2.5 IDENTIFICATION DES DIFFICULTÉS

Nous avons jusqu'ici examiné les causes et les manifestations les plus importantes des difficultés d'apprentissage et du processus de l'élaboration du diagnostic. Nous en sommes maintenant à l'étape de l'identification de ces difficultés et de l'étude plus détaillée de celles qui sont reliées au cognitif, au psychomoteur et au comportement. Les principales difficultés que l'élève rencontre sont de l'ordre de la perception et de la formation de concepts, des troubles de la fonction motrice, de la pensée, de la communication et de l'affectif-émotionnel.

2.5.1 Difficultés de perception et de formation de concepts

On constate que l'enfant ayant des difficultés d'apprentissage présente des lacunes au niveau des tâches qui demandent des stratégies de résolution de problèmes, des tâches qui demandent de la mémoire, de faire de la sélection, des associations, de la classification ou de la discrimination. L'encadré 2.1 liste quelques difficultés relatives à la perception et à la formation des concepts.

Encadré 2.1

Les difficultés de perception et de formation de concepts

Association auditive	Globalisation
Association visuelle	Intégration sensorielle
Classification visuelle	Jugement spatio-temporel
Classification auditive	Jumelage de sons
Constance dans la forme	Mémorisation de séquences auditives
Constance de la grandeur	Mémorisation de séquences visuelles
Constance de la couleur	Organisation perceptuelle
Décodage auditif	Orientation spatiale*
Décodage visuel	Orientation temporelle
Différenciation-directionnalité	Perception de la forme
Discrimination auditive	Perception de la profondeur
Discrimination de la couleur	Perception tridimensionnelle
Discrimination de la forme	Rappel d'information
Discrimination spatiale	Relation figure-fond*
Discrimination tactile	Relation spatiale*
Discrimination visuelle	Relation spatio-temporelle
Dissociation	Vitesse perceptuelle

2.5.2 Troubles de la fonction motrice

Les différentes étapes du développement moteur se présentent généralement à l'âge normal, mais on remarque que la qualité de cette motricité peut être affectée dans certains domaines. L'encadré 2.2 dresse la liste des principaux troubles moteurs.

Encadré 2.2

Principaux troubles moteurs

Strabisme	Flexibilité difficile
Nystagmus	Force inégale
Hyperkynésie	Latéralisation non intégrée
Gaucherie	Latéralité non intégrée
Asymétrie des réflexes	Motricité fine irrégulière
Rigidité des mouvements	Motricité globale non intégrée
Tics très fréquents	Difficulté à suivre un rythme
Coordination générale difficile	Schéma corporel non intégré
Coordination œil-main non intégrée	Syncinésie*
Démarche lourde	Posture amorphe
Détente non intégrée	Préservation motrice
Manque d'équilibre	Respiration irrégulière
Habileté sensori-motrice faible	

2.5.3 Troubles de la pensée

L'enfant qui présente des troubles de la pensée n'a pas de retard de langage ; il parle en général beaucoup plus que les autres enfants de son âge. Mais, lorsqu'il fait face à des situations où le langage doit être organisé en fonction d'une tâche précise, par exemple raconter la sortie qu'il vient de faire au zoo avec ses camarades de classe, il va verbaliser difficilement et son récit est ponctué d'hésitations comme « hum » « e », etc. Selon les recherches, les difficultés se localiseraient au niveau des centres supérieurs reliés à l'organisation de la pensée. L'encadré 2.3 dresse une liste de quelques troubles de la pensée observés chez l'enfant ayant des difficultés d'apprentissage.

Encadré 2.3

Troubles de la pensée

Difficulté de formation de concepts	Conceptualisation logique difficile
Abstraction difficile	Formulation d'hypothèses douteuses
Peu d'anticipation intellectuelle	Généralisation difficile
Classification logique difficile	Mémoire à long terme déficitaire
Concept du tout imperceptible	Notion de conservation ambivalente
Concept de facteur commun difficile	Réversibilité non constante
Compréhension générale diffuse	Notion de sériation difficile

2.5.4 Difficultés de la parole et de la communication

Les difficultés sur le plan de la communication et de la parole sont deux aspects qui touchent un bon nombre d'enfants ayant des difficultés d'apprentissage. L'encadré 2.4 en fournit quelques exemples.

Encadré 2.4

Difficultés de la parole et de la communication

Lenteur du développement du langage	Langage médiocre
Difficulté d'articulation	Phraséologie pauvre
Bégaiement	Dysorthographie*
Expression verbale déficitaire	Vocabulaire limité

2.5.5 Caractéristiques émotionnelles

On remarque souvent, chez l'enfant ayant des difficultés d'apprentissage, des comportements dérangeants dans la salle de classe, dans les cours de récréation ou dans les jeux. La difficulté pour le jeune d'entrer en relation avec ses pairs est signalée très tôt par les parents et les intervenants. L'encadré 2.5 fournit quelques exemples de ces caractéristiques.

Encadré 2.5

Les caractéristiques émotionnelles

Impulsivité Tolérance à la frustration très faible Hypersensibilité Difficulté d'adaptation aux changements Tendance à s'accrocher surtout à l'adulte Sensibilité aux observations Humeur variable Comportement antisocial Négativisme* Agressivité*, surtout face à l'autorité Comportement inapproprié à la situation Immaturité sociale Surexcitation au jeu	Difficulté d'adaptation au groupe de plus d'un ou deux enfants Tendance au retrait Besoin excessif de toucher et de tenir Expression de soi difficile Intérêt non soutenu Identité appauvrie Image de soi négative Imagination pauvre Motivation faible Raisonnement dispersé Faible relation avec les pairs

2.5.6 Capacité d'attention et de concentration

La capacité d'attention et de concentration est souvent à l'origine de beaucoup de difficultés d'apprentissage; une de leurs ***manifestations*** la plus fréquente est la diminution marquée de la capacité d'attention à un moment déterminé, c'est-à-dire la diminution de la quantité d'images ou d'idées ***susceptibles*** d'être ***maintenues*** dans la conscience pendant un certain temps.

> ***Manifestations***: apparitions
>
> ***Susceptibles***: qui pourraient être
>
> ***Maintenues***: gardées

Quand on demande à un enfant qui a des difficultés d'attention de prendre conscience au même instant de deux ou trois idées ou images, l'une d'entre elles peut

Soudainement : tout d'un coup

Champ de sa conscience : de sa mémoire (connaissances intérieures)

Tentait : essayait

Compenser : contrôler

Distinguer : faire la différence

Similaires : semblables, qui se ressemblent

Subtile : précise

Jugement : critique personnelle

Grossier : pas détaillé, pas précis, pas clair

Sans peine : sans difficulté, sans problème, facilement

Imprévisibles : qu'on ne peut pas prévoir d'avance

soudainement disparaître du ***champ de sa conscience*** (même si la mémoire l'a enregistrée). Quand il essaie de résoudre un problème de calcul, par exemple, un des éléments peut lui échapper au moment où il ***tentait*** d'organiser sa pensée pour l'opération suivante, et il commettra une erreur. Il peut, dans un tel cas, devenir très anxieux et avoir tendance à camoufler ou à ***compenser*** cette anxiété. On comprend facilement l'effet que cette restriction du champ de l'attention peut avoir sur la réalisation de certaines tâches scolaires.

Le trouble peut aussi porter sur la faculté de sélectionner : l'enfant est incapable de ***distinguer*** ce qui est essentiel de ce qui ne l'est pas. La perception des choses et le rappel des souvenirs deviennent inexacts, surtout quand un souvenir doit être choisi et ramené à la conscience pour faire une comparaison ; il doit être choisi parmi des souvenirs relativement ***similaires***, mais différents par certains aspects. L'enfant est incapable de faire cette distinction plus ***subtile*** et son ***jugement*** est ***grossier***. Un tel enfant apprendra mieux si on lui présente un stimulus franchement différent d'un autre, qu'il pourra reconnaître ***sans peine***.

Enfin, mentionnons la grande difficulté pour ces enfants de maintenir un niveau constant et efficace d'attention. Ces baisses périodiques et ***imprévisibles*** du niveau et de l'intensité de l'attention nuisent considérablement à l'apprentissage ; elles expliquent certaines variations dans l'application aux tâches scolaires, d'une minute, d'une heure ou d'une journée à l'autre.

Les divers ***aspects*** du mécanisme de l'attention sont nécessaires pour la « préparation » à une action, pour l'exploration efficace du mode intérieur et extérieur, pour la différenciation qualitative des stimuli internes et externes, pour le maintien d'un nombre adéquat d'idées et d'images dans la conscience et pour l'***établissement*** stable d'un contact régulier, suffisant et soutenu avec la ***réalité ambiante***.

Aspects : parties

Établissement : fondement, base

Réalité ambiante : réalité qui se passe autour de soi-même

EXERCICES

Voici quelques exercices appropriés pour favoriser l'observation, l'attention et la concentration. Le lecteur trouvera plusieurs exercices similaires dans le cahier d'exercices.

Objectif : Aider l'élève à planifier son travail

1) L'intervenant l'aide à faire le ménage de son pupitre trois vendredis après-midi successifs.
2) L'intervenant dessine sur un carton les grandes étapes du travail à faire :
   - mettre dans la poubelle tout ce qui est inutile, ranger les crayons de couleur dans leur boîte ;
   - mettre dans son étui la gomme à effacer, la règle, etc. ; remettre à leur place les livres, les objets qui vont sur les tablettes de la classe ;
   - nettoyer le dessus de son pupitre avec une éponge et l'essuyer avec un linge ;
3) L'intervenant commence par une tâche facile mais que l'enfant ne parvient pas à exécuter seul. La tâche doit être planifiée étape par étape. L'enfant a besoin d'un cadre et d'un entraînement pour savoir comme s'y prendre.

Objectifs : Observer, porter attention, se concentrer.

Consigne : Encercle l'image qui termine chaque histoire.

Dans ses cheveux, Amélie porte une ________________

Avec sa bouche, grand-père fume sa ________________

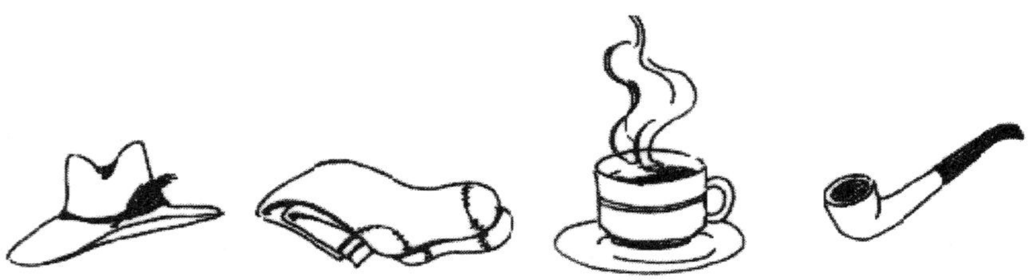

Quand Mario sort, il ferme à clé la porte de sa ________________

Objectifs : Observer, porter attention, se concentrer.

Consigne : Observe les dessins et lis les phrases. Dans chacune d'elles, encercle le mot qui rend la phrase inexacte. Au-dessous de chaque phrase, écris le mot qui convient le mieux.

La vache a deux pattes.

____

Le cheval est assis.

____

Le lapin est noir.

____

La queue de la chèvre est longue.

____

Objectifs : Observer, porter attention, se concentrer.

Consigne : Lequel des clowns a toutes les qualités que l'on retrouve ci-dessous ?

Le clown ① ② ③ ④ ?

Il a un gros nez.
Il a des yeux qui brillent.
Il a des touffes de cheveux autour des oreilles.
Il ne porte pas de chapeau.
Il a deux grosses dents.

Juhel, Jean-Charles, Aider les enfants en difficulté d'apprentissage, Les Presses de l'Université Laval / Chronique Sociale, 1998

Objectifs : Observer, porter attention, se concentrer.

Consigne : Lequel de ces animaux ne vit pas dans la ferme ?

Aide Pascal à identifier cet animal.
Colorie-le.

2.5.7 Difficultés de perception visuelle

La perception visuelle est l'une des principales fonctions psychologiques qui permet de faire le pont entre le comportement d'une personne et son environnement. M. Frostig la définit comme une habileté à reconnaître les stimuli et une capacité à identifier et à interpréter des ***impressions*** sensorielles en ***corrélation*** avec des expériences antérieures. Cette expérience se situe au niveau du cortex cérébral et non au niveau des organes sensoriels. Le sens commun nous dit que nos yeux voient, que nos oreilles entendent, et ainsi de suite. C'est là une vue ***simpliste***.

Impressions : sensations

Corrélation : rapport, relation

Simpliste : qui ne comprend qu'une partie de la chose, du sujet

En ne se basant que partiellement : en se référant, se rapportant seulement en partie

Capter : saisir

C'est notre cerveau qui voit, entend et ressent. Celui-ci prend des décisions ***en ne se basant que partiellement*** sur l'information reçue par notre système sensoriel. Nos yeux peuvent être fermés, mais notre cerveau continuera à produire des images. Les yeux sont destinés à ***capter*** l'information pour le compte du cerveau et non à prendre des décisions.

L'œil n'envoie pas de reproductions photographiques au cerveau, pas plus que l'oreille n'envoie de petits messages enregistrés. Les messages que les organes sensoriels envoient au cerveau sont des explosions d'énergie nerveuse. Ce qui différencie ces messages, c'est la partie du cerveau où ils arrivent. Si l'on se frappe la tête près du centre de la vue, il y a de grandes chances de voir des étoiles. Par contre, si l'on se frappe le côté de la tête où passent les nerfs de l'audition, l'on entendra des sons de cloche.

Nous percevons ce que le cerveau décide de déduire de ce que nous avons devant les yeux. Il prend une décision sur ce que nos yeux regardent. Prenons un exemple.

L'éducateur écrit 13 au tableau. S'il demande à l'enfant : « Quelle lettre ai-je écrite au tableau ? », l'enfant répondra : « la lettre B ».

Par contre, s'il lui demande quel chiffre il a écrit au tableau, l'enfant répondra : « le chiffre 13 ».

Autre exemple. Dans la perception de ces trois lignes : △, la perception sensorielle a lieu dans l'œil, mais leur identification en tant que triangle n'est possible que dans le cortex*. L'enfant ne voit pas nécessairement ce que l'éducateur lui présente. Il voit ce qu'il s'attend à voir, et seulement dans la mesure où il comprend.

Tant qu'il n'aura pas découvert pourquoi les formes B et b représentent la même chose et comment elles se distinguent des formes P et p, l'élève ne pourra pas voir les lettres P et B comme ses autres camarades de classe.

L'appareil sensoriel peut anatomiquement et physiologiquement être ***intact*** et cependant être peu utile si les informations enregistrées dans le cerveau sont de faible qualité. Les nouvelles stimulations sensorielles ne pourront donc être utilisées adéquatement.

Si la perception a une part d'***inné***, il semble qu'elle soit surtout ***acquise*** : la ***détection***, la ***discrimination***, l'identification et la signification d'un stimulus dépendent de

Intact : sans dommage

Inné : naturel

Acquise : apprise

Détection : découverte

Discrimination : faire la différence

ce que l'organisme a enregistré ***antérieurement*** et qui est en rapport avec ce stimulus.

La période de développement maximum de la perception visuelle se situe, selon Frostig, entre 3 et 7 ans, c'est-à-dire lorsque l'enfant est en garderie, en maternelle et en première année scolaire.

Antérieurement : auparavant, qui est arrivé avant

Inaptitude : incapacité

Multiples : nombreux

Discernable : visible, observable

Provoqués : occasionnés, causés

Dépistage : recherche, découverte

Une mauvaise perception visuelle a de nombreuses conséquences sur les apprentissages scolaires ; il est difficile, par exemple, d'identifier les objets et leurs relations entre eux dans l'espace. Ces difficultés scolaires sont souvent accompagnées de problèmes émotionnels, tels que la perte de confiance en soi, la jalousie devant la réussite des autres camarades de classe, l'***inaptitude*** aux sports et aux jeux, et plusieurs autres encore.

Il est souvent difficile de découvrir les facteurs contribuant à l'apparition, chez un enfant, de difficultés de la perception visuelle. Ils peuvent être ***multiples*** :

- origine pathologique, comme un mauvais fonctionnement d'une partie du cerveau ;
- lacune du développement perceptif sans cause réellement ***discernable*** ;
- origine émotionnelle.

Quelle que soit la nature de la difficulté, il est important d'en faire le diagnostic le plus tôt possible afin d'éviter les problèmes supplémentaires sur le plan affectif et émotionnel ***provoqués*** par les échecs scolaires. M. Frostig a mis au point un test de ***dépistage***, appelé Marianne Frostig Developmental Test of Visual

Perception, qui a été standardisé auprès de 2100 enfants. Le test est valable pour des enfants normaux ainsi que dans le cas d'enfants neurologiquement handicapés.

Regardons plus en détail les cinq capacités de la perception visuelle présentées dans le Marianne Frostig.

a) La coordination oculo-motrice

La coordination oculo-motrice est l'habileté à coordonner la vision avec les mouvements du corps. L'***accomplissement*** en souplesse de presque toute action dépend donc d'une coordination oculo-motrice adéquate. Les exercices de coordination développent les mouvements oculaires ***préalables*** nécessaires pour la lecture, l'écriture et les autres activités scolaires. Par exemple, Amélie doit bien écrire son prénom entre les deux lignes de son cahier.

Accomplissement : réalisation, faire une action

Préalables : dont on a besoin avant de pouvoir faire quelque chose d'autre

Faire abstraction : ne pas s'occuper de, ignorer

Amélie

b) La perception figure-fond

La perception est la possibilité de ***faire abstraction*** d'un ensemble d'éléments pour ce concentrer sur un seul élément.

Champ de perception : surface de ce qu'on voit, perçoit

Centre d'intérêt : quelque chose qui prend toute notre attention

Reléguée : abandonnée, laissée de côté

Juger : évaluer, mesurer

Suffisamment : assez

Éviter : mettre de côté, ne pas donner d'importance

Inattentif : distrait

Matières scolaires : cours, études, enseignements

Apparentes : évidentes, visibles

La figure est la partie du ***champ de perception*** qui constitue le centre de notre attention. À mesure que notre attention se dirige vers un autre objet, notre nouveau ***centre d'intérêt*** devient la figure, et l'ancienne est ***reléguée*** dans le fond. Un objet ne peut être perçu correctement s'il n'est pas perçu en relation avec le fond, car on ne peut ***juger*** la distance entre cet objet et nous, ses dimensions et ses formes.

Par exemple, la petite Amélie joue au ballon au terrain de jeu ; elle dirige son attention sur son ballon qui devient la figure de la scène qu'elle perçoit. Les autres éléments du terrain de jeu (le carré de sable, les balançoires, les fleurs) ne font pas partie de son centre d'intérêt, ils forment le fond de son champ visuel ; elle les perçoit ***suffisamment*** pour les ***éviter***.

Un enfant ayant des difficultés de perception figure-fond sera souvent ***inattentif***, désorganisé, parce que son attention sera attirée par plusieurs stimuli à la fois sans tenir compte de ce qu'il doit faire ; il semble incapable de trouver ses objets (crayon, règle) même s'ils sont sous ses yeux. Il aura souvent des difficultés dans l'ensemble des ***matières scolaires***, mais ses difficultés seront plus ***apparentes*** dans l'apprentissage de la lecture.

La perception figure-fond est aussi très utile, par exemple pour trouver un renseignement dans une table des matières ou un mot dans un dictionnaire, ou pour la pratique de certains sports.

c) La constance perceptive

La constance perceptive est la capacité de percevoir la ***permanence*** des ***propriétés*** d'un objet, comme sa position, sa forme, sa grandeur, sa couleur, ***en dépit de*** l'impression différente que cet objet peut faire sur la ***rétine de l'œil***. La constance de la grandeur est la capacité pour l'enfant de reconnaître la grandeur d'un objet ***quels que soient*** les facteurs qui peuvent venir changer la grandeur apparente.

Par exemple, Amélie connaît la grosseur de son gros chat blanc ; même s'il est au fond du terrain, elle sait qu'il possède les mêmes dimensions que si elle l'avait dans ses bras, en dépit de l'image rétinienne beaucoup plus petite qu'elle perçoit.

Les exercices de constance perceptive contribuent à développer chez l'élève la capacité de retrouver les images ***familières***, peu importe la façon dont elles se présentent à l'œil. Ils aident l'élève à reconnaître les formes géométriques, quelles que soient leur grandeur, leur couleur ou leur position.

Permanence : qui dure longtemps

Propriétés : qualités, particularités

En dépit de : malgré

Rétine de l'œil : partie de l'œil qui reçoit la lumière

Quels que soient : peu importent

Familières : qu'on connaît bien

Exacte : précise

Encadré : placé dans un cadre, dans un rectangle

Déficiente : faible

Différencier : reconnaître, faire la différence entre les lettres

Dans une deuxième étape, l'enfant pourra reconnaître les lettres et les mots qu'il aura appris, même si ces mots et ces lettres se trouvent dans une calligraphie différente.

H h H h *h* Amélie Amélie

d) *La perception des positions dans l'espace*

Le concept de perception des positions dans l'espace fait référence au pouvoir de donner la position ***exacte*** d'un objet, ou de retrouver dans un ensemble de figures semblables celles qui ont la même position. Par exemple, l'enfant doit retrouver le chat qui a la même position que le modèle ***encadré***.

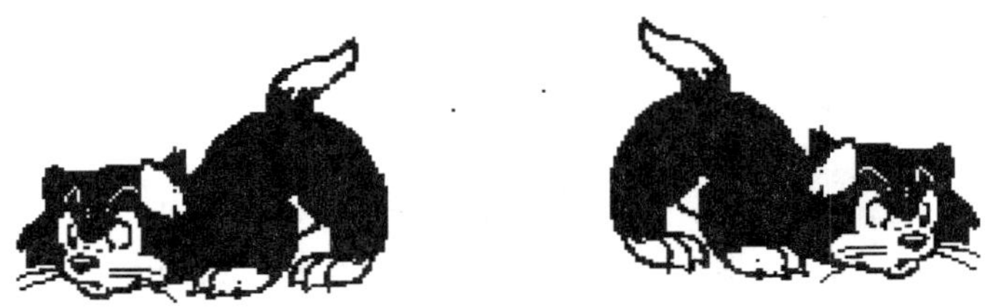

Un enfant dont la perception de la position spatiale est ***déficiente*** aura de la difficulté à ***différencier*** les lettres. Il prendra souvent un « b » pour « d », un « p » pour « q », le mot « les » pour « sel », le mot « nos » pour « son », et le chiffre « 12 » pour « 21 ». Il aura aussi du mal à comprendre ce que signifient les mots désignant une position spatiale, comme : en haut, en bas, devant, derrière, gauche, droite, en dedans et en dehors.

Les mots, les chiffres et les images lui apparaissent ***difformes***. Son monde visuel est ***déformé***. Il est ***hésitant*** dans ses mouvements. Ses difficultés deviennent de plus en plus évidentes à mesure qu'il se retrouve confronté avec des tâches scolaires.

e) *La perception de la relation spatiale*

On entend par « perception de la relation spatiale » la capacité que possède une personne de percevoir la position de deux ou plusieurs objets les uns par rapport aux autres. C'est la connaissance des notions spatiales et de la structuration spatiale. L'espace est un ***concept*** essentiellement intellectuel. Toutes les informations que nous recevons de nos sens servent à construire cet espace. La notion de l'espace est ***étroitement liée*** à celle du temps ; le ***facteur temps*** prend beaucoup d'importance dans la compréhension de la relation spatiale.

La vue donne une ***estimation*** rapide de l'espace si on l'a développée de façon adéquate. Toutes les propriétés de la vision sont importantes dans l'apprentissage de la perception de la relation spatiale. La ***convergence***, par exemple, permet aux yeux de s'ajuster sur un objet.

Exemple : Denise doit enfiler des perles selon le modèle présenté ci-dessous. Elle doit percevoir la position des perles et du fil par rapport à elle-même, ainsi que la position des perles par rapport à celle du fil.

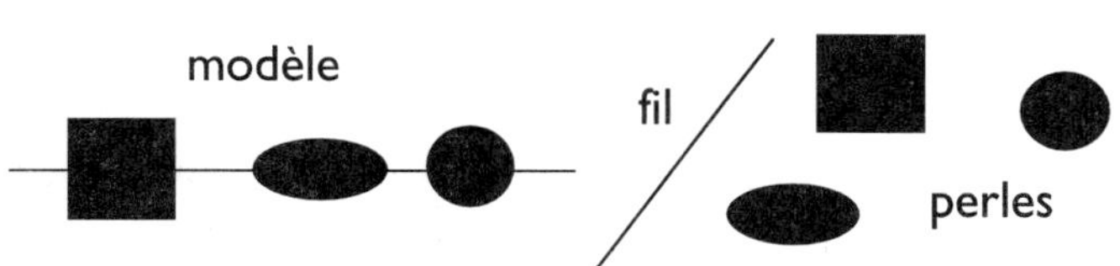

Difformes : mal faites

Déformé : changé, pas comme il devrait être

Hésitant : craintif, pas sûr de ses mouvements

Concept : idée

Étroitement **liée** : rattachée

Facteur temps : l'élément, la notion du temps

Estimation : évaluation, mesure

Convergence : ce qui permet aux deux yeux de regarder le même objet

La perception de la relation spatiale, tout comme la perception figure-fond, implique la perception d'un rapport. Les billes, les blocs géométriques, les ***chevilles***, les modèles à ***reproduire*** contribuent à la fois au développement de la perception figure-fond et au développement de la perception de la relation spatiale.

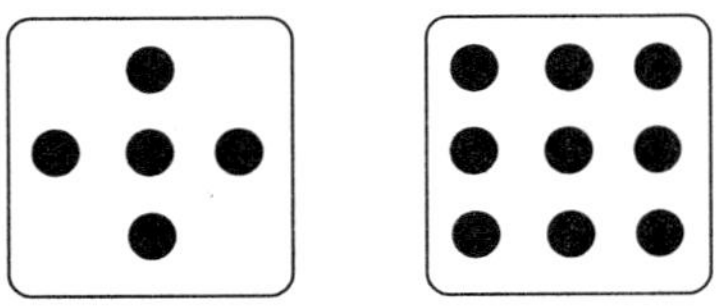

modèle

L'élève doit enlever les chevilles qui sont en trop afin de reproduire le modèle.

Note : Vous trouverez dans le cahier accompagnant ce volume une série d'exercices sur les cinq capacités de la perception visuelle.

Chevilles : petites tiges de bois

Reproduire : refaire la même chose, copier

2.6 CONSÉQUENCES LIÉES AUX DIFFICULTÉS D'APPRENTISSAGE

Afin de mieux comprendre le vécu de l'enfant aux prises avec une difficulté d'organisation psychomotrice, de traitement de l'information visuelle ou auditive, regardons plus en détail les problématiques.

2.6.1 Désorganisation psychomotrice

La désorganisation psychomotrice se caractérise par des maladresses, des troubles de l'exécution des mouvements volontaires, et aussi par des troubles du tonus des muscles, qui entravent la souplesse et l'exécution correcte des mouvements. Cette désorganisation psychomotrice comporte diverses variantes qui, selon de nombreux auteurs, ont des points communs. Ils soulignent une certaine désorientation droite-gauche ainsi qu'un schéma corporel mal intégré. Un enfant ou un adolescent présentant une désorganisation psychomotrice ***éprouvera*** des difficultés dans l'acquisition de certaines des habiletés suivantes :

- reconnaître les formes et les figures autant tactilement que visuellement ;
- évaluer, visuellement ou tactilement, la grosseur des objets ;
- évaluer la distance d'un objet par rapport à l'observateur ;
- situer des objets et des endroits dans l'espace ;
- se rappeler la ***disposition*** des meubles dans une pièce qu'il a quittée ;
- remarquer des détails spatiaux ;
- tracer un chemin ou suivre une route d'un endroit à un autre dans un édifice ou sur une carte ;
- reconnaître les visages ;
- remarquer les vêtements des gens, leurs expressions corporelles ou faciales et les interpréter ;
- mettre en relation des événements ou des objets isolés dans l'espace ;
- ***reconstituer*** un modèle ou le dessiner de mémoire ;
- maîtriser la ***perspective*** ;
- comprendre des termes comme « grand », « plus loin », « à côté », etc. ;
- se créer une image exacte de la taille et de la forme de son corps ;
- contrôler sa voix et son corps afin de parler ***posément***, de marcher avec souplesse ;

Éprouvera : vivra, aura

Disposition : manière de placer

Reconstituer : refaire

Perspective : présenter en deux dimensions, sur une feuille, des objets qui sont en réalité en trois dimensions (la profondeur)

Posément : calmement

Usage : utilisation, raison de l'utilisation

Se fixer : décider pour soi

Atteindre : réussir

Priorités : placer les choses les plus importantes avant les choses les moins importantes

Gratification : encouragement, récompense

Antécédente : qui est arrivée avant

Postérieure : qui est arrivée après

Emplettes : magasinage

Portée musicale : série de cinq lignes horizontales pour écrire les notes de musique

– connaître la notion du temps, ce qui comporte la capacité de lire correctement un calendrier, de lire l'heure, d'utiliser des termes comme : « 2 heures 40 minutes », « 16 heures 20 », sur des cadrans sans chiffres ou avec des chiffres romains ;
– être capable d'évaluer le temps et d'en planifier l'***usage*** ;
– connaître les termes comme : « milieu de l'après-midi », « soirée », les jours de la semaine, les mois de l'année, les saisons, et généraliser l'utilisation de ces notions ;
– organiser efficacement son temps, ***se fixer*** et ***atteindre*** des buts à court et à long terme, et établir des ***priorités*** ;
– être capable de différer une ***gratification*** ;
– avoir une vision de la durée de sa vie et de la période historique ***antécédente*** et ***postérieure*** ;
– prévoir et évaluer la dimension temporelle.

Une personne présentant une désorganisation psychomotrice peut se perdre dans l'école, ou dans la ville, ne pas retrouver sa case ou sa clef, oublier la combinaison de son cadenas, ne pas pouvoir organiser ni ranger ses affaires de travail et ses messages téléphoniques. Elle ne sait pas organiser ses tâches, comme le ménage et les ***emplettes***, tenir un carnet de notes, organiser son temps d'étude et de travail. Elle peut présenter des difficultés dans l'organisation d'une page d'information écrite ou de mathématiques, la langue écrite et parlée manque de structure. Elle a parfois des difficultés de lecture et de mémorisation de cartes, de conception ou d'interprétation des graphiques, ou de lecture d'une ***portée musicale***. Elle peut être maladroite et

négligente en écriture, ne pas savoir reconnaître la zone de son équipe sur le terrain de jeu. Son pupitre et sa chambre peuvent être en désordre et ses choses placées au hasard, mais il peut être aussi très méthodique dans son rangement.

La personne qui présente des difficultés d'apprentissage peut être incapable de faire deux choses ***simultanément***, se concentrer sur une tâche motrice, comme attacher un lacet, tout en pensant ou en parlant. Elle peut quotidiennement dépenser une énergie folle sans produire grand-chose et refuser l'aide que les autres veulent lui apporter dans l'organisation de son travail.

Négligentes : qui manquent de soin, d'exactitude

Simultanément : qui arrive en même temps

Omissions : oublis

2.6.2 Difficultés de traitement de l'information visuelle

Des difficultés de traitement de l'information visuelle ont de nombreuses conséquences sur les apprentissages scolaires ; par exemple, il peut être difficile pour l'élève d'identifier les objets et leurs relations entre eux dans l'espace. Ces difficultés scolaires sont souvent accompagnées de problèmes émotionnels, tels que la perte de confiance en soi, l'inaptitude aux activités sportives. Un enfant présentant des difficultés de traitement de l'information visuelle éprouvera des difficultés dans l'acquisition de certaines des habiletés suivantes :

- se souvenir de l'ordre dans lequel il aura vu une succession d'images ;
- apprendre l'orthographe ;
- s'exprimer par écrit ;
- reconnaître ses erreurs ou ses ***omissions*** ;

- copier sur une feuille ce qui est écrit au tableau ;
- visualiser les mots, suivre un objet qui se déplace ;
- commencer un texte.

Regardons quelques exercices qui peuvent accroître l'attention, la perception et la mémoire visuelle. L'intervenant demande à l'élève de :

- suivre, avec les yeux seulement, un objet qui se déplace ;
- suivre, avec les yeux seulement, un foulard qui se déplace de gauche à droite et de haut en bas ;
- retrouver, dans un ensemble donné, un objet, une figure, quelle que soit sa position, sa grandeur, sa couleur ;
- identifier, parmi un ensemble d'objets ou d'images, ceux qui ont une même orientation ou une orientation différente ;
- nommer de mémoire une série d'objets ou d'images déjà visionnés en respectant l'ordre de succession de gauche à droite ;
- exécuter de mémoire avec la main, dans l'espace, des tracés et des signes déjà visionnés.

2.6.3 Difficultés de traitement de l'information auditive

Des difficultés de traitement de l'information auditive ont de nombreuses conséquences sur les apprentissages scolaires ; citons, par exemple, des difficultés relatives aux habiletés perceptivo-motrices auditives, telles que la discrimination auditive, la mémoire des séquences, les associations audio-vocales et la localisation spatio-temporelle des sons. Un enfant présentant des difficultés de traitement de l'information auditive éprouvera des difficultés dans l'acquisition de certaines des habiletés suivantes :

- différencier les mots ou les sons semblables ;
- reconnaître les mots ou autres ***stimuli*** auditifs lorsqu'il y a un ***bruit de fond*** ;
- se rappeler des ordres ou des communications verbales : les noms, les numéros de téléphone ;
- comprendre des ***tournures de phrase*** complexes et des longs ***monologues*** ;
- comprendre les mots aussi vite que leur prononciation ;
- s'assurer que son propre langage parlé ou écrit est organisé et ***pertinent*** ;
- comprendre les ***métaphores***, les ***sarcasmes***, l'humour, les ***insinuations***, et non pas interpréter les messages dans leur sens littéral ;
- apprendre à épeler, à lire et à écrire correctement ;
- nommer les différentes parties de son corps ;
- comprendre la langue des mathématiques ;
- apprendre à limiter la discussion de certains sujets et à identifier ceux dont on ne devrait pas discuter ;
- se souvenir des mots vus, les retrouver ;
- harmoniser les sons et séparer les mots ;
- se souvenir des noms et adresses de ses amis ;
- se rappeler les instructions de l'intervenant.

Stimuli : excitations

Bruit de fond : bruit qui se superpose à une conversation

Tournures de phrase : façons dont les phrases sont construites

Monologue : discours qu'une personne dit

Pertinent : correct, juste

Métaphores : images, symboles représentés par le sens d'un mot. Ex. : « brûler de désir » signifie « désirer beaucoup »

Sarcasmes : moqueries

Insinuations : manière d'influencer avec ses idées sans que l'autre personne s'en aperçoive

Le langage de l'élève peut être répétitif, ennuyeux, ***vague***, ***en marge de la question*** et son vocabulaire est souvent limité. L'élève peut ignorer les règles de la conversation, ne pas savoir quand interrompre, quand respecter un silence, comment ***raviver*** un dialogue ***défaillant***, comment en arriver à un ***compromis***, faire preuve d'***altruisme***, d'***empathie***, être respectueux et aimer les relations ***intimes***.

Vague : pas précis

En marge de la question : est en dehors sujet de la conversation

Raviver : rendre plus intéressant

Défaillant : faible

Compromis : accord commun, tout le monde est d'accord

Altruisme : être intéressé aux autres, être généreux

Empathie : comprendre ce que l'autre vit

Intimes : privées, personnelles

L'élève a beaucoup de difficultés en lecture. Il a des problèmes de déchiffrage des mots plutôt que dans leur compréhension. La mémoire auditive joue un rôle essentiel dans l'apprentissage de la lecture : apprendre les sons associés aux lettres, former la liaison des sons et apprendre les mots globalement.

En général, avec ces élèves, tout ce qui donne une structure et un sens à ce qui doit être retenu augmente leur capacité de mémoire. Il faut donc réduire le plus possible le rôle de la mémoire automatique. Donner un sens à ce qui doit être mémorisé est primordial ; exemple : la lettre S ressemble à un serpent et les serpents disent « SSSSSS ». La méthode gestuelle de Borel-Maisonny (chapitre 1) peut être utile pour ces élèves car elle crée un lien entre les lettres et les sons. La méthode Fernald donne elle aussi des résultats satisfaisants : au début, on travaille l'aspect phonétique et, aussitôt que l'élève maîtrise un nombre minimal de sons, on introduit les mots et leur sens. Dans cette méthode on demande à l'élève de tracer les mots en les lisant.

Note : vous trouverez dans le cahier accompagnant ce volume une série d'exercices qui peuvent faciliter la mémorisation et la perception auditive.

2.6.4 Retard dans l'acquisition de la parole*

Le retard dans l'acquisition de la parole porte essentiellement sur l'aspect linguistique, sur ce que signifie la langue utilisée. Le retard est lié à des troubles du repérage dans le temps et l'espace et il s'accompagne souvent de troubles affectifs divers. Si on analyse les mots répétés par les jeunes élèves de 6-7 ans qui ont des retards dans l'acquisition de la parole, l'on remarque les erreurs suivantes :

- ***la chute des finales de mots*** ;
- le remplacement d'une consonne par une autre ;
- la simplification des syllabes complexes ;
- la modification de l'ordre des phonèmes dans le mot.

Ils éprouvent principalement des difficultés :

- à percevoir les phonèmes et leur caractéristiques, surtout les phonèmes qui ne varient ***que par*** un seul élément (la vibration du larynx qui produit la ***sonorité***, par exemple). Les phonèmes f/v, s/z, ch/j, p/d, c/g sont souvent mal différenciés ;
- à saisir des ensembles phonétiques (spa, spli, stur, par exemple) ;
- à retenir les formes parlées.

En conclusion, on peut parler de difficultés de perception, de discrimination et de mémoire auditive. Ces difficultés touchant la parole peuvent être dues à un milieu linguistique ***défavorable***, à des difficultés affectives, à des ***atteintes auditives*** permanentes ou ***épisodiques*** (otites) qui, lors de l'acquisition du langage, ont

Chute des finales de mots : ne prononce pas la dernière syllabe des mots

Que par : seulement avec

Sonorité : qualité de ce qui est sonore, qui donne un son agréable (beau à entendre)

Défavorable : qui n'est pas idéal, qui n'aide pas

Atteintes auditives : problèmes auditifs, n'entend pas bien

Épisodiques : temporaires, qui ne durent pas

empêché l'enfant de développer une forte capacité d'écoute. Beaucoup d'enfants manquent de stimulations d'ordre linguistique dans le milieu familial et, par conséquent, ne conçoivent pas le langage comme une activité pouvant les enrichir sur le plan de la communication, de l'expression.

Éprouve : vit

Pouvoir : capacité

Moyen : façon, manière, outil

Altérations : erreurs

Phonème sourd : ex. : « p » ; les cordes vocales ne bougent pas quand on le prononce

Phonème sonore : ex. : « b » ; les cordes vocales bougent quand on le prononce

Cet aspect est important dans l'éducation de l'élève qui ***éprouve*** des difficultés au niveau du ***pouvoir*** et du savoir parler. Il ne s'agit pas uniquement de s'attaquer aux problèmes spécifiques pour amener l'élève à être plus apte à réaliser et à utiliser le langage, mais il faut avant tout lui faire prendre conscience que le langage est le ***moyen*** de communication par excellence.

Le retard de la parole, contrairement aux difficultés d'articulation, ne touche pas des phonèmes isolés, mais le mot tout entier. Des sons peuvent être mal articulés, mais les erreurs ne sont pas constantes. Dans le cas des syllabes isolées, les consonnes et les voyelles sont toutes bien articulées. Les ***altérations*** n'apparaissent que dans le mot. L'ensemble du mot a été bien entendu, mais a été perçu comme trop complexe pour être reproduit de façon correcte.

Dans les apprentissages nous constatons souvent que l'élève parle avec des mots déformés, a une mauvaise perception des sons, ne saisit pas l'ordre de ceux-ci et ne peut les retenir. Il éprouve des difficultés d'apprentissage de la lecture (confusion visuelle et auditive). Citons, par exemple, la confusion auditive des ***phonèmes sourd*** et ***sonore*** « p » et « b ».

La reproduction écrite des mots exige une bonne analyse auditive, une perception exercée des sons qui les composent ainsi que de l'ordre d'apparition des sons dans le mot. C'est ce qu'on appelle la conscience phonologique, qui est une ***compétence indispensable*** pour l'acquisition du langage écrit. Une analyse auditive et une conscience phonologique déficientes auront des conséquences importantes sur l'apprentissage de l'écriture.

2.7 LE PLAN D'INTERVENTION

De par la loi, les directions d'école sont tenues d'élaborer, pour chacun des élèves handicapés ou en difficulté d'adaptation ou d'apprentissage, un plan d'intervention. Celui-ci doit indiquer clairement les forces et les besoins de l'élève en difficulté, les objectifs spécifiques à atteindre pour l'aider dans son ***cheminement*** scolaire, les moyens à mettre en œuvre pour y parvenir et les étapes au cours desquelles aura lieu l'évaluation du cheminement de l'élève. Le plan d'intervention est planifié à partir de l'analyse et de la synthèse des données obtenues lors de l'évaluation. Le plan d'intervention est un outil de planification, de communication et de rétroaction entre les divers intervenants, la famille et l'élève (voir à l'annexe C un modèle de plan d'intervention personnalisé).

> ***Compétence indispensable*** : capacité obligatoire
>
> ***Cheminement*** : progression
>
> ***Confie*** : donne

Un plan d'intervention est un outil de planification visant à faciliter les apprentissages et l'insertion sociale des élèves handicapés en fonction de l'analyse des besoins de chacun d'eux ; par ce plan, on ***confie*** aux directions d'écoles la responsabilité de voir à l'établissement et à la réalisation du plan. Il sert à personnaliser les services, à assurer un suivi, à répartir les ressources et les responsabilités avec la participation directe des parents.

Un plan d'intervention est beaucoup plus qu'une simple formalité : il constitue la ***pierre angulaire*** de tout service éducatif dispensé aux élèves handicapés.

Il existe partout plusieurs ***instances*** qui permettent aux parents de s'impliquer dans le processus de scolarisation de leur enfant. Ce sont notamment :

> ***Pierre angulaire*** : base
>
> ***Instances*** : services, organismes

- les comités ou conseils de parents ;
- les comités ou conseils d'école ;
- les comités consultatifs des services aux élèves handicapés et en difficulté d'adaptation ou d'apprentissage (EHDAA) ;
- les conseils des commissaires ;
- les conseils d'orientation.
- etc.

Ces mesures législatives font en sorte qu'un élève, même s'il éprouve des difficultés ou des troubles d'apprentissage, peut être reconnu comme un citoyen à part entière.

ANNEXE A

Cueillette de données pour la réalisation du bilan

Nom ____________________ Prénom ________________ Date de naissance __________

Classe ______________ Date ________________ Code permanent ____________________

Connaissances (l'élève possède le concept) et **vocabulaire** (l'élève nomme l'élément)

Aspects	**Connaissances** L'élève est capable de reconnaître ou de montrer	**Vocabulaire** L'élève est capable de nommer
Schéma corporel (tête, bras, pied, épaule, cou, etc.)		
Notions spatiales (en haut, en bas, dessous, dessus, devant, derrière, etc.)		
Notions spatio-temporelles (matin, midi, soir, demain, hier, etc.)		
Notions de latéralité (connaissance sur lui et sur les autres de la notion gauche-droite)		
Couleurs (rouge, vert, jaune, blanc, bleu, etc.)		
Termes de comparaison (long, court, gros, mince, etc.)		
Formes géométriques (carré, triangle, cercle, etc.)		

Motricité fine, motricité globale, rythme et détente

	Commentaires
Préhension (façon de tenir les ciseaux, les crayons : pression excessive ou lâche)	
Habileté manuelle (bricolage, construction, manipulation, graphisme)	
Coordination, dissociation des mouvements (équilibre, endurance, vitesse, souplesse)	
Détente (contraction et relâchement)	
Rythme (connaissance de tempos différents et capacité d'adaptation à des rythmes extérieurs)	

Cueillette de données pour la réalisation du bilan

Nom ____________________ Prénom ____________________ Date de naissance ____________

Classe ________________ Date ________________ Code permanent ____________________

Comportement en classe et développement affectif et social

	oui	+ ou –	non
L'élève manifeste de l'intérêt pour les activités scolaires.			
L'élève suit les explications sans être distrait.			
L'élève continue ses activités sans se laisser distraire.			
L'élève réfléchit et vérifie une situation ou un problème avant de donner une réponse.			
L'élève se préoccupe de la qualité de la présentation de ses travaux.			
L'élève vérifie son travail avant de le rendre.			
L'élève prend des initiatives.			
L'élève dépose ses travaux à temps.			
L'élève persévère dans ses travaux de façon autonome.			
L'élève va jusqu'au bout de ce qu'il entreprend.			
L'élève respecte les règlements de l'école.			
L'élève respecte ses camarades et accepte leurs opinions.			
L'élève est accepté par les autres écoliers.			
L'élève est capable de fonctionner en petit groupe de travail.			
L'élève respecte l'autorité (enseignants et autres intervenants).			
L'élève extériorise de façon appropriée ses émotions et ses sentiments.			
L'élève s'adapte facilement à des situations nouvelles.			
L'élève manifeste de la confiance en lui-même.			
L'élève exprime de la confiance envers les adultes.			

Santé et autonomie

	Commentaires
L'élève est-il suivi par un médecin pour un problème particulier ?	
L'élève prend-il des médicaments ? si oui, précisez lesquels.	
L'élève a-t-il été hospitalisé au cours de la dernière année ?	
L'élève a-t-il des allergies ? si oui, lesquelles ?	
L'élève fait-il de l'asthme ?	
L'élève a-t-il des troubles d'audition ?	
L'élève a-t-il des troubles de vision ?	
L'élève a-t-il des problèmes psychomoteurs ?	
L'élève est-il capable de s'habiller et de se déshabiller seul ?	
L'élève est-il capable de prendre soin de son hygiène personnelle ?	
L'élève est-il capable de prendre soin de ses vêtements, de ses objets personnels ?	
L'élève est-il responsable de l'ordre de son pupitre, de son espace de rangement, etc. ?	

Milieu familial

	Commentaires
La supervision des devoirs et des leçons à la maison est-elle adéquate ?	
Les communications entre l'école et les parents sont-elles satisfaisantes ?	
L'élève a-t-il vécu des changements récents au sein de la famille (séparation, décès, maladie, etc.) ?	
L'élève a-t-il des problèmes de sommeil ?	
L'élève a-t-il des problèmes alimentaires ?	
Les parents ont-ils conscience des difficultés de leur enfant ?	
L'élève participe-t-il à des activités organisées (sportives, culturelles) ?	

ANNEXE B

Évaluation du langage oral

On trouve, dans le tableau suivant, des explications sur les différentes épreuves à soumettre à l'enfant, dans l'ordre, pour évaluer son langage oral. Suivent le matériel utile pour réaliser les épreuves systématiques ainsi qu'une grille permettant d'avoir un portrait plus global des aptitudes de l'enfant à communiquer.

Présentation des épreuves

Type d'épreuve	Directives	Évaluation
• **Épreuves non systématiques :** 1) Réflexe cochléo-musculaire : il s'agit de provoquer un bruit soudain assez intense sans que l'élève soit averti ni ne puisse le prévoir (regard).	Aucune : effet de surprise.	Subjective : noter s'il y a absence de réaction.
2) Épreuve du nom : on appelle l'élève à voix chuchotée en prononçant son nom.	Dire le nom de l'élève à voix chuchotée lorsqu'il ne voit pas notre bouche (pour ne pas permettre la lecture labiale).	Subjective : noter s'il y a absence de réaction.
• **Épreuves systématiques :** 1) Épreuve des 12 images de Mme Kantzer. L'élève doit désigner, une à une, 12 illustrations, au fur et à mesure que l'éducateur en nomme la représentation.	Disposer les 12 images de façon que l'élève puisse toutes les voir facilement. « Montre-moi... le cheval ». L'élève doit alors pointer du doigt l'image représentant un cheval.	Noter les confusions.
2) Épreuve des phrases-ordres : il s'agit de 8 phrases courtes demandant une réponse motrice simple.	L'éducateur dit la phrase-ordre à voix normale. Laisser le temps à l'élève de donner la réponse.	Noter si la consigne est exécutée ou non.

3) Épreuve de discrimination : il s'agit d'une liste de paires de mots ayant une prononciation voisine. L'élève doit signaler la différence quand on le lui demande.	L'éducateur dit les deux mots successivement et demande à l'élève de répondre : « pareil » ou « pas pareil », selon le cas.	Noter les réponses fausses.
4) Épreuve des préalables de l'articulation : il s'agit d'évaluer le degré de fonctionnalité des différents organes (les lèvres, la langue, le souffle et les voies nasales).	L'éducateur dit la consigne et laisse l'élève exécuter le mouvement.	Noter si la consigne est exécutée normalement, faiblement ou incorrectement.
5) Épreuve d'articulation : il s'agit d'évaluer la prononciation des phonèmes en position initiale, médiane et finale. L'élève doit prononcer le mot au fur et à mesure que l'éducateur lui présente l'image ou le mot.	L'éducateur montre l'image ou le mot et laisse le temps à l'élève de donner la réponse.	Noter s'il y a substitution, omission ou distorsion dans la prononciation des phonèmes.
6) Épreuve des groupes consonantiques et des syllabes sans signification : liste de 18 mots sans signification. L'élève doit prononcer le mot quand on le lui demande.	L'éducateur dit le mot et demande à l'élève de le redire.	Noter les réponses fausses.

Nom ____________ Prénom ____________ Date de naissance ____________

Classe ____________ Date ____________ Code permanent ____________

Épreuve des 12 images

	Réponse	
	Correcte	**Incorrecte**
FEUILLE		
CHEVAL		
CISEAUX		
ÉCHELLE		
CHAISE		
MAISON		
BICYCLETTE		
TABLE		
POISSON		
POMME		
BATEAU		
BALLON		
Total		

Épreuve des 12 images (suite)

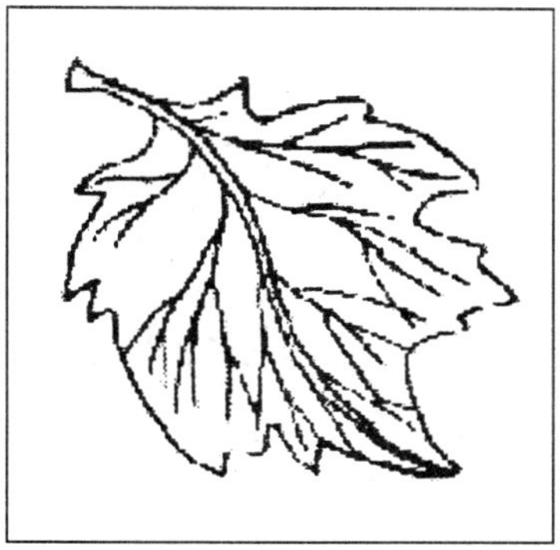

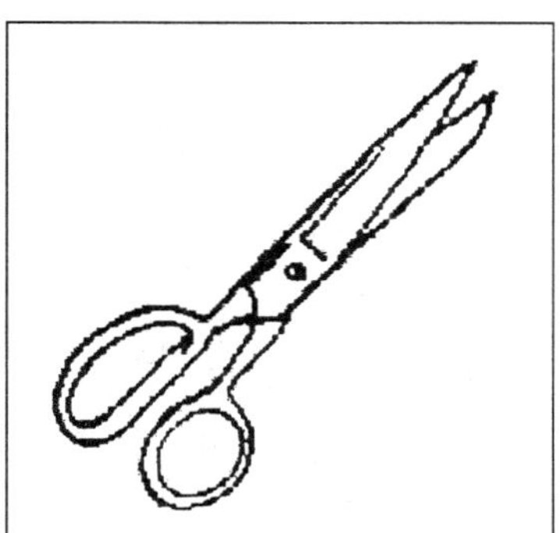

Épreuve des 12 images (suite)

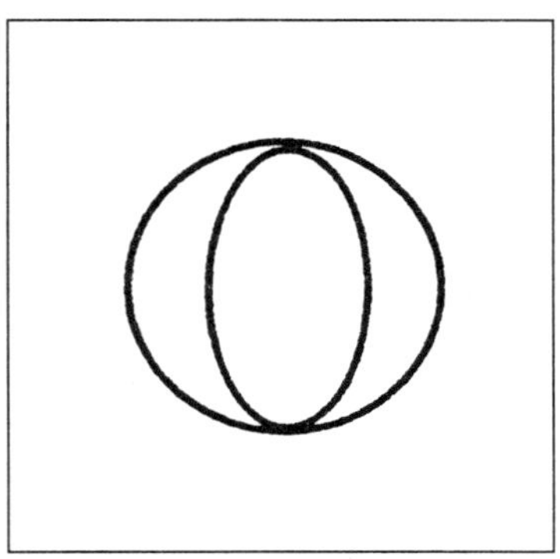

Épreuve des phrases-ordres

	Oui	Non
Mets-toi debout		
Dépose ce crayon sur la chaise		
Va fermer la porte		
Allume la lumière		
Assieds-toi		
Montre-moi tes mains		
Montre-moi tes dents		
Donne-moi ton crayon		
Total		

Épreuve de discrimination

	Oui	Non
TENTE – PENTE		
CHIEN – SIEN		
PATTE – BAT		
LIVRE – LIBRE		
CHOUX – JOUE		
ONCLE – ONGLE		
RAMER – RÂLER		
SOUPE – LOUPE		
LAINE – RENNE		
VIVRE – LIVRE		
MOURIR – NOURRIR		
DÉGUISER – AIGUISER		
TABLE – FABLE		
GARE – CAR		
SAUVER – CHAUFFER		
COURIR – SOURIRE		
VITE – VITRE		
METTRE – LETTRE		
Total		

Épreuve des préalables de l'articulation

But : évaluer le degré de fonctionnalité des différents organes en jeu dans l'articulation des phonèmes.

	Normal	Faible	Nul
A. ***Les lèvres***			
1) Mobilité :			
– ouvrir et fermer la bouche (comme le poisson)			
– avancer les lèvres en avant (moue ou comme le museau du cochon)			
– tirer les commissures en arrière (montrer les dents ou sourire)			
– former un « rond » avec les lèvres (dire : « Oh »)			
2) Occlusion :			
– tenir fermement un crayon entre les lèvres			
B. ***La langue***			
1) Mobilité :			
– passer la langue sur les lèvres			
– sortir et rentrer la langue			
– sortir la langue. La diriger vers			
– le nez			
– le menton			
– à gauche et à droite			
C. ***Le souffle***			
1) Intensité :			
– avec un chalumeau (paille), souffler dans l'eau			
2) Intensité et direction :			
– faire vaciller la flamme d'une bougie			
D. ***Les voies nasales***			
1) Perméabilité :			
– faire 5 respirations successives par les deux narines			
– faire 5 respirations successives par la narine droite			
– faire 5 respirations successives par la narine gauche			
E ***Les dents***			
Une dentition défectueuse peut être un obstacle pour la prononciation de certains phonèmes (s, z,). Observations sur la dentition.			
Total			

Épreuve d'articulation

1) *Évaluation des phonèmes*

Les différents phonèmes sont évalués en position **initiale**, **médiane** et **finale**.

Idéalement, l'éducateur qui soumet l'élève à cette épreuve devrait disposer d'une série de fiches-images représentant les mots choisis. Il est nécessaire que ces images soient choisies de telle façon que leur vue évoque chez l'élève le mot que l'éducateur y fait correspondre. Au cas où l'élève ne peut nommer l'objet ainsi représenté, l'éducateur le nomme lui-même sans faire usage de l'article et invite ensuite l'élève à répéter.

2) *Cotation*

C = réponse correcte ;

S = substitution : l'élève remplace le phonème par un autre ;

O = omission : le phonème n'est pas prononcé ;

D = distorsion : le phonème est produit mais de façon approximative et incorrecte.

Bien entendu, l'attention de l'éducateur se porte strictement sur le phonème testé et non sur les autres qui peuvent composer le mot. Prenons, par exemple, le mot chan**d**elle : si l'élève dit **andell** la cote est **C** (correct), car c'est le phonème **D** qui est évalué et non le mot dans son entier.

Il est utile de noter les différentes manifestations des troubles comme le nasonnement, l'assourdissement, etc.

		Cotation					Cotation					Cotation			
	Position initiale	**C**	**S**	**O**	**D**	**Position médiane**	**C**	**S**	**O**	**D**	**Position finale**	**C**	**S**	**O**	**D**
p	**P**ipe **P**ied					cha**P**eau la**P**in					lam**P**e sou**P**e				
t	**T**able **T**apis					ba**T**eau gâ**T**eau					boî**T**e ten**T**e				
k	**C**ou **C**outeau					é**C**ole sou**C**oupe					sa**C** tu**Q**ue				
b	**B**as **B**allon					tam**B**our jam**B**on					ro**B**e jam**B**e				
d	**D**oigt **D**ent					chan**D**elle ca**D**eau					sala**D**e cou**D**e				
g	**G**ant **G**âteau					ci**G**are fi**G**ure					ba**G**ue lan**G**ue				
m	**M**ain **M**anteau					to**M**ate ca**M**ion					po**MM**e go**MM**e				
n	**N**ez **N**eige					ba**N**ane lu**N**ette					lu**N**e lai**N**e				
gn						poi**GN**ée arai**GN**ée					pei**GN**e li**GN**e				
f	**F**eu **F**enêtre					télé**PH**one élé**PH**ant					œu**F** gira**F**e				
s	**S**oulier **C**iseau					a**SS**iette poi**SS**on					tas**SS**e pou**C**e				
c	**CH**ien **CH**eveux					é**CH**elle bou**CH**on					clo**CH**e bou**CH**e				
v	**V**erre **V**ache					a**V**ion che**V**al					la**V**e fè**V**e				
z	**Z**oo **Z**èbre					oi**S**eau mai**S**on					chai**S**e chemi**S**e				
r	**R**oue **R**aisin					ga**R**age bu**R**eau					fe**R** beu**RR**e				
j	**J**ambe **G**enou					py**J**ama a**J**uster					oran**G**e froma**G**e				

Cotation

C = réponse correcte ;
S = substitution : l'élève remplace le phonème par un autre ;
O = omission : le phonème n'est pas prononcé ;
D = distorsion : le phonème est produit mais de façon approximative et incorrecte.

Épreuve des groupes consonantiques et des syllabes sans signification

cra	gro	gli
bro	pra	slo
dri	bla	sti
tré	fli	spa
fru	vlu	sco
vri	clé	swé

Aptitudes générales de communication

Cochez les items pour lesquels l'élève manifeste généralement le comportement décrit.

1) L'élève ne parle pas. Il utilise le geste pour se faire comprendre et communique peu ou pas. ☐

2) L'élève parle très peu. Il emploie plus fréquemment le geste que la parole, ne converse pas et se limite aux demandes destinées à la satisfaction de ses besoins. ☐

3) L'élève établit facilement la communication avec l'adulte et ses camarades. ☐

4) L'élève fait peu ou pas de phrases et emploie un vocabulaire restreint. ☐

5) L'élève fait des phrases simples (sujet, verbe, complément) et emploie un vocabulaire peu élaboré. ☐

6) L'élève structure bien ses phrases et utilise un bon vocabulaire. ☐

ANNEXE C

Plan d'intervention personnalisé

Exemple de plan d'intervention personnalisé

Renseignements génériques

École : ______________________

Identification de l'élève

Nom : ______________________ Prénom : ______________________

Date de naissance : ______________________ Groupe classe : ______________________

Code permanent : ______________________ Année scolaire ______________________

Champs d'intervention (cochez les champs d'intervention retenus)

Pédagogique ☐ Comportement social ou développement affectif ☐

Autres ☐ précisez ______________________

Motifs de référence :

____

____

____

Date de la référence : ____________ Date de la réunion du plan d'intervention : ____________

Partenaires d'intervention

Nom	Fonction
______________________	______________________
______________________	______________________
______________________	______________________

Nom du coordonnateur du plan d'intervention ______________________

Processus de planification du plan d'intervention personnalisé

Champs d'intervention (Secteurs de référence)	**Description de la situation problématique**	**Objectifs à poursuivre**

Suite du processus de planification du plan d'intervention personnalisé

Moyens, stratégies, ressources (intervenants)	**Responsables**	**Échéances**

Consignation des évaluations et des recommandations

Champs d'intervention (Secteurs de référence)	**Première évaluation** (Résultats obtenus, commentaires)	**Deuxième évaluation** (Résultats obtenus, commentaires)
	Recommandations :	**Recommandations :**
Signatures Élève Parents Direction de l'école Enseignant Autres intervenants	**Date :**	**Date :**

Synthèse de la situation de l'élève

Résumé des besoins de l'élève

Résumé des forces de l'élève

Résumé des faiblesses de l'élève

Évaluation
(s'il y a lieu, critères et conditions de réussite)

Date :

BIBLIOGRAPHIE

Association canadienne pour les enfants ayant des troubles d'apprentissage (ACETA), *Oui, c'est possible*, ACTEA, Montréal, 1980.

Association canadienne pour les enfants ayant des troubles d'apprentissage (ACETA), *Problèmes et réalisations autour des troubles d'apprentissage*, ACTEA, Montréal, 1979.

Association canadienne pour les enfants ayant des troubles d'apprentissage (ACETA), *Les troubles d'apprentissage et le milieu de travail*, ACTEA, Montréal, 1993.

Bru, C., *Troubles réversibles chez l'enfant et l'adolescent*, De Boeck, Bruxelles, 1977.

Campeau-Campeau, F. et Gauthier, G., *Bilan qualitatif de l'apprentissage de la lecture (B.Q.A.L.)*, Presses de l'Université du Québec, Sainte-Foy, 1990.

Copeland, R., Schiefelbusch, R. et Smith, J., *Language and Mental Retardation*, Holt, Rinehart and Winston, New York, 1967.

Corraze, J., *Les communications non verbales*, Collection « Le psychologue », P.U.F., Paris, 1980.

Correll, W., *Troubles d'apprentissage*, Collection « Psychologie », Éditions Paulines, Québec, 1969.

Durieu, C., *La rééducation des aphasiques*, Dessart, Bruxelles, 1969.

Frostig, M., *Education for Dignity*, Grune and Stratton, New York, 1976.

Goupil, G., *Élèves en difficulté d'adaptation et d'apprentissage*, Gaëtan Morin, Boucherville, 1990.

Goupil, G., *Le plan d'intervention personnalisé en milieu scolaire*, Gaëtan Morin, Boucherville, 1991.

Goupil, G. et Boutin, G., *L'intégration scolaire des enfants en difficulté*, Nouvelle Optique, Québec, 1983.

Jakobson, R., *Langage enfantin et aphasie*, Flammarion, Paris, 1980.

Lavallée, M., *Batterie factorielle prédictive* (B.F.P. 6), Presses de l'Université du Québec, Sainte-Foy, 1974.

Rondal, J.A., *Troubles du langage, diagnostic et rééducation*, Pierre Mardaga, Bruxelles, 1982.

Rondal, J.A., Lambert, J.L. et Chipman, H.H., *Psycholinguistique et handicap mental*, Pierre Mardaga, Bruxelles, 1981.

Schoning, F., *Les troubles d'apprentissage*, Presses de l'Université du Québec, Sainte-Foy, 1979.

Staats, A. W., *Learning, language, and Cognition*, Holt, Rinehart and Winston, New York, 1968.

Vandenplas-Holper, C., *Éducation et développement social de l'enfant*, P.U.F., Paris, 1979.

Van Grunderbeeck, N., *Les difficultés en lecture. Diagnostic et pistes d'intervention*, Gaëtan Morin, Boucherville, 1994.

Chapitre 3

La dyslexie

L'Allemand Rudolf Berlin a été le premier à utiliser, en 1887, le terme « dyslexie » pour décrire l'incapacité de lire chez certaines personnes. Le mot dyslexie* est formé de deux racines grecques : *dys* (difficulté) et *lexis* (mot). La dyslexie affecte de 5 % à 10 % des enfants ayant des difficultés d'apprentissage. Des personnages célèbres comme Rodin (sculpteur), Edison (inventeur), Patton (général), Einstein (physicien) et Walt Disney, ***en étaient atteints***.

Le *Petit Dictionnaire médical* définit ainsi le mot dyslexie :

> Dyslexie : n.f. Perturbation de la capacité de lire, se traduisant par des erreurs, des omissions, des inversions de lettres, de syllabes ou de chiffres, observée chez l'enfant en âge d'apprendre à lire, qui ne présente, par ailleurs, aucun trouble susceptible d'expliquer cette perturbation (vision, audition, capacités intellectuelles normales).

On pourrait aussi définir la dyslexie comme une difficulté spécifique et durable d'apprentissage de la lecture et de l'écriture, accompagnée d'une absence d'acquisition d'automatisme, chez des enfants normalement intelligents sans troubles sensoriels. La dyslexie est une ***inaptitude*** à ***décoder*** la ***chaîne écrite*** et à la ***transmuter*** en une ***chaîne parlée*** correspondante. La dyslexie est ***corrélative*** d'un certain nombre de troubles dont les principaux sont les troubles de la fonction symbolique et du langage, d'une part, et les troubles des structures spatiales et temporelles, d'autre part. Mais aucun d'entre eux ne peut être considéré comme étant le trouble caractéristique de la dyslexie en général. On considère qu'un enfant est dyslexique lorsque des difficultés de lecture ***persistent*** encore à la fin de la deuxième année de l'école primaire.

La ***littérature*** concernant la dyslexie ***s'accroît*** de jour en jour et, avec elle, la ***tentation*** de faire entrer dans la catégorie « enfant dyslexique » un nombre croissant d'enfants dont les difficultés en lecture ou en orthographe seraient considérées comme normales si ce terme de dyslexie, recouvrant pour beaucoup une

En étaient atteints : avaient la dyslexie

Inaptitude : difficulté, incapacité

Décoder : comprendre

Chaîne écrite : lettres écrites, mots écrits, phrases écrites

Transmuter : comparer et transformer

Chaîne parlée : lettres dites, mots dits, phrases dites avec la voix (sons)

Corrélative : la conséquence, est reliée, a comme cause

Persistent : durent

Littérature : ensemble des œuvres écrites sur un sujet

S'accroît : augmente

Tentation : le goût, l'intérêt

réalité mystérieuse et cachée, n'était une excuse ***commode*** lors de certains échecs.

Le présent chapitre a pour but de donner les informations nécessaires pour mieux comprendre les conséquences de la dyslexie sur les apprentissages de la lecture et de l'écriture chez le jeune élève. En premier lieu, nous ferons un bref exposé sur les origines possibles de la dyslexie, puis nous traiterons des manifestations et des caractéristiques particulières d'un élève dyslexique. Enfin, nous proposerons une façon de travailler et d'intervenir auprès de ces élèves.

3.1 LES DEUX *HYPOTHÈSES* DE L'ORIGINE DE LA DYSLEXIE

Les Européens et les Américains donnent deux explications différentes des origines de la dyslexie. Les premiers relient le plus souvent les causes de la dyslexie à des ***perturbations*** affectives, tandis que les seconds l'attribuent à des fonctionnements neurologiques particuliers. Ces deux hypothèses ***s'affrontent*** dans les milieux scientifiques. Voyons en quoi elles consistent.

Commode : facile

Hypothèses : théories pour expliquer, les causes possibles

Perturbations : difficultés, problèmes

S'affrontent : sont discutées

3.1.1 Désorganisation cérébrale génétique

Selon Pierre H. Ruel (1993) : « Il ne fait pas de doute qu'il existe une relation au moins relative entre la qualité des capacités perceptivovisuelles et la qualité des apprentissages de la lecture. La question demeure cependant de savoir quelle est la nature et quel est l'impact manifeste de cette relation. S'agit-il d'une relation associative, concomitante ou incidentielle ? »

Les recherches actuelles démontrent que l'hémisphère droit du cerveau de la personne dyslexique présente un développement particulier. En effet cet hémisphère effectuerait des tâches normalement exécutées par l'hémisphère gauche. Ce dernier contrôle une partie des fonctions du langage, de l'écriture et de la lecture. Comme l'hémisphère droit du cerveau se charge de remplir cette fonction, il y a confusion et ***distorsion*** au niveau de l'***interprétation des signaux*** envoyés au cerveau quand l'enfant lit. La création des automatismes de la lecture en serait ***du coup rendue*** plus difficile. Donc, chez l'enfant dyslexique, la lecture est déficiente à cause d'une incapacité cérébrale lors de la réception des messages ; dans le cas de l'écriture, le blocage se fait lors de la ***transmission*** du message.

> ***Distorsion*** : erreur
>
> ***Interprétation des signaux*** : compréhension des lettres et des chiffres
>
> ***Du coup rendue*** : alors devenue
>
> ***Transmission*** : communication

Selon les recherches actuelles on peut considérer que le dysfonctionnement cérébral de la personne dyslexique est la conséquence d'un défaut de maturation de deux processus neuronaux distincts, soit : le processus phonologique (défectuosité des connexions au sein des aires du langage) et le processus visuel (anomalie spécifique de la voie visuelle). Ces deux processus sont indispensables à l'acquisition de la lecture et de l'écriture.

Bien qu'on ne puisse le démonter scientifiquement, il semble que l'hérédité puisse jouer un rôle dans la présence de la dyslexie. On estime que de 30 % à 40 % des cas de dyslexie proviennent de familles de dyslexiques. Chez les jumeaux vrais, la dyslexie touche simultanément les deux enfants, ce qui tend à confirmer l'importance du facteur génétique.

Si les enfants dyslexiques font régulièrement des progrès dans les apprentissages de la lecture jusqu'à l'adolescence, ils ne rattrapent jamais ceux qui n'ont aucune difficulté dans cette acquisition, ce qui, selon Shaywitz (1995) de l'université Yale, montre bien que la dyslexie n'est pas un trouble du développement, mais un déficit.

3.1.2 Perturbation affective relationnelle

Chez beaucoup de psychologues européens, la dyslexie trouve son explication ailleurs que dans des troubles du cerveau. Ils l'attribuent à plusieurs facteurs, dont les plus souvent avancés sont les suivants :

- une éducation ***trop précoce***, précédant la maturation motrice, intellectuelle et sociale de l'enfant ;
- certaines méthodes d'apprentissage de la lecture et de l'écriture, dont les méthodes globales et semi-globales ;
- une perturbation dans la ***relation du moi* avec l'univers***, perturbation qui ***a envahi sélectivement*** les domaines de l'expression et de la communication.

On constate que, chez un enfant, les troubles affectifs vont souvent de pair avec les manifestations de la dyslexie. Mais il est difficile de déterminer s'ils en sont la cause ou la conséquence. Au cours des années, l'élève qui souffre de dyslexie peut être la victime d'un complexe croissant d'infériorité et manifester des frustrations de plus en plus grandes. Il peut en résulter

Trop précoce : trop tôt

Relation du moi avec l'univers : relation du moi avec son environnement

A envahi sélectivement : a touché de façon particulière, surtout différents mécanismes de défense : réactions d'opposition, agressivité, anxiété, réactions de démission, dépendance par rapport à la mère, projection dans des prouesses sportives, recherche de la sympathie des autres camarades de classe par des bouffonneries, etc.

3.2 LES DEUX CARACTÉRISTIQUES DE LA DYSLEXIE

Comme nous l'avons vu précédemment, la dyslexie se manifeste par des perturbations sur le plan visuel et sur le plan auditif. La vision renvoie aux dimensions spatiales et au concret ; l'audition renvoie au temporel et au verbal. La lecture et l'écriture font donc appel à ces deux sens. Selon Marie de Maistre (1968) : « L'apprentissage de la lecture nécessite une capacité d'établir une correspondance entre la graphie et le son, entre le signe visuel et le mouvement articulatoire destiné à produire le phonème représenté par ce signe. »

Phonèmes : les sons

Toute intervention auprès d'un élève dyslexique devrait être précédée d'une période d'observation de son comportement face aux stimuli visuels et auditifs. Est-il atteint d'un problème de perception auditive ? d'un problème de perception visuelle ? Voyons plus en détail les caractéristiques de ces différentes perturbations sensorielles.

3.2.1 Perturbation de la perception auditive

La dyslexie touchant la perception auditive se traduit par l'incapacité de distinguer les ***phonèmes*** du discours ; il s'ensuit donc une inaptitude à apprendre les liens entre les apparences visuelles et les sons des lettres et des mots. L'analyse audiométrique ne révèle pas de défauts de l'audition, bien que, dans certains cas, un élément de dysphonie puisse être noté.

Il y a des problèmes évidents de discrimination, de séquence auditive, de concentration et de perception auditive des émotions. Selon Mattis (1975), cette forme de dyslexie cause le plus de difficulté dans l'apprentissage de la lecture chez le jeune élève. Les caractéristiques les plus fréquentes de l'élève ayant une dyslexie de type auditif sont les suivantes :

- Il préfère les activités n'exigeant guère d'aptitudes à l'écoute.
- Il comprend mieux un texte lu en silence qu'à haute voix.
- Il préfère apprendre par des médias muets (ordinateur) que par des médias audiovisuels (cassettes).
- Il se souvient difficilement des mots d'usage courant dans une conversation.
- Il éprouve de la difficulté à combiner les sons et les lettres.
- Il se souvient mieux de choses enseignées que des choses qui lui sont ordonnées.
- Il prend des notes écrites, car il éprouve des difficultés à se souvenir d'informations (messages, travaux scolaires).
- Il suit difficilement les directives orales.

3.2.2 Perturbation de la perception visuelle

Dans le cas de la perturbation de la perception visuelle, la parole se développe normalement, mais le jeune enfant est incapable d'***assimiler*** les exigences spatiales et visuelles en lecture. Les lacunes se situent au niveau de la discrimination visuelle, de la séquence visuelle, de la discrimination figure-fond, de la perception visuelle en profondeur et de la perception visuelle affective. Les mécanismes perceptifs ne présentent pas de déficits ***notables***. L'enfant dyslexique n'a aucun défaut visuel ou oculaire. Les caractéristiques les plus fréquentes de ce type de dyslexie sont les suivantes :

> ***Assimiler*** : intégrer, comprendre
>
> ***Notables*** : importantes, remarquables

- L'élève copie difficilement l'information (du tableau à sa feuille).
- Il confond les lettres majuscules et minuscules lorsqu'il écrit.
- Il a du mal à comprendre les cartes géographiques, les maquettes.
- Il se rappelle difficilement les directions à prendre lorsqu'il marche.
- Il épelle mieux à haute voix que par écrit.
- Il a du mal à décrire les caractéristiques visuelles des personnes et des endroits qui lui sont familiers.
- Il préfère écouter de la musique sur son baladeur plutôt que de regarder un film.
- Il a du mal à copier les chiffres et les symboles.
- Il oublie des mots et saute des lignes lorsqu'il écrit.
- Il a une articulation excessive au cours d'une lecture silencieuse.
- Il a une bonne mémoire auditive.

La dyslexie se manifeste de façon très évidente par des erreurs de lecture, dont les plus typiques sont présentées dans l'encadré 3.1

Encadré 3.1

Erreurs typiques de lecture chez l'enfant dyslexique

- Confusion visuelle des lettres qui ont des formes peu différentes (inversion)

  m pour n, p pour d, q pour d, n pour u, h pour l

- Inversion statique ou kinétique (confusion sur le plan de l'orientation)

  b pour d, p pour q, pil pour pli

- Omission et addition

  labo pour lavabo, dique pour disque

- Généralisation

  amaner pour amener

- Substitution

  rater pour ramer

- Erreur d'écoulement

  can——ard pour canard

- Invention

  femelle pour fenêtre

- Son inconnu

  ajacer pour agacer

- Défaut de prononciation

  ajeter pour acheter

- Impossibilité de différencier les homophomes

  c'est, ces, ses

  eau, au, haut

- Confusion auditive (phonétique)

  n pour r, f pour v, s pour z, d pour t, p pour b,

  k pour g, ch pour j

- Inversion de syllabes

  ni pour in, la pour al, ion pour oin, etc.

- Difficulté à déchiffrer les sons complexes

  ail, elle, oin, ion

- Impossibilité de détacher les lettres dans un mot, une phrase
- Difficultés pour les notions haut-bas, devant-derrière, droite-gauche
- Problème au niveau du sens du déplacement du regard (gauche-droite)
- Saut de lignes dans son cahier
- Écriture maladroite, hésitante, irrégulière, lettres mal formées, voire inventées, l'élève ne se souvenant pas de la forme d'une lettre au moment de l'écrire
- Inaptitude à décoder les symboles écrits et à les transmettre en un langage verbal
- Vocabulaire restreint

3.3 QUELQUES CONSÉQUENCES DE LA DYSLEXIE SUR LES APPRENTISSAGES

Nous venons d'examiner les perturbations visuelles et auditives de la dyslexie. Nous allons maintenant nous ***pencher sur*** les conséquences de ces perturbations dans les apprentissages du jeune élève dyslexique. En voici les principales :

- retard du développement du langage ;
- problème de concentration ;
- mémoire fragile (mémorisation) ;
- trouble de l'environnement spatial (connaissance des notions spatiales, orientation et structuration) ;
- trouble de l'organisation temporelle* et du rythme ;
- trouble de la latéralité (latéralisation) ;
- défaut de la perception auditive ;
- défaut de la perception visuelle (symbolisme visuel) ;
- trouble du schéma corporel ;
- déficience de la fonction symbolique ;
- développement affectif ***perturbé***.

> ***Pencher sur*** : regarder
>
> ***Perturbé*** : dérangé

Si beaucoup de pédagogues se sont penchés sur les problèmes spécifiques de la dyslexie, il y en a peu qui ont signalé les difficultés que rencontrent les « anciens dyslexiques ». Les quelques recherches sur ce sujet démontrent qu'à l'âge adulte un « ancien dyslexique » aura souvent des difficultés de lecture et d'écriture. Voici quelques exemples de ces difficultés :

- Il ***confond*** souvent des ***catégories grammaticales*** très voisines, comme le possessif et le démonstratif, ce, se, ces, ses.
- Il fait des fautes de conjugaison, ***en raison*** de la difficulté qu'il a dans l'organisation de l'espace et du temps.
- Il confond souvent le passé et le futur.
- Il inverse parfois des lettres dans les mots, dans ses écrits.
- Il éprouve des difficultés sur le plan de la ponctuation et de l'expression des idées.
- Il a souvent une pensée mal organisée et ***peu cohérente***.

Ces difficultés, quand elles ne sont pas comprises par l'entourage familial et le milieu de travail, peuvent entraîner un manque de confiance et un sentiment de culpabilité souvent très intense.

3.4 L'INTERVENTION AUPRÈS D'UN ENFANT DYSLEXIQUE

Pour pouvoir intervenir auprès d'un élève dyslexique, il faut prendre note des points suivants :

- La dyslexie ne se corrige pas en un an ; c'est un travail de patience, de ***persévérance***, qui peut prendre quelques années et qui ***se planifie à partir*** d'une évaluation précise.
- Le travail le plus ***susceptible*** de donner des résultats ***concluants*** consiste en une action éducative individualisée, intensive et bien structurée, méthodique.

Confond : mélange

Catégories grammaticales : ensembles de sons, mots, phrases

En raison : à cause de

Peu cohérente : pas très logique

Persévérance : constance, volonté de réussir

Se planifie à partir : se prépare avec l'aide

Susceptible : possible, capable

Concluants : positifs, concrets

- Il faut une pédagogie différente, par petites périodes, et cela, tous les jours.
- Il est important d'***établir un climat de confiance*** avant d'entreprendre la rééducation.
- Il faut savoir quel type d'apprentissage doit être utilisé avec l'élève. Est-il un visuel, un auditif, un tactile ?
- Il est souhaitable de ***procéder*** avec des activités multisensorielles en utilisant les ***associations*** entre les symboles écrits et le langage oral.
- Il faut utiliser des lettres en relief, en papier sablé (de verre), en velours, en bois, ou en aluminium. Celles-ci constituent de bons renforcements tactiles.
- Il faut lui faire exécuter des exercices de signification de mots du vocabulaire, seulement après identification du mot placé dans une phrase que l'élève comprend.
- Le matériel de lecture doit être intéressant et attirant afin de motiver le jeune lecteur (***comptine***, rythme). La méthode phonétique et gestuelle de Borel-Maisonny est un exemple de pédagogie adaptée.
- L'intervenant doit donner une expression théâtrale, vivante, pendant la lecture ; l'élève comprendra mieux le déroulement de l'histoire, l'intrigue, les personnages et leurs rapports.
- La création d'un journal comprenant diverses rubriques : article de fond, bandes dessinées, météo et sports, peut être une source de motivation.
- Il faut mettre ***à la disposition*** de l'élève les auxiliaires mécaniques (ordinateur, magnétophone, etc.).

Établir un climat de confiance : créer la confiance entre les participants

Procéder : agir

Associations : liens

Comptine : petite histoire rythmée

À la disposition : disponible pour être utilisé

- Au début de l'intervention, ne se consacrer qu'aux ***matières fondamentales*** : lecture, écriture, mathématiques et orthographe ;
- Il faut faire travailler l'élève en écriture cursive. Avec ce type d'écriture, il est plus difficile d'inverser l'arrangement des lettres que dans les textes en caractères d'imprimerie. Cette technique améliorera le contrôle des forces musculaires et rendra chaque lettre plus distincte grâce à une meilleure coordination motrice.
- La rééducation doit se faire lentement et ***graduellement*** : une chose à la fois.
- Il faut informer la famille des ***conséquences*** de la dyslexie afin de ***déculpabiliser*** l'enfant.
- Un ***dépistage précoce*** est un facteur important pour la réussite de la rééducation.
- La collaboration des parents constitue un facteur essentiel.
- L'intervenant doit être un pédagogue expérimenté et formé ***adéquatement***. Il doit ***pouvoir compter*** sur tout le matériel nécessaire pour répondre aux besoins spécifiques de l'élève dyslexique.

Matières fondamentales : cours de base

Graduellement : petit à petit, lentement

Conséquences : résultats, influences

Déculpabiliser : enlever l'idée de se sentir coupable

Dépistage précoce : découvrir tôt

Adéquatement : correctement

Pouvoir compter : avoir à sa disposition

3.5 EXEMPLES D'EXERCICES PÉDAGOGIQUES ADAPTÉS À LA DYSLEXIE

Les exercices présentés dans ce chapitre* sont en grande partie fondés sur les théories de Montessori, Frostig, Ajuriaguerra, Ramain, etc. Ils ont pour but de

* Le lecteur trouvera d'autres exercices de ce type dans le cahier d'exercice.

favoriser la compréhension des difficultés que rencontre l'élève dyslexique sur le plan de la perception visuelle (graphique) ou sur le plan de la perception auditive (son).

3.5.1 Exercices de mémorisation et de discrimination de la perception auditive

L'intervenant demande à l'élève de :

- reconnaître et différencier les différents cris des animaux, les retenir et les reproduire dans l'ordre ;
- différencier l'intensité d'un son, sa hauteur et sa durée ;
- reconnaître les bruits qu'on peut faire avec les diverses parties de son corps ;
- exploiter la reproduction d'ensembles sonores. Par exemple : reproduire, avec un sifflet, des coups brefs et longs ;
- symboliser avec son corps certains bruits. Par exemple : pour un bruit fort, prendre le plus de place au sol avec son corps ; pour un bruit faible, prendre le moins de place au sol avec son corps ;
- situer la provenance d'un bruit, d'un son ;
- discriminer les différents paramètres du son : l'intensité, la durée, la provenance, la hauteur ;
- répéter différents rythmes* : marche lente, rapide, etc. ;
- créer des mouvements, des mimes, sur une musique ;
- peindre sur l'impulsion de la musique qu'ils écoutent ;

- prononcer en cadence le nom des amis de la classe en tapant des mains, des pieds ou sur un tambourin ;
- suivre un rythme simple en tapant sur un gros ballon ;
- suivre le mouvement du métronome en tapant dans les mains ;
- rouler une balle doucement, puis plus vite ;
- frapper dans les mains avant, après ou au moment où la balle passe devant un objet précis ;
- répéter dans l'ordre une suite de bruits, de cris d'animaux ;
- répéter une série de chiffres qui ne se suivent pas (deux à quatre chiffres) ;
- répéter des syllabes sans signification ;
- répéter des mots connus de deux, trois, quatre syllabes ;
- répéter une phrase de douze à quinze syllabes ;
- retenir les éléments importants d'un court récit ;
- découvrir et étudier, sous forme de jeu, les phonèmes qui composent la parole ; exemple : le phonème « ch » (le bruit du train) ;
- découvrir, à l'aide d'un miroir, la position que prend la bouche pour produire le phonème « ch » et les autres phonèmes.

Les comptines jouent aussi un rôle important dans l'apprentissage de la lecture. Les personnages de la comptine sont représentés par des marionnettes. Chaque élève jouera le rôle d'un personnage en manipulant une marionnette. Exemple de comptine :

Le chien a couru
après le petit chat,
pendant ce temps-là
la souris est partie
sous le lit,
puis sur le tapis gris,
et dans le bol de riz !

Dans le dernier vers, le mot « dans » pourrait être remplacé par : devant, à côté ou derrière. La comptine nous permet aussi de vérifier la compréhension des prépositions et des locutions adverbiales : sous, sur, dans, devant, derrière, à côté, etc. L'élève qui a la marionnette souris exécute l'action indiquée par l'intervenant.

EXERCICES

Objectif: Discriminer les lettres « **b** » et « **d** » sur le plan de la perception spatiale et de la perception auditive.

Consignes:

1) L'éducateur prononce un mot commençant par une des lettres en carton que l'enfant a sur sa table.

   Par exemple, pour le mot « Poule », l'élève doit montrer la lettre « P ».

2) L'éducateur montre un dessin où l'on retrouve la lettre « b ».

   Par exemple, pour le dessin d'une « baleine », l'élève doit montrer la lettre « b ».

Objectif : Discriminer le son de la lettre « **p** ».

Consignes : Le mot « Poule » rime avec quel autre dessin de droite ? Encercle le dessin qui rime.

Poule

Cochon

Canard

Ampoule

Objectif: Discriminer les sons et les lettres sur le plan de la perception auditive et visuelle.

Consigne: Relie le dessin au bon mot.

sapin

lapin

pinceau

marin

pingouin

lutin

Juhel, Jean-Charles, Aider les enfants en difficulté d'apprentissage, Les Presses de l'Université Laval / Chronique Sociale, 1998

3.5.2 Exercices de mémorisation et de discrimination de la perception visuelle

L'intervenant demande à l'élève de faire les exercices suivants et de remplir les fiches.

EXERCICES

Objectif: Faciliter la perception visuelle sur le plan de la mémorisation et de la discrimination.

- Prise de conscience de la forme des lettres. L'intervenant demande à l'élève de:
  - suivre le contour de la lettre « P » avec son doigt;
  - passer sur la lettre avec son crayon;
  - découper la lettre « P » avec des ciseaux;
  - la coller sur une feuille;
  - la tracer avec son doigt dans les airs;
  - reproduire la lettre tracée en pointillés;
  - tracer avec son doigt la lettre dans une boîte où il y a du sable ou de la sciure de bois;
  - reproduire la lettre sans le modèle sur une feuille blanche;
  - reproduire la lettre sur le plancher et marcher dessus en suivant la direction des flèches;
  - reproduire la lettre avec une petite corde sur le plancher;
  - reproduire la lettre « p » avec son corps sur le sol.

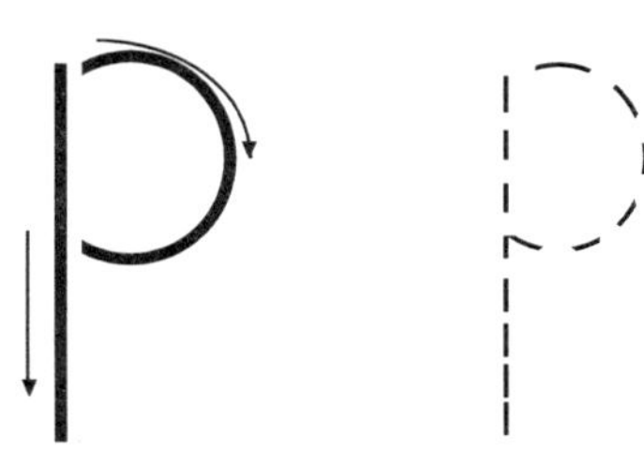

– découper des lettres dans du papier sablé et passer le doigt dessus (sens tactile), les yeux ouverts, puis fermés ;
– faire la lettre avec de la terre glaise humide ou de la pâte à modeler ;
– représenter la lettre avec des bâtonnets ou de grosses allumettes ;
– faire la forme de la lettre avec des cure-pipes, en les pliant et en les tordant ;
– tracer, avec de la peinture, la lettre sur une feuille blanche, à l'aide du doigt ou d'un pinceau ;
– tremper son doigt dans de la sauce au chocolat ou du sirop d'érable et faire la lettre sur du papier ;
– deviner la lettre que l'éducateur trace dans la paume de la main, les yeux ouverts, puis les yeux fermés.

- Prise de conscience du début et de la fin d'un mot ou d'une phrase.

On peut prendre des moyens concrets pris dans la vie de tous les jours, par exemple les feux de circulation : quand le feu est vert, à gauche, on avance : c'est le début du mot. Quand le feu est rouge à droite, on s'arrête : c'est la fin du mot.

On demande à l'élève d'écrire la première lettre de son nom en vert et la dernière lettre en rouge.

Vert → (M)ari(e) ← Rouge

Objectif : Discriminer les lettres « p » et « b » sur le plan de la perception visuelle.

Consignes : Peux-tu repérer les dessins dont les noms contiennent la lettre « p » et « b » ? Colorie ces dessins de ta couleur préférée.

Objectif : Discriminer les lettres sur le plan de la perception visuelle et de l'orientation spatiale.

Consignes : En bas de la page se trouvent six mots mêlés désignant des vêtements ; aide Amélie à écrire les bons mots.
Démêle les lettres et écris les mots correctement sur les lignes.

erbo ______________________ npltnoaa ______________________

utuqe ______________________ abs ______________________

yapjam ______________________ uephaca ______________________

Objectif : Discriminer les lettres « **p** » et « **b** » sur le plan de la perception visuelle.

Consignes : Ajoute la ou les lettres qui manquent pour former les mots.

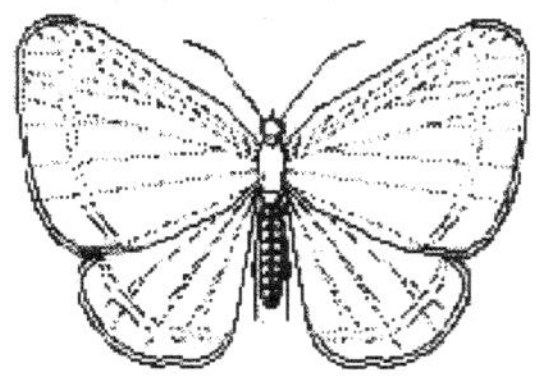

__ a __ illon

__ ou __ ée

cham __ ignon

__ otte

Objectif: Discriminer les lettres « **b** », « **d** », « **q** », « **p** » sur le plan de la perception visuelle et de l'orientation spatiale.

Consignes:

- Fabriquer deux cartes de la même dimension, l'une portant un trait vertical en son milieu, l'autre un cercle en haut, à gauche de la carte, comme dans les exemples 1 et 2 ci-dessous.
- Présenter les deux cartes à l'élève en lui demandant de construire lui-même les lettres « **p** », « **b** », « **d** » et « **q** », en plaçant convenablement le côté de la carte portant le cercle contre la ligne verticale.
- La carte portant la ligne verticale ne doit pas être déplacée, mais rester perpendiculaire à l'élève. Seule celle portant le cercle doit être manipulée.

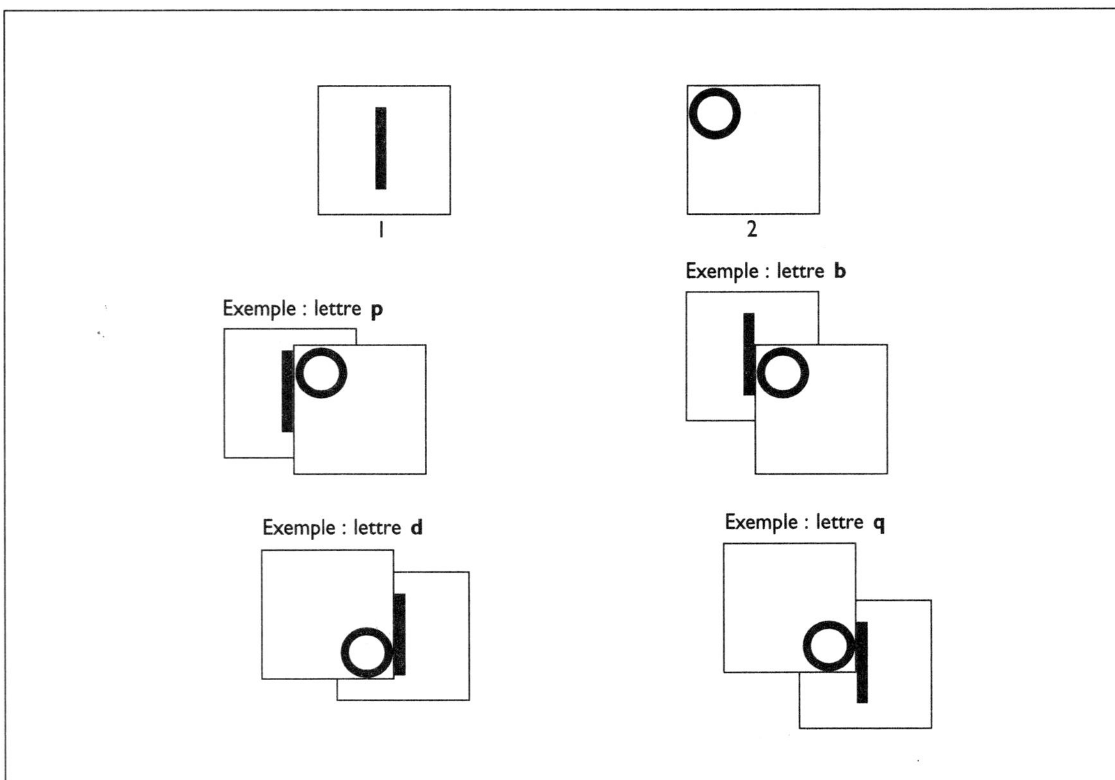

Objectif : Reconnaître les lettres « **b** », « **d** », « **p** », « **q** » sur le plan de la perception visuelle.

Consignes : Écris dans le cercle laquelle des deux lettres se retrouve dans le nom de l'animal représenté.

p ou **b** ?

p ou **b** ?

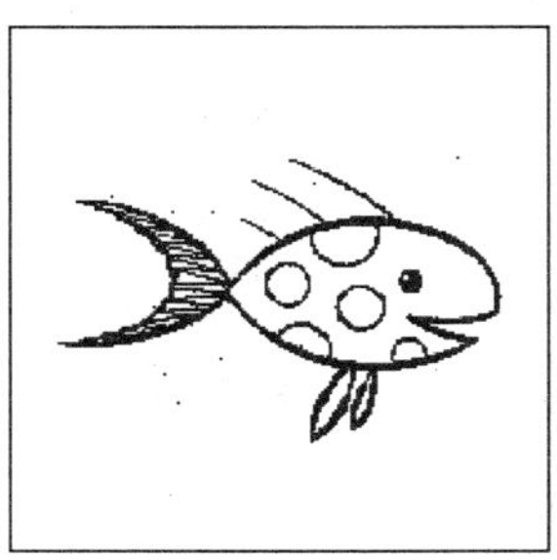

p ou **b** ?

p ou **b** ?

Objectif: Discriminer les lettres « **b** », « **d** », « **q** », « **p** » sur le plan de la perception visuelle.

Consignes: Repère, dans chaque ligne, les mêmes lettres que celles de la colonne de gauche. Encercle les lettres qui sont identiques à celles du modèle.

Modèle			
q	**q**	**p**	**d**
b	**b**	**d**	**p**
pb	**qb**	**bp**	**pb**
db	**bd**	**db**	**qb**
dq	**dq**	**qd**	**dp**
pd	**pd**	**qd**	**bd**
bp	**dp**	**bp**	**dq**
bd	**db**	**pd**	**bd**
qp	**pq**	**qp**	**pp**
bdq	**dbq**	**bdq**	**bqd**
qpb	**qpb**	**apd**	**dap**

BIBLIOGRAPHIE

Borel-Maisonny, S., *Langage oral et écrit*, tome 1, Delachaux et Niestlé, Neuchâtel, 1973.

Girolami-Boulinier, A., *Prévention de la dyslexie et de la dysorthographie*, Delachaux et Niestlé, Neuchâtel, 1974.

Habib, M., *Dyslexie : le cerveau singulier*, Collection « Neuropsychologie », Solal, Paris, 1997.

Levinson, H., *Votre enfant et ses troubles d'apprentissage*, Éditions Québécor, Montréal, 1989.

Lobrot, M., *Les troubles de la langue écrite et remèdes*, E.S.F., Paris, 1980.

Maistre, Marie de, *Dyslexie dysorthographie*, 2 vol., Éditions Universitaires, Paris, 1968.

Mattis, S., « Dyslexia in children and young adults : three independent neuropsychological syndromes », *Developmental Medecine and Child Neurology*, 17, 1995.

Mucchielli, R. et Mucchielli-Bourcier, A., *La dyslexie, maladie du siècle*, E.S.F., Paris, 1984.

Ruel, P.H., *Apprentissage et adaptation scolaires*, Éditions du C.R.P., Université de Sherbrooke, 1993.

Shaywitz, S.E., « Evidence that dyslexia may represent the lower tail of a normal distribution of reading ability », *New Engl. J. Med.*, 326, 1992.

Shaywitz, S.E., « Sex differences in the functional organization of the brain for language », *Nature*, 372, 1995.

Tajan, A. et Volard, R., *Pourquoi des dyslexiques ?*, Payot, Paris, 1971.

Thériault, D., *Le mal des mots*, Éditions de l'Homme, Montréal, 1988.

Veille, R., *Difficultés scolaires des anciens dyslexiques*, E.S.F., Paris, 1969.

Vienne, L. de, *La dyslexie*, Leméac, Montréal, 1972.

Chapitre 4

L'hyperactivité

C'est au début du siècle que le terme « hyperactivité » commence à apparaître dans la littérature médicale. La première description du symptôme d'hyperactivité a été faite à Londres à la même époque par le pédiatre anglais Still. Tredgold (1914) renforce quelque peu les observations de Still en posant l'hypothèse que certains dommages cérébraux (anoxie, accidents à la naissance) peuvent passer inaperçus à la naissance mais deviennent évidents pendant la scolarisation du jeune élève.

Entité : ensemble de symptômes

Déficitaire de l'attention : manque de concentration

En 1918, à la suite d'une épidémie d'encéphalite, plusieurs enfants qui en avaient été atteints étaient distraits, inattentifs et agités. Ces comportements inhabituels ont été alors attribués à l'encéphalite qui aurait causé des modifications anatomiques au cerveau. Dans les années 1940, la découverte des effets nocifs de l'asphyxie périnatale a suggéré l'idée que certains comportements pourraient être causés par des atteintes cérébrales qui seraient indétectables (dysfonctionnement cérébral mineur). Puis, dans les années 1950, des chercheurs ont défini le syndrome hyperkinétique comme étant une **_entité_** clinique qui lie ensemble l'inattention, l'agitation, la distraction et les apprentissages scolaires. Les recherches des années 1960 ont démontré l'inexactitude du concept de dysfonction cérébrale mineure parce qu'il laissait croire à l'existence d'une cause biologique. Dans les années 1970, la psychiatrie a mis l'accent sur la faculté d'attention ; en cherchant à expliquer les différences individuelles, elle en est venue à distinguer un trouble **_déficitaire de l'attention_** avec ou sans hyperactivité. Durant cette période, certains chercheurs prétendirent que l'hyperactivité était associée aux additifs alimentaires et aux colorants.

Aujourd'hui, les chercheurs avancent que le problème est relié non pas tant à l'attention elle-même, mais plutôt au contrôle du comportement et, par le fait même, à la difficulté pour l'enfant de persister à accomplir certaines tâches. Les intervenants constatent l'importance d'avoir une approche globale touchant non seulement l'enfant lui-même, mais aussi la famille et l'école.

Mais qu'est-ce que l'hyperactivité ? Une maladie, un ***mythe*** ou simplement un comportement ? ***Affecte-t-elle*** le tiers des écoliers ou seulement un sur mille ? Est-elle due à des lésions cérébrales, à l'hérédité, à des ***tensions psychologiques*** ou à des ***toxines*** qui se trouvent dans l'alimentation ? Comment peut-on ***dépister*** l'hyperactivité ? Sur quoi devrions-nous baser le ***diagnostic*** ? Sur un examen neurologique, un électroencéphalogramme* ou simplement sur le comportement de l'enfant ? L'enfant doit-il être soigné avec des médicaments, un régime alimentaire, une psychothérapie ou une technique de modification du comportement ? Guérit-il automatiquement à l'adolescence ou pas ? Voilà des questions auxquelles nous tâcherons de répondre dans ce chapitre.

Mythe : histoire imaginaire, non réelle

Affecte-t-elle : touche-t-elle

Tensions psychologiques : stress

Toxines : poisons

Dépister : découvrir

Diagnostic : identification d'une maladie

4.1 DESCRIPTION DU COMPORTEMENT HYPERACTIF

Avant d'aborder la description du comportement de l'enfant hyperactif, voici la situation de deux enfants hyperactifs, Mark et Lisa. Ces descriptions sont tirées de la brochure d'information sur l'hyperactivité publiée par le National Institute of Mental Health américain en 1995.

Encadré 4.1

Comportement de Mark, 14 ans

Mark a plus d'énergie que tous les garçons de son âge. Il a même toujours été plus actif qu'il ne le faudrait. Dès l'âge de 3 ans, il était une « tornade humaine », détruisant tout sur son passage. À la maison, il sautait d'une activité à l'autre, laissant une piste de jouets derrière lui. Aux repas, il mettait sens dessus dessous les plats et n'arrêtait pas de bavarder. Il était fougueux et impulsif, sortait en courant dans la rue au risque de se faire renverser, malgré les mises en garde et les réprimandes de sa mère. Au terrain de jeux, il ne paraissait pas plus fruste que les autres enfants. Mais sa tendance à réagir brutalement, lorsqu'il frappe ses camarades sans le vouloir en jouant avec eux, lui a plusieurs fois causé du tort. Ses parents ne savaient plus quoi faire. Ses grands-parents qui l'aimaient tant les rassuraient comme ils pouvaient : « C'est bien un garçon, allez ! Ne vous inquiétez pas, avec l'âge cela ira mieux. » Mais il n'en a rien été.

Encadré 4.2

Comportement de Lisa, 17 ans

À 17 ans, Lisa doit encore lutter pour se concentrer et agir de manière appropriée. Mais cela a toujours été difficile pour elle. Elle est encore gênée par le souvenir de cette soirée où ses parents l'on amenée au restaurant pour fêter son dixième anniversaire. Elle était tellement obsédée par la brillante chevelure rousse de la serveuse que son père a dû tempêter à trois reprises jusqu'à ce qu'elle se décide à choisir son menu ; finalement, elle ne put s'empêcher de s'écrier : « La couleur de tes cheveux est laide ! » Au collège, Lisa était tranquille et coopérante mais semblait souvent avoir la tête ailleurs. Elle était intelligente, mais ne pouvait améliorer son classement, quelle que soit la quantité de travail fournie. Elle a échoué à plusieurs de ses examens. Alors qu'elle connaissait la plupart des réponses, elle ne pouvait rester concentrée sur son devoir. Constatant ses médiocres résultats, ses parents la réprimandaient et la punissaient : « Tu n'es qu'une

paresseuse. Tu pourrais avoir de meilleurs résultats si seulement tu essayais. » Un jour que Lisa avait à nouveau échoué à un examen, le professeur la trouva en larmes : « Mais qu'est-ce que j'ai qui ne va pas ? »

Les exemples retenus dans les encadrés 4.1 et 4.2 reflètent bien la ***sémiologie*** de l'hyperactivité dans ses différents aspects. En raison des nombreuses variations de la manifestation des symptômes, il est difficile de donner une description du comportement typique de l'enfant hyperactif ; on pourrait ajouter à cela le changement constant des conditions du milieu dans lequel évolue l'enfant. Selon que l'on est intervenant ou parent, on n'a pas la même perception de l'hyperactivité. Certains enfants sont plus hyperactifs à l'école et le sont moins à la maison, et vice versa. On remarque que l'hyperactivité s'exprime de façon plus tangible dans certains contextes et au cours de certaines activités.

Sémiologie : trait, signe

L'hyperactivité se manifesterait plus fréquemment chez les garçons que chez les filles, sans que l'on puisse actuellement en fournir une explication scientifiquement valable. S'agirait-il d'une influence endocrinienne ou neurologique ou, plus simplement, la société favoriserait-elle l'hyperactivité masculine ?

Les enfants hyperactifs sont agités ; ils changent continuellement de position et de façon imprévisible. Parfois ils sont actifs et parfois ils ne le sont pas ; mais le problème, c'est qu'ils bougent quand les autres jugent bon de rester tranquilles. Il faut faire la différence entre cette agitation et les mouvements répétitifs, comme

Tambouriner avec les doigts : taper, l'un après l'autre, les doigts sur la table

Dénotent : montrent

Établir la distinction : faire la différence

Impulsions : changements rapides du comportement

Sollicitent : demandent

Gratification : satisfaction

Tirent des conclusions : s'imaginent des choses

Menaces : paroles ou gestes qui annoncent une punition

Aucune prise : pas d'effet, pas d'influence

Déroutante : surprenante

Désapprobation : désaccord

tambouriner avec les doigts, lisser une mèche de cheveux, redresser sa cravate, etc., qui ***dénotent*** de l'anxiété chez certaines personnes.

Les enfants hyperactifs sont inattentifs ; ils vont d'une chose à l'autre. Non seulement ils sont distraits, mais ils recherchent les distractions. Il faudrait ***établir la distinction*** entre cette inattention et celle de l'enfant qui s'ennuie ou qui est absorbé par d'autres problèmes. Ils sont irréfléchis, ne contrôlent pas leurs ***impulsions*** et ***sollicitent*** une ***gratification*** immédiate. Ils ***tirent des conclusions*** et s'attendent à des conséquences, sans avoir effectué au préalable le travail physique ou mental nécessaire.

Les enfants hyperactifs s'opposent à la discipline ; ils réagissent à celle-ci par des plaintes ou par des accès de colère dont l'intensité est progressive. Ils ne sont pas découragés par les punitions. Quant aux ***menaces*** et aux récompenses, elles n'ont ***aucune prise*** sur eux. Ils sont émotivement instables, manquent de maîtrise d'eux-mêmes, expriment tout changement d'humeur d'une façon très ***déroutante***. Il faut faire la distinction entre ces enfants et ceux qui souffrent de « troubles affectifs ». Il semble que les enfants hyperactifs aient des difficultés à établir un lien de cause à effet. La ***désapprobation*** au sujet de leur comportement semble toujours les surprendre. Il faut faire la différence entre ces réactions et celles des enfants qui ne comprennent pas bien parce qu'ils ont une déficience intellectuelle.

Les enfants hyperactifs sont ***prédisposés aux accidents***. Leur ***étourderie*** et leur curiosité ***non refoulée*** sont pour eux source de blessures corporelles et de ***mésaventures*** sociales. Il faudrait les distinguer de ceux qui s'attirent des ennuis à cause de leur inexpérience, de leur ignorance ou encore parce qu'ils sont si préoccupés par leurs problèmes qu'ils ne voient pas le danger autour d'eux.

Les enfants hyperactifs sont socialement inaptes. Bien qu'ils soient amicaux, ils manquent tellement de sensibilité et d'***esprit de réciprocité*** que leurs amis les abandonnent. Ils maintiennent leurs relations sociales à un niveau superficiel. Cette situation diffère totalement de celle des « solitaires » qui préfèrent leur propre compagnie à celle des autres.

Aucun symptôme que l'on vient d'énumérer n'est en soi suffisant pour diagnostiquer l'hyperactivité. De plus, aucun enfant ne manifestera tous ces symptômes à la fois. Chez les enfants hyperactifs d'âge préscolaire, on remarquera surtout une ***propension*** plus élevée aux accidents ainsi qu'un comportement ***réfractaire*** et instable. Ceux d'âge scolaire seront inattentifs, irréfléchis et ***perturbateurs***. Au secondaire, on les reconnaîtra à leur comportement antisocial. Enfin, à l'âge adulte, l'hyperactivité se caractérisera surtout par l'incapacité à conserver un emploi et à établir des relations durables.

Prédisposés aux accidents : ont des accidents plus souvent

Étourderie : ne pas réfléchir avant de faire une action

Non refoulée : qui n'est pas contrôlée

Mésaventures : mauvaises expériences

Esprit de réciprocité : esprit ouvert au partage avec les autres

Propension : attirance vers

Réfractaire : qui refuse d'obéir, d'écouter

Perturbateurs : dérangeants

Requérant : qui demande

Intempestive : inopportune

Anticipation du danger : prévoit d'avance qu'il y aura un danger

Inappropriée : qui n'est pas correcte

Les principales caractéristiques de l'enfant hyperactif sont présentées dans l'encadré 4.3.

Encadré 4.3

Principales caractéristiques de l'enfant hyperactif

- Inattention anormale, compte tenu de l'âge. L'enfant semble ne pas écouter ou ne pas entendre ce qui est dit, il est distrait par le moindre stimulus, n'achève aucune activité, ne peut se concentrer sur une tâche scolaire ou sur toute activité ***requérant*** une attention soutenue.

- Impulsivité. L'enfant passe d'une activité à l'autre, éprouve des difficultés à organiser son travail, dérange la classe de façon ***intempestive***. Il nécessite une surveillance constante en raison de son absence d'***anticipation du danger***. Il a besoin de boire ou d'aller aux toilettes fréquemment.

- Activité motrice ***inappropriée***, désordonnée et sans but. L'enfant ne peut rester tranquille, s'agite, court partout, remue sans arrêt et manipule les objets sans but précis. Se berce ou fait du bruit avec sa chaise ou son pupitre. Mord son crayon, se frotte le nez, se ronge les ongles, se tire ou se tresse les cheveux.

- ***Variabilité du rendement***, d'une journée à l'autre, de la qualité, de l'exactitude et de la rapidité avec lesquelles il accomplit ses tâches.
- Difficulté à obéir et à se laisser diriger par les règles établies par les parents, les enseignants et les autres enfants. Il est souvent ***tendu*** et pleure facilement.

4.2 LES CAUSES DE L'HYPERACTIVITÉ

Les expressions utilisées dans la littérature pour désigner les manifestations de l'hyperactivité sont : syndrome hyperactif, instabilité* psychomotrice, dysfonctionnement cérébral mineur, syndrome du trouble de l'attention déficitaire avec ou sans hyperactivité, syndrome d'hyperactivité avec troubles de l'attention (SHTA), syndrome hyperkinétique.

Les causes de l'hyperactivité sont encore mal connues. Peu d'études parviennent à établir des relations directes entre les manifestations comportementales et cognitives des hyperactifs et des facteurs spécifiques, qu'ils soient d'ordre génétique, neurologique, psychologique, socio-affectif ou environnemental. Regardons plus en détail ces différents facteurs.

Variabilité du rendement : changement de l'efficacité de la production

Tendu : stressé

4.2.1 Les facteurs génétiques

Il a été prouvé qu'une grande ***proportion*** de parents d'enfants hyperactifs étaient eux-mêmes hyperactifs durant leur enfance. La psychopathie, l'alcoolisme et l'***hystérie*** se rencontrent plus fréquemment chez les parents des enfants hyperactifs que chez les parents des enfants équilibrés. Ce sont des modèles de comportement que les hyperactifs développent à l'âge adulte. La famille ***parvient*** en général à faire un rapprochement entre le comportement de l'enfant hyperactif et celui d'un des deux parents.

Proportion : pourcentage

Hystérie : problème d'ordre mental : la personne ne peut contrôler l'expression de ses sentiments (expression trop grande)

Parvient : réussit

A été établi : a été prouvé

Inflammations : maladies

Impulsifs : font une action sans réfléchir

Analogie : similitude, ressemblance

Ne constitue pas une preuve concluante : n'est pas une preuve scientifique

Synthétisent : produisent

4.2.2 Les facteurs neurologiques ou cérébraux

Il ***a été établi*** qu'à la suite de certaines ***inflammations*** du cerveau, les malades deviennent ***impulsifs*** et distraits ; par ***analogie***, on suppose que des lésions cérébrales pendant le jeune âge donneraient le même résultat. Il est vrai que certains enfants hyperactifs ont eu des problèmes au moment de leur naissance, mais cela ***ne constitue pas une preuve concluante***. Certains enfants hyperactifs n'ont pas eu de problèmes à la naissance, alors que d'autres, en ayant eu, ne sont pas pour autant hyperactifs. Pour les neuropsychologues, l'hyperactivité serait due à un dysfonctionnement des lobes frontaux et à une dysfonction de l'hémisphère droit.

À l'intérieur du système nerveux central, il y a des substances qui permettent la transmission des messages d'une cellule ou d'un neurone* à l'autre. Les neurones ***synthétisent*** des substances chimiques. On les appelle « neurotransmetteurs » ; ils sont à la base des réactions chimiques nerveuses. On a identifié et étudié jusqu'à présent de façon particulière trois de ces neurotransmetteurs : la sérotonine, la dopamine et la noradrénaline. La compréhension du rôle de ces dernières est ***cruciale*** pour la compréhension du fonctionnement du système nerveux en général et plus particulièrement de celui de l'enfant hyperactif.

Selon les chercheurs, il est possible que le cerveau des hyperactifs souffre d'un manque de dopamine. Cette insuffisance ***entraînerait*** un ralentissement de la transmission des informations d'une cellule à l'autre. Ce ralentissement créerait une diminution de l'activité de la zone du cerveau touchée, qui est souvent celle de la coordination entre le ***lobe frontal*** et le système limbique (région du cerveau qui contrôle une partie de la vie émotionnelle). C'est ce qui explique qu'un traitement à base de ***stimulants*** peut améliorer le fonctionnement du cerveau.

Si le *Ritalin*[1] est administré à de trop fortes doses, le niveau du transmetteur neurologique est trop élevé et le fonctionnement ***est altéré*** à nouveau, quoique d'une façon différente. Alors que l'individu était impulsif et irréfléchi, il devient prudent à l'**excès**. L'hypothèse que l'hyperactivité soit d'origine neurologique peut expliquer la réaction ***typique*** de certains enfants éprouvant des difficultés d'apprentissage à l'administration de stimulants : leur activité motrice décroît, leur capacité d'attention soutenue augmente et ils répondent plus

Cruciale : primordiale, très importante

Entraînerait : amènerait à, donnerait

Lobe frontal : partie avant du cerveau

Stimulants : médicaments qui excitent, activent le système nerveux

Est altéré : est changé, est modifié

À l'excès : de façon exagérée, trop

Typique : caractéristique

[1] Ritalin : médicament stimulant le plus utilisé dans le traitement de l'hyperactivité.

Administration : action de donner un médicament

Se détériorer : devenir pire qu'avant

Favorablement : correctement

Néanmoins : pourtant, malgré cela

Rétention : mémorisation, concentration

De recourir : d'utiliser

Tenir compte : dépendre

Cas extrêmes : les pires situations

D'induire : de faire se développer

Dorénavant : maintenant

Effets secondaires : apparitions de problèmes à cause des médicaments

Dose : quantité de médicament

positivement aux exigences sociales. Chez d'autres enfants par ailleurs, l'***administration*** de stimulants n'a aucun effet. On peut noter que de 20 % à 25 % des enfants traités par ces médicaments ne voient pas leur état s'améliorer ; il peut même, dans certains cas, ***se détériorer***. Il est impossible de prédire quels enfants répondront ***favorablement*** au traitement.

En Amérique du Nord, l'hyperactivité d'origine neurologique sera traitée par médication stimulante. Cette médication favorise l'attention, améliore les tâches graphiques et arithmétiques, réduit l'activité motrice grossière et la désobéissance. ***Néanmoins***, on n'a pas fait la preuve que les médicaments améliorent la ***rétention*** et l'utilisation de l'information. Certains auteurs (Jacobvitz, Sroufe, Stewart et Leffert, 1990) prétendent en effet que les médicaments n'ont pratiquement aucun effet sur les résultats scolaires.

La décision ***de recourir*** à une médication doit ***tenir compte*** de la sévérité des problèmes comportementaux de l'enfant. La médication permet, dans des ***cas extrêmes*** et pour une durée limitée, chez les enfants qui réagissent bien au traitement, ***d'induire*** une disponibilité qui facilite les apprentissages. Ce ne sont pas uniquement les médicaments qui annulent l'hyperactivité ; l'enfant, avec l'aide des médicaments, peut ***dorénavant*** organiser sa journée et, par le fait même, avoir plus de plaisir à l'école et avec ses camarades.

Le traitement pharmacologique peut parfois être accompagné d'***effets secondaires*** si la ***dose*** du médicament est inadéquate. Les effets secondaires sont les suivants :

- sécheresse de la bouche ;
- transpiration ;
- tremblements ;
- élévation de la tension artérielle ;
- modification de l'appétit (diminution ou augmentation) ;
- insomnie ;
- anxiété ;
- accès dépressif ;
- changements d'humeurs ;
- nausées ;
- maux de tête ;
- nervosité ;
- vomissements ;
- douleurs et crampes abdominales ;
- étourdissements ;
- tics.

Valable : correct

Supposer : penser

Chaos : désordre

Inconséquent : qui n'est pas logique

Facteur de déclenchement : cause au début, au commencement

Formelle : scientifique

4.2.3 Les facteurs psychologiques ou socio-affectifs

Il semble ***valable*** de ***supposer*** que le ***chaos*** et la désorganisation de la vie d'un enfant puissent le pousser à avoir un comportement ***inconséquent*** ; à cet égard, les chercheurs pensent que le divorce des parents peut être un ***facteur de déclenchement*** de l'hyperactivité, bien qu'ils n'en aient pas la preuve ***formelle***.

Désordres de l'organisation de la personnalité : problèmes de la personnalité

Survenus : arrivés, apparus

Refoulant : gardant en lui

Situation provocante : situation qui amène le problème

Il a recours : il utilise

Mécanisme d'évasion : évite la réalité

Soustrait : enlève

Insupportables : pas capables d'accepter

S'évade dans l'hyperkinétisme : produit, fait exagérément des mouvements

Provoqué : donné, causé

Déclenchement : début

Mésentente : désaccord

Menace : ce que l'on a peur de voir se réaliser

Intolérable : qu'on ne peut pas accepter

Surcroît : trop

On retrouve chez l'hyperactif socio-affectif des ***désordres de l'organisation de la personnalité***. Ceux-ci sont souvent ***survenus*** à un âge précoce ou lors de bouleversements familiaux au cours du développement.

L'hyperactif socio-affectif commence par essayer d'oublier les situations psychosociales qui lui font peur en ***refoulant*** le plus possible la ***situation provocante***. Comme le refoulement est rarement suffisant pour garder caché le problème, ***il a recours*** au ***mécanisme d'évasion***. Il ***soustrait*** ainsi de sa conscience les événements désagréables ou même ***insupportables***, puis il ***s'évade dans l'hyperkinétisme*** (surabondance de mouvements, agitation).

La plupart du temps, l'histoire sociale permet de relier le début des symptômes d'hyperactivité à des événements ou à des situations qui ont ***provoqué*** la peur et l'insécurité chez l'enfant. C'est ainsi que les causes immédiates les plus fréquentes du ***déclenchement*** de l'anxiété chez les hyperactifs sont liées surtout à la désorganisation familiale sous toutes ses formes. Il peut s'agir aussi bien d'une simple ***mésentente*** entre les parents que d'une ***menace*** de séparation, d'une séparation réelle, d'une absence prolongée de l'un des parents, etc. L'enfant vit alors une insécurité, qui devient vite ***intolérable***. Cette insécurité est la suite d'un manque d'intérêt réel ou imaginaire de la part de l'un des deux parents. Ce manque peut aussi n'être dû qu'à un simple ***surcroît*** de travail de la mère ou du père, ou bien à des événements nécessaires ou ***inévitables*** dans la vie d'une famille, comme une hospitalisation prolongée, un voyage d'affaires, etc. Les réactions les plus fortes surviennent cependant à la suite de la ***perte physique*** d'un parent : décès, séparation ou divorce sans visites ***suffisantes*** de la part du parent absent.

Parmi les autres causes, on compte les nombreux déménagements de la famille, les multiples changements d'amis, d'écoles, d'enseignants et même d'environnement géographique proprement dit. Cela est d'autant plus sérieux lorsque les enfants ont atteint l'âge de la socialisation (entre 5 et 12 ans) et sont en pleine recherche de ***gratifications enrichissantes*** pour l'épanouissement de leur personnalité. La naissance d'un petit frère ou d'une petite sœur, une attention exagérée accordée à un enfant ***à l'exclusion*** de l'autre, font souvent naître de l'insécurité chez l'enfant ***négligé*** ou qui se sent tel.

Les échecs scolaires, le ***rejet systématique par les pairs***, l'***humiliation*** provoquée par des handicaps importants dans l'exécution de fonctions vitales (surdité, cécité, handicap physique, déficience intellectuelle légère, etc.) expliquent aussi les comportements hyperactifs de certains enfants.

En somme, l'hyperactivité constitue pour l'enfant une défense efficace, mais elle complique considérablement sa vie psychosociale et celle de son entourage et ***occasionne*** des ***perturbations*** parfois très graves dans sa démarche d'apprentissage. Tout ce qui occasionne

Inévitables : qu'on ne peut pas éviter, qui vont arriver sans qu'on soit capable de les changer

Perte physique : qui n'est plus là

Suffisantes : qui n'arrivent pas assez souvent

Gratifications enrichissantes : félicitations. encouragements

À l'exclusion : sans s'occuper

Négligé : on ne s'occupe pas de lui

Rejet systématique : rejet, abandon continuel de ses camarades de classe

Humiliation : gêne

Occasionne : cause, donne

Perturbations : dérangements

une anxiété profonde et durable chez l'enfant peut devenir cause d'hyperactivité socio-affective.

4.2.4 Les facteurs environnementaux

Les facteurs environnementaux tels que les toxines dans l'alimentation, les substances artificielles (colorants, parfums, etc.) ainsi que certaines substances naturelles (maïs, blé, œufs et chocolat) ont été repérés par certains auteurs comme étant des éléments déclencheurs de comportements hyperactifs. La théorie voulant que l'allergie seule soit à l'origine de l'hyperactivité n'a jamais été prouvée scientifiquement.

> ***Privilégient*** : préfèrent
>
> ***Prescrit*** : donner un traitement médical
>
> ***Ritalin*** : médicament donné aux enfants hyperactifs
>
> ***Concept diagnostique*** : théorie
>
> ***Absolument objective et incontestable*** : obligatoirement réelle, sans aucun doute possible

Enfin, si les deux formes d'hyperactivité, d'origine neurologique et d'origine socio-affective, se ressemblent dans leurs manifestations et qu'elles se présentent comme des modèles presque équivalents sur le plan des symptômes, elles n'ont pas nécessairement la même signification étiologique et pathologique. Dans l'hypothèse de l'hyperactivité d'origine neurologique, la mesure correctrice serait une médication. Dans celle de l'hyperactivité d'origine socio-affective, il s'agirait alors de rééducation psychomotrice ou de psychothérapie, comme nous le verrons plus loin. Les Anglo-Saxons ***privilégient*** le traitement médicamenteux, alors qu'en France il est pratiquement inexistant. Alors qu'on ***prescrit*** du ***Ritalin*** aux petits Américains, les petits Français n'en reçoivent pas. Cela illustre bien qu'un ***concept diagnostique*** n'est pas une vérité scientifique ***absolument objective et incontestable*** ; le milieu culturel a une grande importance, ce qui est particulièrement évident dans le cas de l'hyperactivité.

4.3 LE DIAGNOSTIC ET L'ÉVALUATION

Au Canada, la plupart des cliniciens se basent sur des critères définis par l'Association américaine de psychiatrie pour poser un diagnostic d'hyperactivité. Ces critères se trouvent dans le DSM III R (*Diagnostic and Statistical Manual of Mental Disorder*) (encadré 4.4). Pour confirmer le diagnostic, il faut que l'enfant présente 8 des 14 critères, que la perturbation soit présente depuis au moins 6 mois et qu'elle ait été observée chez l'enfant avant l'âge de 7 ans.

Le Dr Russel A. Barkley suggère, dans *Attention Deficit Hyperactivity Disorder: A Handbook for Diagnosis and Treatment* (1990), d'augmenter à 10 le nombre de critères présents chez les moins de 6 ans, et de le diminuer à 6 chez les plus de 12 ans. Pour les enfants de 6 à 12 ans, il en faudrait 8.

Le Dr Barkley conseille la prudence dans l'évaluation des enfants ayant une déficience intellectuelle. En effet, ces enfants présentent souvent une ***immaturité*** qui peut, dans certains cas, ***conduire à tort*** à un diagnostic d'hyperactivité. Il ***recommande*** d'évaluer l'enfant ayant une déficience intellectuelle à partir de son âge mental* et non de son ***âge chronologique***.

Immaturité : caractère de quelqu'un qui n'est pas mature

Conduire à tort : amener à découvrir d'une façon fausse

Recommande : conseille

Âge chronologique : âge réel

Encadré 4.4

Critères de diagnostic des troubles de l'attention accompagnés d'hyperactivité (DSM III R)

A. Perturbation du comportement durant au moins six mois pendant lesquels au moins huit des comportements suivants sont présents.

B. Apparition des comportements avant l'âge de sept ans.

C. Ne répond pas aux critères relatifs aux troubles généraux du comportement.

1. L'enfant remue souvent les pieds ou les mains ou s'agite sur sa chaise.
2. Il a de la difficulté à rester assis quand il le faut.
3. Il est facilement distrait par des stimuli peu importants.
4. Il éprouve de la difficulté à attendre son tour au jeu ou pendant des activités de groupe.
5. Il lance souvent la réponse aux questions avant même qu'on ait fini de les formuler.
6. Il éprouve de la difficulté à suivre les directives des autres (mais non pas par esprit de contradiction ou par incompréhension) ; par exemple, il ne finit pas un travail.
7. Il peut difficilement maintenir son attention lorsqu'il exécute une tâche ou participe à un jeu.
8. Il passe fréquemment d'une activité à une autre et n'en mène aucune à terme.
9. Il éprouve de la difficulté à jouer sans faire de bruit.
10. Il parle souvent trop.
11. Il interrompt souvent les autres ou fait irruption dans un groupe ; par exemple, il intervient dans les jeux des autres enfants.
12. Il a fréquemment l'air de ne pas écouter ce qu'on lui dit.
13. Il perd souvent les objets nécessaires à l'exécution d'une tâche ou d'une activité à l'école et à la maison ; par exemple, il perd jouets, crayons, livres, cahiers de devoirs.

14. Il s'engage fréquemment dans des activités dangereuses sans tenir compte des conséquences éventuelles (mais sans être à la recherche de sensations fortes) ; par exemple, il traverse la rue en courant sans regarder.

Note : Ces 14 critères sont placés par ordre décroissant d'importance, ce qui permet, dans l'établissement du diagnostic, de distinguer ceux qui sont les plus significatifs et ceux qui le sont moins.

Les critères de sévérité du trouble d'hyperactivité avec déficit de l'attention sont les suivants :

- Léger : peu ou pas de symptômes autres que ceux nécessaires au diagnostic et peu ou pas de handicap du fonctionnement scolaire et social.
- Moyen : les symptômes ou le handicap fonctionnel sont situés entre graves et légers.
- Sévère : présence de nombreux symptômes autres que ceux nécessaires au diagnostic et altération significative et généralisée du fonctionnement à la maison, à l'école et avec les camarades.

Les grilles ou les échelles d'observation sont d'une grande utilité pour le diagnostic de l'hyperactivité. Ces outils facilitent l'évaluation et la mise sur pied d'un plan d'intervention. Il existe un grand nombre de grilles d'observation. Nous ferons état ici de l'échelle de Conners (version 1978) qui nous apparaît la plus adéquate. Celle-ci évalue non seulement le facteur hyperactivité mais aussi les problèmes de comportement et les relations conflictuelles.

L'***échelle*** de Conners se présente en deux versions, l'une pour les parents et l'autre pour l'enseignant. Cet outil s'adresse aux enfants et adolescents de 3 à 17 ans. La version « enseignant » comporte 28 items. L'analyse de l'échelle permet d'obtenir un score pour chacun des facteurs suivants : problèmes de conduite, d'hyperactivité, d'impulsivité, d'inattention et de passivité. Chaque item est évalué sur une échelle de 0 à 3 ((pas du tout, un petit peu, beaucoup et énormément). La version « parent » possède la même structure que la précédente. Elle comporte 48 items pour évaluer les facteurs suivants : problèmes de conduite, difficultés d'apprentissage, problèmes psychosomatiques, impulsivité et hyperactivité.

Échelle : suite de niveaux, de degrés, classés dans un ordre progressif

Achevé : terminé

4.4 L'INTERVENTION AUPRÈS D'UN ENFANT HYPERACTIF

Certaines stratégies ou attitudes peuvent aider l'intervenant à être plus efficace auprès d'un élève hyperactif ayant un déficit de l'attention. En voici quelques-unes :

- Créer une atmosphère de travail et établir une bonne relation avec l'élève sont des dimensions indispensables comme facteur de réussite des apprentissages.
- Récompenser l'élève dès qu'il a terminé une partie d'un travail et non attendre qu'il ait complètement ***achevé***. La récompense doit souligner l'effort, non le résultat.
- Diviser le travail à faire en petites portions de 10 ou 15 minutes, de façon à pouvoir renforcer fréquemment l'élève et maintenir ainsi son intérêt sur

la ***tâche*** à accomplir. Une minuterie d'appareil ménager ou un sablier sont utiles pour ***lui inculquer*** la notion du temps. Exemple : pour faire tel ou tel travail, l'intervenant règle la minuterie à trois minutes, dépose celle-ci sur le pupitre de l'élève et lui dit : « Quand tu entendras la minuterie, tu pourras me remettre ton travail. » Cette technique permet d'enseigner à l'élève de meilleures habitudes de travail. Il a besoin que l'on « organise son temps ».

- Aider l'élève à ***différencier*** les erreurs d'attention de celles qui sont liées à une difficulté de compréhension du contenu de l'activité.
- Savoir doser les compliments, car louanger avec trop d'enthousiasme peut perturber le jeune élève, le surexciter. Mais il est important de reconnaître publiquement ses réussites.
- Encourager l'élève à prendre des responsabilités ; celles-ci sont des ***sources de*** reconnaissance et favorisent les interactions sociales.
- Encourager la réussite scolaire ; c'est ***un élément clef*** pour la valorisation de l'enfant hyperactif.
- Utiliser l'informatique le plus souvent possible. L'utilisation de l'ordinateur permet une certaine maîtrise de l'attention. Plus les programmes seront ***vivants*** et colorés, plus l'élève réagira positivement.
- Favoriser l'imagerie mentale et la visualisation (langage intérieur). Le fait de pouvoir visualiser les conséquences des gestes qu'il s'apprête à poser permet à l'élève de comprendre qu'il peut avoir un certain contrôle sur des comportements ***inadéquats***.

Tâche : travail

Lui inculquer : lui faire comprendre

Différencier : distinguer

Sources de : débuts de

Un élément clef : un moyen important

Vivants : animés

Inadéquats : pas bons

- Montrer à l'élève comment utiliser la médiation verbale, c'est-à-dire se parler à soi-même, se faire une idée dans sa tête. Ce langage intérieur facilite l'organisation des stimuli pertinents aux apprentissages et permet de développer le processus de résolution de problèmes. La médiation verbale oblige l'élève à apprendre à penser.
- Préparer des activités qui nécessitent le plus possible de mouvement de la part de l'élève ; éviter les activités qui lui demandent de rester longtemps assis à son pupitre.
- Montrer à l'enfant notre insatisfaction lorsqu'il n'effectue pas le travail demandé, mais sans le blâmer. Dans le cas de **mesure** disciplinaire, il faut éviter de le réprimander devant les autres élèves.
- Aider l'élève à prendre conscience des comportements et des attitudes qui nuisent à ses apprentissages. Cela lui permet de repérer les situations qui sont potentiellement sources de conflits ou de perte de contrôle.
- Éviter de se disputer avec l'élève hyperactif. Ce dernier semble souvent rechercher l'affrontement et peut discuter pendant des heures sur de petits détails. On a avantage à ***ne pas tomber dans le piège*** des réprimandes, des reproches ou des ***luttes*** de ***pouvoir*** et à n'insister que sur les règles qu'on peut appliquer. L'élève cherche avant tout un intervenant qui est ferme et juste.
- Expliquer les causes et les conséquences de ses actions. L'intervenant doit faire subir à l'élève les conséquences de son geste une fois que celles-ci lui ont été expliquées. L'intervenant doit toujours s'en

> ***Mesure*** : sanction
>
> ***Ne pas tomber dans le piège*** : ne pas se mettre dans une situation difficile
>
> ***Luttes*** : affrontements
>
> ***Pouvoir*** : autorité

tenir aux conditions de l'accord qu'il avait conclu avec lui au départ.

- Montrer à l'enfant à planifier ce qu'il doit faire avant de commencer tel ou tel travail et à terminer ce qu'il a entrepris avant de passer à autre chose.
- Entraîner l'élève à déterminer correctement la ***nature*** et le contenu de l'activité qui lui est demandée. Lui demander de reformuler dans ses propres mots ce qu'il a à réaliser. Apprendre à l'élève à s'interroger et à se poser des questions est une habileté nécessaire pour planifier une activité.
- Établir un cadre structuré dont les règles sont très simples. Utiliser des affiches avec des symboles ou des bandes dessinées sur lesquelles les règles sont écrites ; celles-ci peuvent être collées sur le pupitre de l'élève et sur les murs de la classe.
- Prêter une attention particulière à l'endroit où l'élève se place dans la classe. Pour diminuer les distractions, éviter qu'il se mette près de la fenêtre ou de la porte et, surtout, à proximité des élèves susceptibles d'encourager l'indiscipline.
- Préparer l'enfant à percevoir le « signal ». Si l'on ne prévient pas l'élève qu'il devra percevoir tel ou tel type de signal, il risque fort de ne pas le percevoir. Par exemple, lorsque l'on reçoit, la nuit, un appel téléphonique inattendu, il faut souvent plusieurs secondes avant de se « ressaisir », et l'on doit demander à l'interlocuteur de répéter sa phrase car on ne l'a pas comprise. Donc, un signal préalable est important pour que l'enfant puisse diriger son attention et qu'il ne soit pas ***déphasé*** au début de l'activité.

Nature : ensemble

Déphasé : a perdu le contact

- Utiliser la nouveauté dans les stimuli. Un intervenant à la voix monotone, utilisant toujours le même style, les mêmes formes syntaxiques, sans recourir à d'autres moyens de communication, risque de perdre l'attention de l'élève. Les effets de surprise, les variations de style, de ton de la voix, de position sont des éléments à exploiter. Modifier les stratégies d'enseignement afin de répondre aux possibilités de l'élève hyperactif.
- Dessiner sur le plancher de la classe des lignes qui indiquent la direction, le sens de la circulation à travers la classe.
- Afficher le programme de la journée sur le mur de la classe ou sur le pupitre, et cela, d'une façon très lisible (dessins ou symboles).

Des chercheurs ont questionné un groupe de jeunes adultes ayant des difficultés d'apprentissage depuis leur enfance. Ils leur ont demandé ce qui avait le plus contribué à leur réussite dans la vie. La plupart ont nommé en premier lieu la relation qu'ils avaient eue avec un adulte ne faisant pas partie de la famille. Pour d'autres, c'était l'entraîneur de hockey qui les faisait jouer malgré leur mauvaise coordination ; pour certains, c'était le chef scout qui les acceptait tels qu'ils étaient, ou encore le voisin qui les aidait lorsque la situation familiale était pénible.

Le Dr Gordon (1991) donne l'explication suivante : « Le fait de se sentir accepté et valorisé par un adulte qui n'est ni le père ni la mère, semble recouvrir l'estime de soi de ces jeunes d'une enveloppe protectrice très solide. C'est comme si l'amour des parents était considéré comme normal par l'enfant et que l'attention d'une personne qui n'y est pas tenue par les liens du sang soit extrêmement valorisante.» Il ajoute: «Les enfants qui ont des besoins spéciaux ont besoin de trouver sur leur route des gens spéciaux.»

On peut aussi avoir recours à certaines thérapies qui peuvent se faire en groupe, de façon individuelle ou en famille. Regardons plus en détail ces psychothérapies.

- *La psychothérapie de groupe:* elle permet à l'enfant de ***constater*** que d'autres enfants du même âge partagent les mêmes difficultés. Il peut s'appuyer sur le groupe, avoir l'impression d'être moins seul et réaliser que sa conduite est ***perturbatrice***. Par le fait même il apprend à transiger avec ses pairs dans un cadre beaucoup moins exigeant que la classe. Il apprend aussi à saisir le point de vue des autres, les règles de base de la communication.
- *La psychothérapie personnelle:* le thérapeute aborde la dimension émotionnelle du vécu de l'enfant, l'***estime de soi*** et les difficultés relationnelles. La détresse émotionnelle ainsi soulagée permettra de réduire l'importance et les effets de l'hyperactivité. La psychothérapie peut aussi permettre de modifier des comportements inopportuns, par exemple, des habiletés sociales déficientes. La psychothérapie est aussi une occasion pour l'enfant d'établir un rapport avec un autre adulte qui, lui, a des demandes qui sont différentes de celles de l'enseignant ou de ses parents.
- *La thérapie familiale:* elle permet de transférer dans les mains des parents un certain savoir-faire qu'ils pourront utiliser à la maison en tenant compte des

Constater: s'apercevoir, se rendre compte, réaliser

Perturbatrice: dérangeante

Estime de soi: image qu'on a de soi-même

mêmes principes directeurs que ceux que l'intervenant utilise en classe. Les relations parfois difficiles entre les membres de ces familles mettent souvent en question l'efficacité de cette thérapie. Il est essentiel que les parents ne se sentent pas coupables de l'hyperactivité de leur enfant et qu'ils soient ***convaincus*** de la possibilité d'agir pour l'aider. Les parents doivent ***fixer*** à l'enfant des limites fermes dans un milieu calme et simple (des routines) et un climat familial positif. Il s'agit d'amener l'enfant à développer son ***autocontrôle*** et le respect de soi. La thérapie familiale propose aux parents une marche à suivre pour accompagner l'enfant hyperactif dans ses apprentissages.

> ***Convaincus*** : certains
>
> ***Fixer*** : décider
>
> ***Auto-contrôle*** : contrôle personnel
>
> ***Incoercibles*** : incontrôlables

4.5 LES PATHOLOGIES VOISINES DE L'HYPERACTIVITÉ

Certaines autres pathologies peuvent être confondues avec l'hyperactivité. C'est le cas du syndrome de Gilles de la Tourette (SGT) et des troubles déficitaires de l'attention (TDA), pour ne nommer que les plus courantes.

4.5.1 Le syndrome de Gilles de la Tourette (SGT)

Le syndrome de Gilles de la Tourette est un problème neurologique caractérisé par des tics multiples qui surviennent plusieurs fois par jour. On fait souvent l'erreur de diagnostiquer cette maladie comme un trouble affectif ou d'hyperactivité. Le syndrome de Gilles de la Tourette paraît souvent dès la première enfance, avant que l'enfant ne commence l'école. Les symptômes se manifestent par des mouvements involontaires, des vocalisations et des verbalisations ***incoercibles***. Les manifestations motrices peuvent être les suivantes : clignotement des yeux, ***contorsions*** du visage ou mouvements brusques des épaules, des bras ou des jambes. Parmi les tics verbaux citons : le sifflement, le grognement, le claquement de la langue, des mots ***orduriers*** qui échappent au contrôle de l'enfant. Les manifestations sont très diverses ; certaines d'entre elles peuvent rendre perplexes les camarades de classe et même les intervenants qui trouvent difficile de croire que ces comportements sont involontaires.

En plus des mouvements et des bruits involontaires, 50 % des enfants atteints de ce syndrome ont des problèmes d'apprentissage ; ils ont le plus souvent des difficultés à comprendre les notions d'espace, de temps, d'orientation, de structuration, d'attention, de concentration et de mémorisation. Il leur est également difficile d'apprendre les concepts de socialisation, ce qui provoque des problèmes de comportement et, souvent, la perte de l'estime de soi.

> ***Contorsions*** : mouvements grotesques, étranges
>
> ***Orduriers*** : grossiers, obscènes
>
> ***Unités*** : quantités

Même si l'élève a un quotient intellectuel semblable à celui des autres élèves de son âge, il a besoin d'un encadrement particulier à cause de troubles d'apprentissage et de comportement fréquents. Il faut donc une approche pédagogique adaptée à ses besoins. Regardons quelques principes de base.

L'élève a besoin d'un environnement structuré, d'un endroit où il peut se réfugier quand les symptômes moteurs ou vocaux s'intensifient. Il a besoin d'un délai plus long pour faire ses activités. Ses travaux doivent être divisés en petites ***unités***. Les périodes d'activités non structurées peuvent parfois provoquer un stress. Il est donc souhaitable de le prévoir et d'aider l'élève à se préparer aux activités stressantes. La maladie de Gilles de la Tourette peut agir sur les ***processus moteurs*** nécessaires à l'écriture. L'utilisation de l'ordinateur, de la machine à écrire, de la calculatrice et du magnétophone peut être un moyen de remédier aux problèmes d'écriture, de lecture et de mathématiques.

Souvent, l'élève ne réussit pas ses examens à cause d'une grande difficulté de mémorisation, d'une incapacité à prendre des notes ou à s'exprimer de façon adéquate par écrit. Les méthodes d'évaluation doivent donc être modifiées ; par exemple, l'élève pourra dicter son examen à l'enseignant au lieu de l'écrire ; on peut aussi lui donner plus de temps pour le rédiger lui-même.

> ***Processus moteurs*** : activités motrices, physiques

L'élève se sent souvent isolé au sein de la classe ; l'intervenant doit donc faire preuve d'imagination afin de trouver des moyens pour l'inclure dans les activités scolaires et récréatives.

Les problèmes de comportement sont fréquents chez le jeune élève. Souvent, par suite d'expériences malheureuses de rejet ou de situations particulièrement pénibles, il se met en colère. On peut parfois faire face aux colères en lui proposant un geste acceptable à ce moment-là ; par exemple : « Ce n'est pas bien de jeter la chaise à terre, mais tu peux la déposer brusquement sur le plancher. » « Ce n'est pas bien de taper ton camarade de classe, mais tu peux donner des coups de poing sur ton pupitre. » Il est important pour l'intervenant de maintenir la discipline de façon cohérente et de punir les comportements inadéquats qui ne sont pas liés à la maladie. La discipline est parfois compliquée puisqu'il faut distinguer ce qui relève du syndrome de ce qui vient de la personne elle-même. Par conséquent, il faut que l'intervenant possède la liste des problèmes (tics) de l'élève afin de faire une intervention juste. Sans cela l'élève peut « s'en tirer » avec certains comportements et peut être puni injustement pour d'autres. Pour trouver sa place dans la société, l'élève doit apprendre ***explicitement*** quels comportements ses camarades perçoivent comme corrects et ceux qui ne le sont pas. Il doit apprendre à faire cette distinction et être guidé dans cet apprentissage.

L'adolescence est une période particulièrement sensible au stress ; c'est aussi une période très bouleversante sur le plan affectif. L'adolescence est souvent marquée par une aggravation des symptômes de la maladie. Il est facile de comprendre les difficultés qu'éprouve le jeune adolescent sur le plan psychologique et affectif. Il réagit souvent à cette situation par le retrait social, la colère, la frustration. Ses réactions se font sentir à la maison, parce que c'est au sein de la famille qu'il peut se laisser aller. Le soutien de la famille et des amis, en plus de celui des intervenants, est essentiel pour aider l'adolescent à faire face à cette nouvelle étape de la vie. Souvent ceux qui réussissent le mieux à contrôler leurs comportements perturbateurs sont ceux qui ont une forte estime d'eux-mêmes, qui ont une certaine capacité d'humour et qui ont de véritables amis.

Explicitement : d'une façon claire

4.5.2 Les troubles déficitaires de l'attention (TDA)

Les troubles déficitaires de l'attention sont souvent associés à l'hyperactivité, car ces enfants présentent les mêmes problèmes d'attention. Mais à une ***nuance*** près : l'enfant hyperactif a des difficultés à soutenir son attention pendant une longue période de temps, alors que l'enfant qui a des troubles déficitaires de l'attention a du mal à se concentrer, à ***focaliser*** son attention dès le début de l'activité.

> ***Nuance*** : différence
>
> ***Focaliser*** : concentrer
>
> ***Processus mental*** : façon de comprendre

L'enfant ayant des troubles déficitaires de l'attention souffre d'anomalies neurologiques mineures qui seraient dues à la difficulté de sécréter un neurotransmetteur, la noradrénaline, et non la dopamine comme chez l'enfant hyperactif. La zone du cerveau probablement atteinte serait située dans le lobe temporal droit, et non dans les lobes frontaux, comme chez l'enfant hyperactif. La différence de localisation de l'atteinte cérébrale pourrait expliquer la plupart des différences cliniques entre les deux pathologies.

L'élève ayant des troubles déficitaires de l'attention passe souvent inaperçu à l'école, car il dérange beaucoup moins. Il est tranquille, « rêveur », « dans la lune » et ne recherche pas la compagnie des autres camarades de classe. Il préfère la solitude aux activités sociales. Il ne présente pas de problèmes de comportement, ce qui lui permet une meilleure intégration sociale que pour l'élève hyperactif. On remarque souvent des problèmes de mémoire dus à une difficulté de concentration. Il est très lent dans la réalisation de son travail. Cette lenteur se situe dans son ***processus mental*** ; même s'il a une intelligence normale, il met plus de temps que les autres élèves à comprendre et à assimiler les consignes. Sur le plan moteur, il présente souvent des problèmes de coordination, de motricité fine et de latéralité*, problèmes qui se manifestent par une écriture maladroite et des lacunes dans les activités sportives.

BIBLIOGRAPHIE

Desjardins, C., *Ces enfants qui bougent trop ! Déficit d'attention-hyperactivité*, Éditions Québécor, Montréal, 1992.

Dubé, R., *Hyperactivité et déficit d'attention chez l'enfant*, Gaëtan Morin, Boucherville, 1992.

Dugas, M., *L'hyperactivité chez votre enfant*, Collection « Que sais-je ? », P.U.F., 1987.

Falardeau, G., *Les enfants hyperactifs et lunatiques*, Éditions du Jour, Montréal, 1992.

Feingold, B., *Pourquoi votre enfant est-il hyperactif ?*, L'Étincelle, Montréal, 1976.

Gagné, P.P., *L'hyperactivité : problématique et stratégies d'intervention*, Conseil québécois pour l'enfance et la jeunesse, Montréal, 1990.

Gordon, M., *ADHD/Hyperactivity : A Consumer's Guide for Parents and Teachers*, GSI Publications, New York, 1991.

Jacobvitz, D., Sroufe, A., Stewart, M., Leffert, N., « Treatment of attentional and hyperactivity problems in children with sympathomimetic drugs : A comprehensive Review », *Journal of the American Academy of Child and Adolescence Psychiatry*, 29, 1990.

Russel, A. Barkley, *Attention Deficit Hyperactivity Disorder : A Handbook for Diagnosis and Treatment*, Guilford Press, New York, 1990.

Thiffault, J., *Les enfants hyperactifs*, Québec-Amérique, Montréal, 1989.

Weiss, G. et Trokenberg Hechtman, L., *Hyperactive Children Grown up*, Guilford Press, New York, 1986.

Chapitre 5

Les difficultés d'apprentissage de l'enfant ayant un handicap auditif

On a cru longtemps que les enfants sourds ou malentendants avaient un développement très différent de celui des autres enfants. L'enfant ayant une déficience auditive suit fondamentalement les mêmes étapes de développement que tout autre enfant. Mais comme il est plus ou moins privé d'un sens très important pour connaître le monde qui l'entoure, certains aspects de son développement sont perturbés. La plus grande difficulté se situe sur le plan du langage et de la communication.

Ces enfants ont le même potentiel intellectuel que les autres enfants. Cependant, leur déficience auditive réduit leur capacité de recevoir et d'organiser l'information transmise par le langage. Pour cette raison, il peut arriver que leur développement cognitif soit plus lent. Généralement on ne remarque pas de grande différence dans le développement de l'enfant sourd sur le plan moteur.

Le problème de communication qu'entraîne la déficience auditive est le principal obstacle à son développement socio-affectif. Comme tout enfant, il essaie de communiquer avec les autres, mais à sa manière. Il ne comprend pas toujours que les autres ne le comprennent pas. Son développement social et affectif risque d'être perturbé et ses activités sociales peuvent être modifiées. Si les autres enfants ne le comprennent pas, il risque d'être isolé du groupe.

Le présent chapitre a pour but de donner les renseignements nécessaires pour nous permettre de mieux comprendre les conséquences du handicap auditif sur le comportement général d'un élève, tant sur les plans social et psychologique que sur le plan cognitif. Nous ferons d'abord un bref exposé sur la surdité, son origine, ses conséquences, la fonction auditive et les prothèses auditives. Puis nous traiterons de la communication et des caractéristiques particulières d'un l'élève ayant un handicap auditif. Enfin nous nous pencherons sur l'intervention et le rôle de l'intervenant.

5.1 LES CAUSES DE LA SURDITÉ

L'oreille humaine se caractérise par une structure complexe et constitue une merveille de miniaturisation. Chacune de ses trois parties a une fonction très précise. Les ondes acoustiques ***heurtent*** d'abord le tympan de l'oreille externe, causant ainsi une vibration qui est transmise grâce aux osselets, trois petits os (marteau, enclume et étrier) de l'oreille moyenne emboîtés les uns dans les autres. Ainsi ***amplifié***, le son pénètre ensuite profondément dans l'oreille interne.

À cet endroit, la vibration est filtrée par le limaçon, un petit ***conduit*** enroulé en spirale et rempli d'environ 30 000 minuscules cellules semblables à des cils, qui envoient le message au cerveau par l'intermédiaire du nerf auditif. Le cerveau identifie et interprète le son, qu'il s'agisse d'une voix humaine, d'une note de musique ou de quelque autre bruit que ce soit.

Une perte auditive ***survient*** lorsqu'un élément quelconque de ce système ne remplit plus sa fonction (figure 5.1).

Il existe deux grandes catégories de surdités selon la localisation de la lésion : les surdités de transmission ou de conduction, causées par une atteinte de l'oreille externe ou moyenne, et les surdités de perception ou neuro-sensorielles, dues à la ***dégénérescence*** des fibres ou des cellules nerveuses de l'oreille interne.

Heurtent : frappent

Amplifié : augmenté (plus fort)

Conduit : tube

Survient : apparaît

Dégénérescence : détérioration

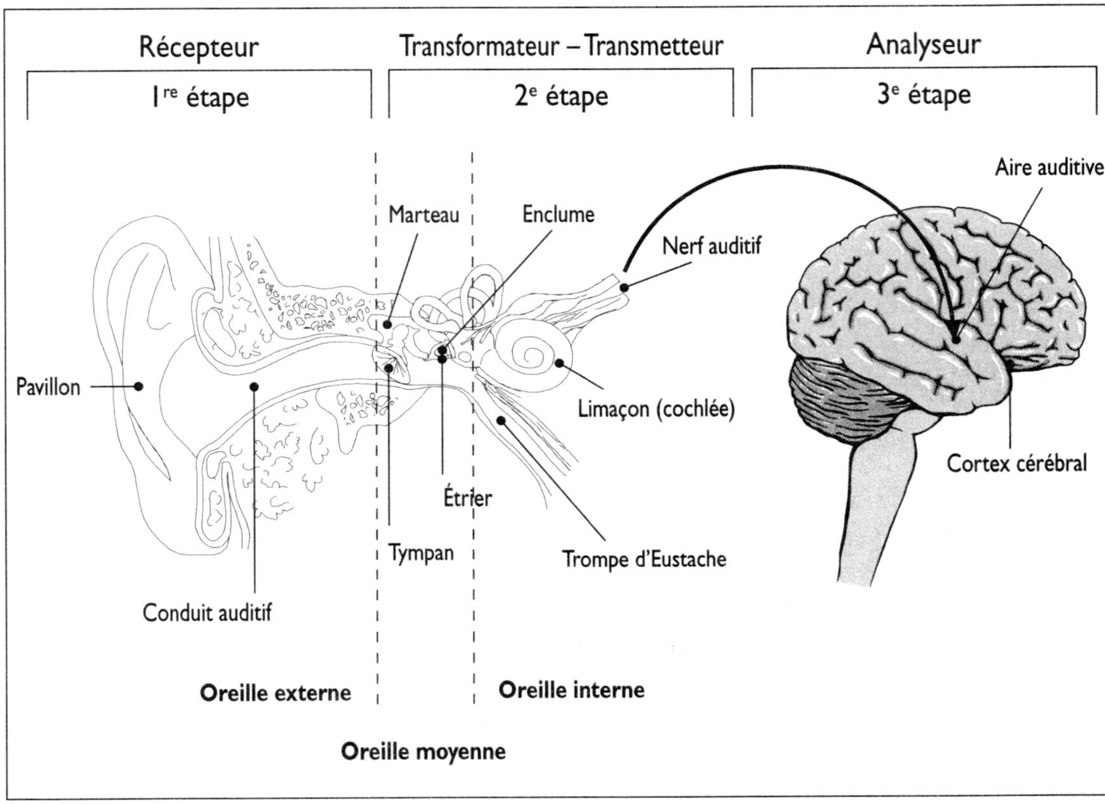

Figure 5.1

Les trois étapes de la transmission du son

Chargés : responsables

5.1.1 Les surdités de transmission

Comme leur nom l'indique, dans ce type de surdité, ce sont les organes ***chargés*** de retransmettre les vibrations acoustiques qui sont déficients, soit l'oreille externe et, surtout, l'oreille moyenne. Les surdités de transmission nécessitent un traitement médical ou chirurgical qui peut ***rétablir*** complètement ou en partie la fonction auditive. Ce type de surdité est le plus fréquent.

Les principales causes des surdités de transmission sont :

- les malformations du pavillon, du conduit auditif externe, les ***obstructions*** de ce dernier ;
- les lésions ou le mauvais fonctionnement de la chaîne des osselets, à la suite d'otites répétées ou de traumatismes ayant entraîné une rupture du tympan.

Rétablir : retrouver

Obstructions : blocages

Attribuables : à cause de

Massive : forte

5.1.2 Les surdités de perception ou neuro-sensorielles

Les surdités de perception ou neuro-sensorielles sont ***attribuables*** à une malformation de l'oreille interne, du nerf auditif ou des voies auditives centrales. Des lésions osseuses y sont parfois associées ; la cochlée et les voies nerveuses ne jouent pas ou jouent incomplètement leur rôle, qui est de transformer les vibrations sonores en influx nerveux.

Il existe une multitude de causes possibles de surdité. Celles-ci peuvent être soit reliées à une anomalie génétique, congénitale ou de développement, soit associées à une maladie ou à un accident. Le handicap auditif peut apparaître avant la naissance et être alors causé par des embryopathies (rubéole), des fœtopathies (toxoplasmose) et certaines intoxications (plomb, alcool), ou par une intoxication médicamenteuse, comme l'absorption de streptomycine à dose ***massive***, et enfin par les radiations. Après la naissance, il peut être causé par toutes les encéphalopathies, les hémorragies cérébro-méningées, les méningites, les ***séquelles*** de maladies hémolytiques du nouveau-né, par incompatibilité rhésus.

Selon les chercheurs Davis et Silverman (1978), toutes les surdités de perception ont une influence importante sur le langage et la parole. L'***impact*** sur le développement de la communication orale est d'autant plus marqué que le déficit auditif est plus profond et plus ***précoce*** et qu'il est associé à d'autres atteintes pathologiques.

Séquelles : blessures permanentes

Impact : influence

Précoce : tôt

Selon une enquête sur la santé et les limitations d'activités réalisée par Statistique Canada en 1986, les troubles de l'ouïe chez les enfants de 0 à 5 ans seraient, dans la grande majorité des cas, d'origine pathologique. Il semble que les rhino-pharyngites, les otites et la rubéole puissent être mises en cause pour expliquer une bonne part de ces troubles. Par ailleurs, l'enquête révèle aussi que, près de la moitié des enfants de 6 à 12 ans qui ont une incapacité liée à l'audition utilisent un appareil auditif.

5.2 LA MESURE DE L'AUDITION

La valeur de l'audition s'apprécie en mesurant l'aptitude d'un sujet à percevoir la parole (audiométrie vocale) ou des sons purs (audiométrie tonale). L'oreille humaine analyse les sons qu'elle reçoit. Ceux-ci lui apparaissent plus ou moins forts, graves ou aigus. Elle perçoit la hauteur et l'intensité des sons. La « fréquence » fait référence à la hauteur des sons et s'exprime en hertz. Le nombre de hertz correspond au nombre de vibrations par seconde. Plus il y a de vibrations par unité de temps, plus le son est aigu. Moins il y en a, plus le son est grave. Les décibels (dB) expriment l'intensité des sons.

Les quelques exemples qui suivent permettent d'illustrer les intensités relatives de bruits courants :

- le chuchotement produit environ 30 dB ;
- la voix au cours d'une conversation produit environ 70 dB ;
- le klaxon d'une automobile produit environ 100 dB ;
- la musique d'une discothèque produit environ 110 à 120 dB.

Pour mieux comprendre la notion de décibel, comparons l'intensité d'un son à l'unité de mesure de la température (le degré Celsius). Regardons le dessin du thermomètre (figure 5.2) ; au lieu d'indiquer des degrés de température, il nous indique des degrés d'intensité d'un son.

L'oreille nous permet de différencier les sons aigus et les sons graves. Exemple : le coassement grave de la grenouille est un son de basse fréquence, tandis que le chant aigu de l'hirondelle est un son de haute fréquence. Un son aigu peut être fort ou faible tout comme un son grave peut aussi être fort ou faible. Chaque son a une durée. Il y en a des longs et des courts.

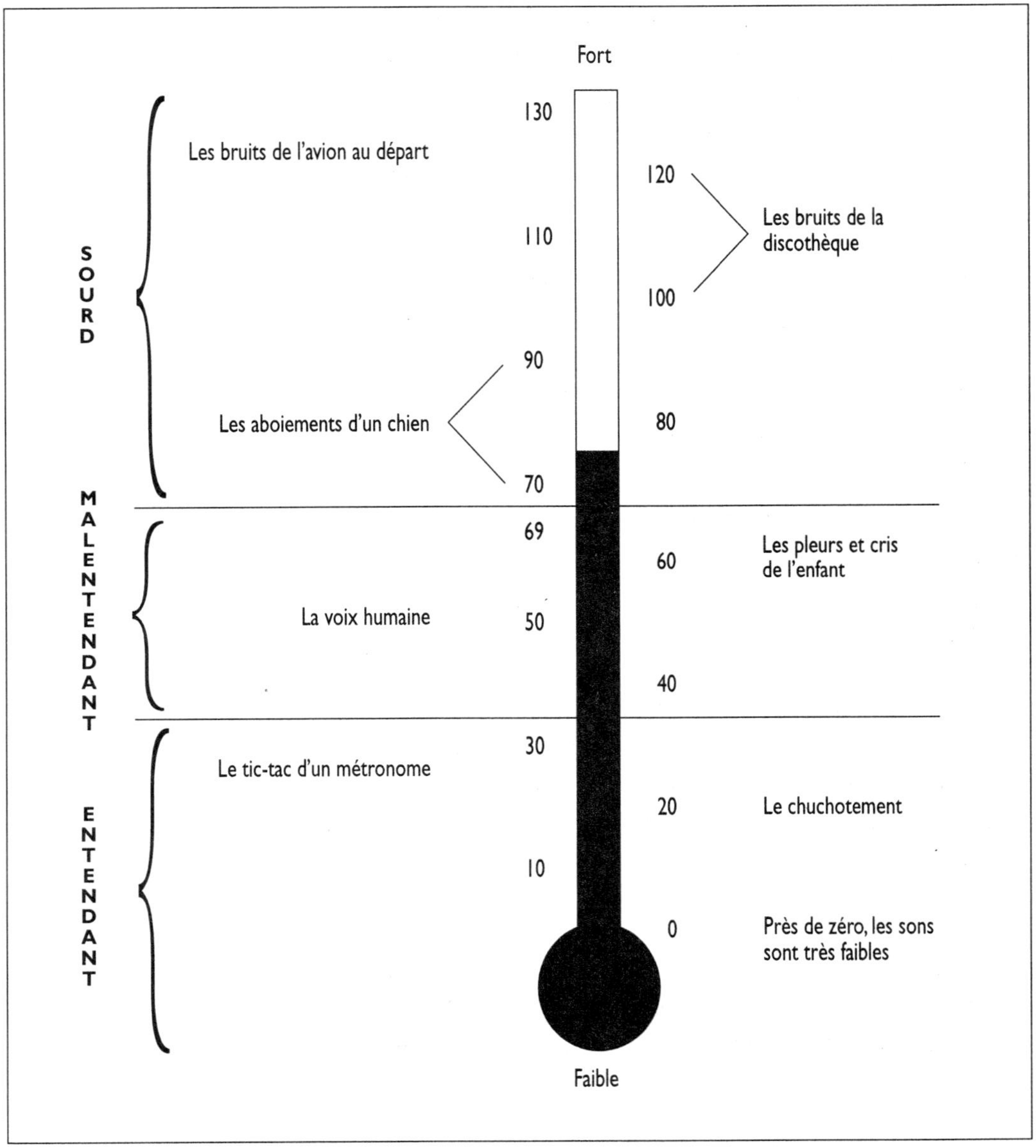

Figure 5.2

« Thermomètre » auditif

Lorsqu'une personne est atteinte d'un handicap auditif, sa perception du son peut être altérée en ce qui concerne autant la hauteur que l'intensité. Les surdités totales, celles où l'individu n'entend rien, sont très rares. Un sourd, même profond, peut entendre certains bruits très forts. Il perçoit les vibrations provenant de différentes sources : métro, camion, train, musique de discothèque. Une personne sourde ne perçoit pas nécessairement les sons graves et les sons aigus avec la même intensité. Dans la majorité des cas, elle a plus de difficulté à percevoir les sons aigus que les sons graves.

L'audition normale peut tolérer une perte allant de 0 à 20 dB, mais toute perte supérieure est considérée comme de la surdité. Dans ce dernier cas, le degré de perte auditive va de la surdité légère à la surdité profonde. On peut définir le malentendant comme une personne dont l'audition résiduelle (35 à 69 dB) rend difficile mais pas impossible la perception de la parole, avec ou sans prothèse. Le sourd est toute personne dont l'audition résiduelle (70 dB ou plus) rend impossible la perception de la parole, avec ou sans prothèse. Le tableau 5.1 présente les différents niveaux de surdité et leurs conséquences.

Tableau 5.1

Classification des pertes auditives

Niveaux de surdité	**Conséquences**
Surdité légère : audition dont la moyenne des seuils en conduction aérienne se situe entre 26 et 40 dB ; la personne se situe en deçà de la normale.	Difficulté à entendre la parole à faible intensité ; la personne doit être attentive pour suivre une conversation ; possibilité d'un léger déficit verbal.
Surdité modérée : perte auditive se situant entre 41 et 55 dB.	Difficulté à entendre la parole à une intensité normale ; handicap social substantiel ; implication nécessaire pour un apprentissage adéquat du langage.
Surdité modérément sévère : perte auditive se situant entre 56 et 70 dB.	Difficulté à entendre même la voix forte ; amplification nécessaire, sinon risque de retard pédagogique important.
Surdité sévère : perte auditive se situant entre 71 et 90 dB.	Difficulté à entendre même la voix criée ; déficit linguistique, amplification nécessaire, éducation spéciale nécessaire.
Surdité profonde : perte auditive de plus de 90 dB.	Difficulté à entendre la voix amplifiée ; la perception auditive est très limitée, presque nulle ; déficit linguistique et retard pédagogique substantiel ; l'acquisition d'un langage normal est difficile ; la personne présente en général des troubles de la voix, du rythme, de l'articulation et un retard de langage. La langue des signes est souvent utilisée comme mode de communication complémentaire ; la voix de la personne sourde profonde est toujours très altérée, d'un timbre assourdi, de hauteur élevée et souvent variable, fréquemment nasalisée ; toutes ces caractéristiques proviennent de l'impossibilité de percevoir sa propre voix, ce à quoi suppléent des moyens électroniques d'amplification.

On désigne généralement par « élèves malentendants » les élèves atteints de surdité légère, modérée ou sévère. L'appellation « élèves sourds » est réservée aux élèves atteints d'une surdité profonde.

Le degré de surdité d'un enfant n'est pas le seul critère à partir duquel on peut prévoir ses performances scolaires. Plusieurs facteurs, dont l'intelligence, le milieu familial et l'équilibre affectif, influencent aussi son développement.

5.3 LES PROTHÈSES AUDITIVES

Depuis quelques années, nous ***assistons*** à une explosion de nouvelles technologies dans le domaine de la prothèse auditive. L'***avènement*** du numérique a sensiblement changé les données. Deux ***aspects*** sont touchés par ces ***innovations*** : la programmation et l'esthétique.

Avec les prothèses auditives ***traditionnelles***, les sons d'intensité différente subissent la même amplification. Pour que les sons les plus faibles soient audibles, la personne doit augmenter sensiblement le volume, ce qui suramplifie de façon désagréable les sons forts et demande des ajustements fréquents du volume. Ces ajustements sont ***inefficaces*** en présence de bruit, car les mots sont déformés et ***confus***. Le mot « stop » devient « OP », « O », ou « top ». La nouvelle technologie des prothèses programmables permet de trouver les niveaux le plus exacts possible de chaque son. Les sons graves et aigus sont séparés électroniquement et amplifiés ***indépendamment***. Cette amplification

Assistons : vivons avec

Avènement : arrivée, apparition

Aspects : choses

Innovations : nouveautés

Traditionnelles : habituelles

Inefficaces : inutiles

Confus : pas clairs, impossibles à comprendre

Indépendamment : un à la fois

sélective est automatique et programmée ***en fonction du*** profil auditif de la personne. Les sons et les paroles gagnent en clarté et il devient plus ***aisé*** de converser malgré le bruit. Mais il faut prendre conscience que différents facteurs, tels que la qualité de l'oreille et la capacité d'adaptation, influenceront le choix de l'appareil auditif.

En fonction du : dépendant du

Aisé : facile

Entravée : empêchée

Ambiants : situés autour

Au même titre que : comme

Compromettre : empêcher

Par mégarde : sans y penser

Seuil : limite

La réception d'un message sonore peut être ***entravée*** par une trop grande distance entre l'élève ayant un handicap auditif et la source sonore. Exemple : si l'on parle à un élève du fond de la classe et qu'il est placé à l'avant, il comprendra difficilement le message. Les bruits ***ambiants*** seront amplifiés ***au même titre que*** la parole et, s'ils sont trop importants, ils peuvent ***compromettre*** l'audition ; un froissement de papier, des pas dans la classe, une porte que l'on ferme, en sont des exemples. Une intensité trop élevée, loin d'aider à l'audition, nuit même à la discrimination. En voici un exemple : un jour, ***par mégarde***, nous utilisions le sifflet dans le gymnase ; Andrée, forte malentendante, se précipita vers nous et nous dit : « Arrête ton sifflet, tu me fais mal aux oreilles. » La prothèse auditive est conçue pour l'audition d'une voix normale. Ainsi, à partir d'un certain ***seuil***, toute augmentation de l'intensité sonore occasionne de la distorsion dans l'appareil. Il faut, dans la mesure du possible, conserver un ton de voix normal.

Les intervenants qui entourent l'élève sourd peuvent parfois remarquer un changement dans sa voix ; ce changement peut être dû à l'état de la prothèse, au fonctionnement plus ou moins bon des piles de l'appareil, ou au fait de porter ou non sa prothèse. Souvent, la respiration de cet élève est sonore. L'intonation de la voix et le rythme de la parole sont rarement aussi ***harmonieux*** que chez la majorité des entendants. Il arrive parfois que la personne ayant un handicap auditif émette des bruits vocaux pendant ses activités sans qu'elle soit toujours consciente de ces « bruits ».

Enfin, l'élève devrait toujours porter ses appareils auditifs dans la classe. Lorsqu'il doit les enlever pour la gymnastique, la natation ou d'autres sports, il devrait pouvoir les ranger dans un endroit sûr. L'intervenant devrait toujours conserver une pile (batterie) de rechange et quelques centimètres de tube en plastique, et savoir effectuer ces remplacements mineurs pour que l'élève puisse profiter de sa prothèse auditive.

Harmonieux : clairs

Met l'accent : met l'importance

Non arbitraire : sensée (qui a un sens précis)

5.4 LA COMMUNICATION

Il existe deux écoles de pensée concernant les moyens permettant à une personne sourde de communiquer : l'une ***met l'accent*** sur la langue des signes, la communication gestuelle, et l'autre sur l'utilisation maximale des restes auditifs et de la lecture labiale, à savoir la communication oraliste et la communication totale.

5.4.1 La communication gestuelle

Dans la communication gestuelle, les mouvements des mains, des bras et du corps remplacent les éléments sonores du langage oral. Ces gestes, appelés signes, constituent les unités de base de cette langue. Ils sont reliés de façon ***non arbitraire*** aux idées qu'ils traduisent et sont évocateurs de l'idée ou du sentiment qu'on cherche à communiquer. C'est dans l'insistance, l'amplitude, la répétition de certains signes et les mimiques du visage les accompagnant que se retrouvent la majorité des éléments grammaticaux, syntaxiques et sémantiques de cette forme de communication.

5.4.2 La communication oraliste

Au Québec par exemple, le mode de communication utilisé aux niveaux préscolaire et primaire est l'oralisme dans 75 % des classes et la communication totale ou gestuelle dans les autres cas.

Maîtriser : contrôler

La définition que l'on pourrait donner de la communication oraliste est la suivante : « interprétation du mouvement des lèvres qui permet de saisir le discours sans l'entendre ». L'enfant éduqué par cette méthode doit pouvoir comprendre la parole et s'exprimer par la parole. L'oralisme est une voie dite « normalisante », en ce sens qu'elle veut rapprocher le handicapé auditif du monde des entendants. L'oralisme axe son intervention sur l'utilisation maximale des capacités auditives, sur l'apprentissage précoce de la parole et sur la lecture labiale. Cette approche ne consiste pas uniquement à lire sur les lèvres d'autrui. La personne observe tout le visage du locuteur et interprète ainsi toutes les mimiques faciales aussi bien que les mouvements des lèvres. La plupart des personnes handicapées auditives utilisent la lecture labiale pour comprendre la conversation. Contrairement à la croyance générale, la lecture labiale est beaucoup plus difficile à ***maîtriser*** pour une personne sourde que pour une personne entendante. Les phonèmes de la langue n'étant pas tous visibles sur les lèvres, ce type de lecteur ***est contraint*** de ***reconstituer*** une phrase à partir de certains mots clés qu'il peut ***visualiser***.

L'utilisation ***effective*** de la lecture labiale suppose une bonne connaissance de la langue, connaissance qui permet de prévoir l'enchaînement phonétique et morphosyntaxique. Lorsqu'elle est associée au port d'une prothèse, la lecture labiale gagne beaucoup en efficacité. Les mots non ***perçus*** par l'intermédiaire de l'appareil auditif le seront grâce à la lecture labiale. Les conditions de réussite de l'approche oraliste reposent sur un dépistage précoce de la surdité, une amplification* des restes auditifs en bas âge et l'aide aux parents.

5.4.3 La communication totale

L'expression « communication totale » est utilisée actuellement pour désigner l'emploi simultané du langage oral et du langage gestuel. Les développements actuels de cette approche laissent ***présager*** qu'elle sera ***employée*** de plus en plus en Amérique du Nord.

Pour certains, la communication totale implique l'usage simultané des communications orale et gestuelle avec et par des personnes sourdes. Pour d'autres, elle représente davantage un engagement philosophique visant à fournir aux personnes sourdes les moyens de communication utiles dans toutes les circonstances. La communication totale engloberait alors la lecture labiale, la langue gestuelle, l'épellation digitale et l'***élocution***.

Est contraint : est obligé

Reconstituer : refaire

Visualiser : mettre en images une phrase

Effective : réelle

Perçus : entendus

Présager : prévoir

Employée : utilisée

Élocution : utilisation de la parole

Selon une spécialiste de la communication du Danemark, E. Hansen (1980) : « La communication totale représente une philosophie de la communication et non une méthode de communication ou d'apprentissage. » Elle ***souligne*** que « cette conception implique une volonté d'employer tous les moyens disponibles pour comprendre et être compris ».

Souligne : dit

Exploité : utilisé

Privilégié : idéal

S'acquièrent : s'apprennent, s'utilisent

Dans la communication totale, les mains sont le premier outil à être ***exploité***. Elles sont un outil ***privilégié*** dont la personne sourde peut se servir de plusieurs façons (signes, gestes naturels, épellation digitale). Contrairement à l'oralisme, où les mains ne servent qu'à accompagner la parole selon le besoin (gestes naturels), la communication totale favorise ici l'usage de gestes structurés ou codifiés. Les gestes naturels ne sont utilisés qu'en complément des gestes codifiés, afin d'aider la personne handicapée auditive à mieux se faire comprendre de son auditeur.

Le second outil exploité par la communication totale est la bouche. Les gestes ***s'acquièrent*** plus facilement que la parole ; les signes servent donc ainsi de point de départ à l'enfant. Cette approche veut, en premier lieu, aider l'individu à développer un moyen de communication (signes) qui lui permet d'entrer en relation claire et précise avec son environnement et ce, même s'il a de la difficulté à produire tel ou tel son.

5.4.4 La communication par la langue des sourds québécoise (LSQ)

Il est important de distinguer la langue des sourds québécoise[1] (LSQ), qui est une langue naturelle, et le français signé, que nous aborderons un peu plus loin, qui est un code artificiel créé par les personnes entendantes dans le but d'aider les personnes sourdes à comprendre le français. La LSQ est une langue ***distincte***, possédant sa propre grammaire et sa propre syntaxe. La LSQ utilise tous les moyens disponibles pour exprimer les informations simultanément dans l'espace et dans le temps. Elle est à la fois très ***dense*** et très expressive. Les signes ne sont pas de simples gestes, mais plutôt les « mots » d'une langue qui s'exprime par les mains et dans l'espace, plutôt que par la bouche et au moyen des ondes sonores ; ces « mots » sont organisés en phrases, comme dans les langues orales. Cette langue a été créée par les personnes sourdes ; elles sont environ 6 000 à l'utiliser au Québec. La LSQ permet de communiquer et aussi d'exprimer des sentiments ou des émotions, allant des plus simples aux plus complexes.

Distincte : unique

Dense : complète

Constant : continuel

Préserver : garder

Spécificité : caractère unique

Les personnes sourdes éprouvent une grande fierté envers leur langue et ont un souci ***constant*** de ***préserver*** sa ***spécificité***. Nous retrouvons dans le reste du Canada et aux État-Unis le système de signes AMESLAN, pour *American Sign Language*, qui se rapproche de la LSQ.

[1] Expression consacrée par la communauté des personnes sourdes pour désigner leur façon de communiquer.

5.4.5 La communication par le français signé

Le français signé est un système de signes visant à représenter visuellement les mots de la langue française. Il n'est pas une langue mais un code gestuel représentant une langue. Il se différencie de la langue des signes (LSQ) qui, elle, possède sa structure bien particulière : la LSQ ne traduit pas le français mot à mot, mais le sens de la phrase reste intégral. Le français signé, quant à lui, reproduit tous les mots en respectant la structure du français. Le français signé est surtout utilisé à l'école. Ce codage du français en signes a été créé par les entendants pour faire comprendre le français aux élèves sourds et les aider en lecture et en orthographe.

5.4.6 La communication par la dactylologie

La « dactylologie », du grec *daktylos* : doigt, et *logos* : discours, est une épellation digitale dans laquelle des positions différentes des doigts remplacent les lettres de l'alphabet (figure 5.3).

A. Vue par l'émetteur

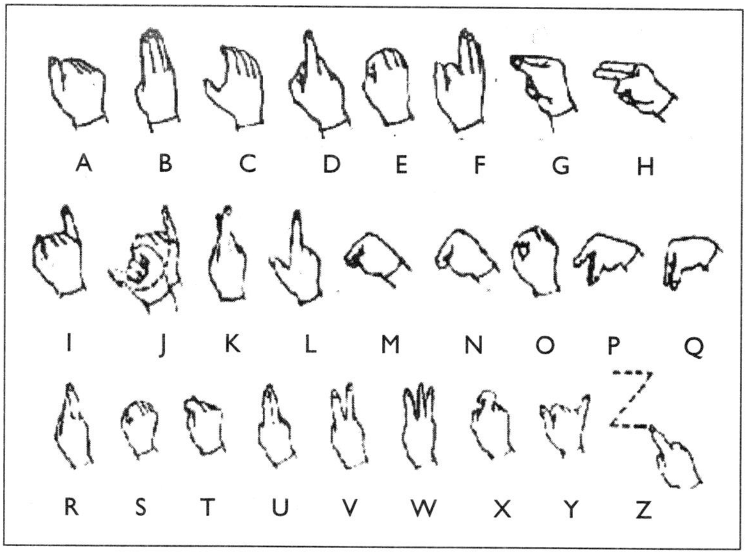

B. Vue par le récepteur

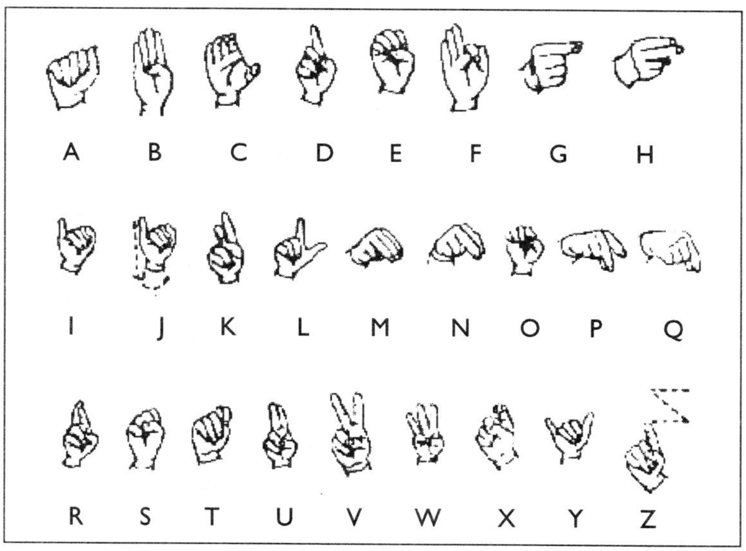

Figure 5.3

L'épellation digitale

5.5 LES CONSÉQUENCES DU HANDICAP AUDITIF SUR LES PLANS AFFECTIF, MOTEUR ET COGNITIF

Afin de mieux percevoir les conséquences du handicap auditif sur le développement de l'enfant, voyons plus en détail les aspects affectif, moteur et cognitif, tout en se rappelant que, puisque chaque personne est unique, ces descriptions ne constituent que des indications.

5.5.1 Le développement affectif

Le développement affectif de l'enfant handicapé auditif dépend, comme celui de chaque enfant, de son entourage et du mode de relation qu'il établit avec les situations, les événements et les personnes. C'est surtout l'adaptation qui en souffre, quand le langage oral manque et que la parole n'est pas entendue.

Discours : langage

Considérablement : beaucoup, énormément

En termes de : en liaison avec

Interactions : relations

Rendent compte : prouvent, montrent l'action

À cause de la surdité, l'absence de parole, moyen privilégié du **_discours_**, et surtout la restriction des échanges risquent de changer **_considérablement_** la personnalité de l'enfant. Le développement de la personnalité ne peut se comprendre qu'**_en termes de_** développement socio-affectif. Ce sont les **_interactions_** de l'enfant avec son milieu qui **_rendent compte_** de ses conduites adaptatives.

Le jeune sourd ne se rend pas compte du bruit qu'il fait avec les objets qu'il jette ou qu'il frappe ou de celui qu'il fait avec sa bouche. Ces comportements bruyants peuvent agacer ses compagnons de classe.

La surdité entraîne des différences parfois difficiles à mesurer sur le plan de la personnalité. Faute de langage, le jeune enfant a ***du mal*** à imaginer les relations avec les adultes, les autres enfants et son entourage. Surtout, il éprouve des difficultés à comprendre ce qu'on lui demande et à obtenir ce qu'il veut. C'est pourquoi il choisit de s'isoler ou, plus souvent, de ***s'agiter***, de prendre beaucoup de place afin d'attirer l'attention et de ***parvenir*** à la satisfaction de ses désirs. Mais ces comportements disparaissent normalement avec la venue de l'adolescence. À cet âge, il peut avoir tendance à se tenir avec les camarades handicapés auditifs et à attendre qu'on s'intéresse à lui plutôt que de « faire les premiers pas ». Il peut avoir développé un certain ***repli sur soi***, ou tout au moins une certaine ***réserve*** dans ses contacts. Comme les autres adolescents, il connaît des ***fluctuations*** quand à son niveau de confiance en lui et recherche la reconnaissance de sa ***valeur propre***, à ses yeux comme à ceux d'autrui.

C'est souvent au moment de son passage au secondaire qu'il prend pleinement conscience des conséquences de sa surdité. Il se rend compte qu'il est différent et que son problème de communication a des conséquences sur sa vie sociale et scolaire.

En groupe, il a de la difficulté à suivre les conversations de ses camarades entendants. Il comprend mal leurs mots d'esprit de plus en plus subtils. Il se retrouve isolé à un moment où il voudrait être en tous points semblable à ses compagnons et où il a besoin de se sentir membre du groupe.

Du mal : de la difficulté

S'agiter : s'exciter

Parvenir : arriver, obtenir

Repli sur soi : silence, absence d'échange avec les autres

Réserve : prudence, gêne, limite

Fluctuations : changements vers le mieux ou vers le moins bien

Valeur propre : personnalité

Le témoignage d'Annie nous fait prendre conscience de l'importance de la communication dans sa vie d'adolescente (encadré 5.1).

Encadré 5.1

Témoignage d'une adolescente atteinte de surdité

C'est souvent difficile de communiquer avec les entendants parce qu'ils utilisent des mots compliqués que je n'ai pas appris. C'est difficile aussi quand les gens parlent trop vite, je ne suis pas capable de suivre et j'ai peur que les gens se moquent de moi si je ne comprends pas tout. J'aimerais que les entendants me parlent plus simplement. Pour communiquer, ce n'est pas à moi à faire les efforts toute seule : l'entendant doit en faire lui aussi. Je tiens à être avec les entendants parce que c'est le « fun » d'apprendre plein de choses, même si j'aime beaucoup la langue des signes.

5.5.2 Le développement moteur

Atteinte : dommage (blessure, maladie, handicap, etc.)

Labyrinthique : du labyrinthe (région de l'oreille)

Myklebust (1967) fait l'hypothèse d'une certaine perte d'équilibre chez les enfants sourds quand l'***atteinte*** auditive est accompagnée d'une atteinte ***labyrinthique***. Selon Bousquet et Mottier (1978), le sens de l'équilibre revient progressivement grâce à la réorganisation du système sensoriel qui s'appuie alors davantage sur le sens* de la vue et les perceptions kinesthésiques des mouvements.

Myklebust a utilisé de façon très analytique l'échelle d'Ozeretzki qui comprend plusieurs épreuves motrices permettant de calculer le quotient de développement moteur à partir d'un âge chronologique moyen. Ces épreuves concernent la motricité globale, l'organisation temporelle et le rythme (la rapidité des mouvements, la simultanéité, les syncinésies). Les résultats obtenus avec 50 enfants sourds de 8 à 14 ans attestent des retards variables selon les épreuves. Le développement moteur moyen de l'***échantillon*** est de 9 ans et 6 mois, alors que l'âge chronologique moyen est de 11 ans et 10 mois.

Certains enfants sourds, en raison du type de surdité dont ils sont atteints, peuvent avoir des difficultés d'équilibre et d'orientation dans l'espace. L'oreille interne (voir figure 5.1) comporte des organes qui ont un rôle d'équilibration (les canaux semi-circulaires) et d'orientation dans l'espace (l'utricule et le saccule). Certaines surdités neuro-sensorielles sont dues à une déficience de ces organes. Les conséquences de ces types de surdité font que l'enfant sourd peut avoir de la difficulté à se maintenir en équilibre sur une poutre, ou des problèmes d'environnement spatial ; par exemple, dans un grand local comme le gymnase, il se sentira perdu.

Échantillon : groupe étudié

Vestibulaire : du vestibule (région de l'oreille)

Les épreuves de coordination générale, qui portent sur les mouvements des membres inférieurs et l'équilibre statique, sont moins bien réussies par les personnes sourdes que par les personnes entendantes. Vastine (1944), cité par Colin (1979), a mis en évidence les difficultés qu'éprouvent les personnes sourdes sur le plan de l'équilibre. Il a constaté que 24 % seulement avaient un « sens ***vestibulaire*** » intact et que 57 % avaient des difficultés.

Myklebust (1967) démontre, dans sa recherche sur les problèmes d'équilibre chez la personne sourde, une très ***nette atteinte*** du sens de l'équilibre chez celles qui ont été ***victimes*** d'une méningite. On remarque aussi que certaines personnes sourdes ont tendance à traîner les pieds en marchant, ou à longer les murs dans les corridors ; cela serait dû à une atteinte neurologique. Ces comportements sont difficiles à modifier.

Chebannier (1966) a fait une étude comparative sur la coordination, la motricité fine et l'orientation auprès de préadolescents et d'adolescents sourds et d'entendants. L'étude consistait à faire faire aux sujets des exercices d'***encastrement*** (planches à encastrement de Goguelin). Il s'agissait de faire entrer dans la planche à encastrement ***diverses*** pièces de bois. Les personnes sourdes profondes ont été plus lentes à effectuer l'exercice que les malentendantes et, surtout, que les entendantes. Elles ont aussi fait plus d'erreurs dans l'orientation des pièces, une fois leur ***emplacement*** trouvé. L'observation de leur comportement indique que les personnes sourdes, au lieu de retourner les pièces, de les inverser, ***persévèrent*** dans leurs erreurs et perdent du temps avant de trouver la ***solution***.

Même si la surdité a un effet direct sur le développement psychomoteur, elle ne le ***trouble*** pas d'une façon importante ; en effet, certains mécanismes de compensation entrent en action ; la perception tactile et la perception visuelle sont plus développées chez les personnes ayant un handicap auditif que chez la moyenne des gens.

Nette atteinte : grand dommage

Victimes : qui ont été malades

Encastrement : ajustement d'une chose dans une autre

Diverses : différentes

Emplacement : place, endroit, lieu

Persévèrent : continuent

Solution : réponse au problème, bonne façon de faire

Trouble : dérange

5.5.3 Le développement cognitif

On a longtemps cru que le développement intellectuel était lié à celui du langage, mais grâce à Piaget, ces préjugés sont maintenant ***abolis***. Une étude portant sur le niveau intellectuel des enfants sourds, réalisée par Kendall (1957), ***fait ressortir*** les ***constatations*** suivantes : il n'existe pas de différence significative, quel que soit l'âge, lorsque les ***performances*** sont réalisées par des enfants sourds et des enfants dits normaux, issus de milieux socio-économiques identiques. D'après de nombreuses recherches, il semble acquis que les enfants sourds sont comparables aux enfants entendants sur le plan du développement de l'intelligence sensorimotrice, mais qu'ils sont certainement moins habiles dans les domaines de l'abstraction et du raisonnement. Toutefois, selon Martin-Laval (1980) : « il nous faut admettre que le fonctionnement cognitif est différent chez la personne sourde et cette concession transforme nécessairement toute notre vision de l'individu sourd. »

a) Le mode d'abstraction

L'« Étude longitudinale du développement mental des enfants sourds » de Caouette, en 1974, constitue la ***synthèse*** de différentes recherches portant sur les notions de représentation spatiale et les ***opérations logico-mathématiques*** de ce type d'enfants.

On constate, à la lecture de cette recherche, que les structures opératoires concrètes (capacité de sérier, de classer, etc.) chez les élèves sourds semblent parfois plus ***rigides*** et moins généralisables que chez les élèves

Abolis : annulés, disparus

Fait ressortir : montre bien

Constatations : observations

Performances : exercices, activités

Synthèse : résumé

Opérations logico-mathématiques : activités de calcul et de déduction, de raisonnement, de comparaison

Rigides : difficiles

entendants. Les enfants sourds ne peuvent ***appliquer*** ces mêmes structures à des problèmes qui exigent le ***maniement*** simultané de plusieurs ***critères*** et qui comportent des éléments essentiellement ***relatifs***.

Certains exercices peuvent aider le jeune sourd à maîtriser les opérations logico-mathématiques. En voici quelques-uns :

Appliquer : utiliser

Maniement : manipulation, utilisation

Critères : caractéristiques qui servent à évaluer

Relatifs : liés les uns aux autres ou à d'autre chose

Formuler : expliquer

Courant : habituel, normal

- *Premier exercice : dessins géométriques et expression*

L'enfant doit dessiner ce qui est demandé (question orale ou question écrite) ; il doit ***formuler*** (en langage mathématique et en langage ***courant***) ce qui est déjà tracé.

- *Deuxième exercice : relations d'appartenance* (illustration 5.1)

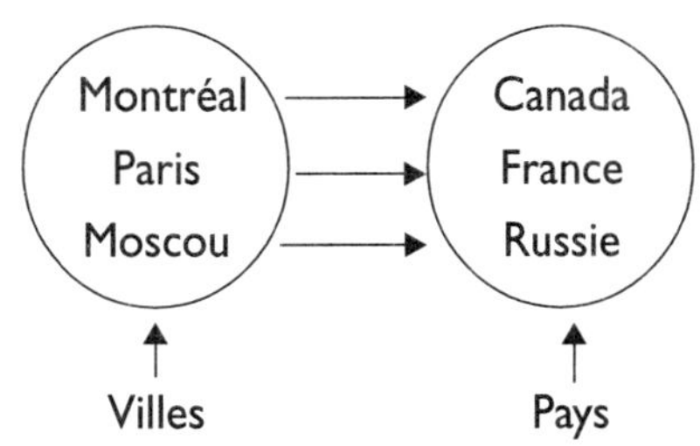

5.1

L'enfant doit mettre les flèches correctement ; à partir du diagramme, il doit trouver le lien verbal correct et l'énoncé de la réciproque.

- *Troisième exercice : acquisition correcte des articles le, les, un, des*

On demande à l'enfant de donner *un* nombre qui est plus petit que 6 ; de donner *des* diviseurs de 60 ; de donner *le* plus petit diviseur de 30 supérieur à 1.

- *Quatrième exercice : étude des notions d'implication, d'inclusion*

L'enfant doit répondre aux questions suivantes :

Marie-claude dit à Judith : « Si tu vas pelleter la neige, tu mets tes mitaines (moufles). »

Judith a-t-elle obéi ou désobéi dans les phrases suivantes :

- Elle va pelleter et elle a mis ses mitaines.
- Elle ne va pas pelleter et elle a mis ses mitaines.
- Elle va pelleter et elle n'a pas mis ses mitaines.
- Elle ne va pas pelleter et elle n'a pas mis ses mitaines.

Beaucoup d'élèves sourds ont les plus grandes difficultés à savoir s'il faut dire :

- Si j'habite à Montréal, alors j'habite au Canada.

  ou bien
- Si j'habite au Canada, alors j'habite à Montréal.

Pour développer leur sens logique, on utilisera le diagramme visuel de l'inclusion, en liaison avec les exercices d'***implications*** et d'inclusions des exercices précédents (illustration 5.2).

Implications : phrases qui contiennent un raisonnement, une réflexion logique (si..., alors...), l'influence d'une chose sur une autre

À partir de cette démarche, l'élève pourra comprendre la phrase suivante :

- Tout habitant de Montréal est un habitant du Canada.

  ou bien

- Tous les Montréalais sont des Canadiens.

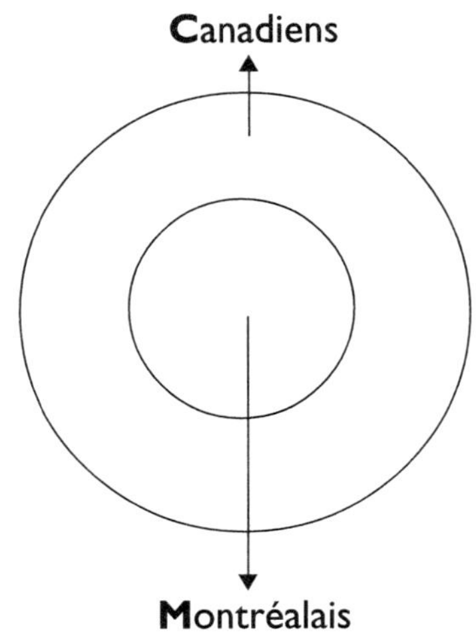

M **(** **C** donc Si Montréalais donc Canadiens

5.2

Transposer : transférer, transporter une réponse

Les élèves sourds éprouvent des difficultés sur le plan de l'abstraction. Des « difficultés de généralisation » semblent aussi plus courantes chez les handicapés auditifs. Ceux-ci n'arrivent pas à « ***transposer*** » facilement d'un domaine donné à un autre. Par ailleurs, à d'autres épreuves de « classification avec changement de critère », ils obtiendront des résultats identiques à ceux des entendants.

Ces données, qui ***illustrent*** les relations entre le langage et la pensée, montrent très précisément le rôle nécessaire ***quoique*** insuffisant du langage dans l'***accession*** au niveau opératoire concret et bien davantage au niveau formel (raisonnement abstrait).

L'enfant sourd doit ***conquérir*** la connaissance à partir du plan sensori-moteur ; à travers un ***champ perceptif*** limité, il doit passer de l'***intuition*** à la ***pensée déductive***. Sa difficulté consiste à ***franchir*** ce stade, car c'est le langage qui facilite le passage des activités sensorimotrices aux structures opératoires de l'intelligence. L'enfant sourd a le plus souvent une pensée très dépendante des données perceptives et des représentations imagées, une schématisation moins élaborée, un symbolisme moins ***riche***.

Selon Loyer (1981) :

> La situation pédagogique s'avère difficile la plupart du temps à cause même du manque de perception d'une certaine catégorie de stimuli. Elle l'est surtout parce que ceux-ci sont le véhicule du langage. Le manque de connaissances (les mots et leur signification), le manque de savoir-faire relatif à l'utilisation de ces connaissances (règles logiques et grammaticales), l'absence de maîtrise d'un instrument de communication (le langage), sont autant de contraintes exercées sur les possibilités d'acquisition. Une connaissance inadéquate de la syntaxe et de la sémantique ne peut garantir de solides apprentissages en lecture, en vocabulaire, en écriture.

Illustrent : montrent

Quoique : mais, bien que

Accession : arrivée, accès, entrée

Conquérir : gagner, réussir à avoir

Champ perceptif : capacité d'avoir des sensations visuelles, tactiles, auditives

Intuition : le fait de deviner

Pensée déductive : analyse, raisonnement, découverte des causes et des résultats

Franchir : passer au travers, traverser

Riche : complet, vaste, grand

Parce qu'il ne perçoit pas les sons et les ***intonations*** du langage oral, l'élève sourd a aussi des difficultés à comprendre un texte. Voici quelques-uns des problèmes les plus fréquents que rencontre l'élève sourd.

L'élève sourd peut mal ***saisir*** le changement de sens d'un mot lorsqu'il est utilisé dans différents ***contextes***. Par exemple : « l'enfant retardé » (déficient intellectuel) et « l'enfant retardé par une tempête ».

Intonations : changements de ton, de bruit, variations

Saisir : comprendre

Contextes : ensembles (d'événements, de phrases), situations

Allégories : ressemblances, comparaisons

Dans les textes, des graphies semblables peuvent occasionner des confusions. Par exemple : phrase et phase, les nerfs afférents* et les nerfs efférents*, un courant d'air, une aire d'atterrissage.

Il saisit difficilement les ***allégories***, les jeux de mots dont le sens est ambigu. Par exemple : la pièce est « sens dessus dessous », avoir « un chat dans la gorge », « les yeux derrière la tête » ou « un œil au beurre noir », et bien d'autres.

En français, il y a des « petits mots qui font la différence » et qui augmentent les difficultés de compréhension. Voici un exemple où un petit mot vient changer toute la signification de la phrase :

Il travaille 6 heures.

Il travaille *à* 6 heures.

Il travaille *toutes les* 6 heures.

Il travaille *depuis* 6 heures.

Il travaille *jusqu'à* 6 heures.

Il travaille *plus de* 6 heures.

Il ne travaille *pas plus* de 6 heures.

Ces petits mots présentent des difficultés de compréhension du message écrit, ce qui demande de la part de l'enseignant une attention particulière dans la préparation de ses textes, de ses examens.

De plus, certains mots se ressemblent sur le plan de la prononciation. Il peut donc arriver que l'élève sourd ne comprenne pas bien ce que l'enseignant dit devant la classe à cause de ces subtilités. Voici une liste de mots pour lesquels nous pouvons remarquer une ressemblance sonore :

son nez — sonnez — son nez colle — son école — son écho

je l'ai — geler

je l'espère — je les perds — les repères

L'encadré 5.2 présente le témoignage de M.A. Poirier, enseignante de français, qui résume bien les difficultés que représente la langue française pour les élèves sourds.

Encadré 5.2

Témoignage de Marie-Andrée Poirier, enseignante de français

L'adaptation du programme de français s'effectue sur différents aspects ; linguistique d'abord, puisque pour bon nombre de ces élèves, dont la langue première est la langue des signes, l'apprentissage du français apparaît comme une langue seconde. Confrontés à des textes où la syntaxe diffère totalement de celle de la L.S.Q., à des expressions ou des idiomes déroutants et à un vocabulaire trop poussé, l'apprentissage du français écrit demeure ardu et démotivant pour eux. Il faut donc aborder l'écrit en tenant compte de leurs différences linguistiques et culturelles. Mon but est avant tout de démystifier l'écrit, de développer et d'encourager le plaisir de lire et d'écrire. C'est pourquoi les œuvres et les thèmes à l'étude respecteront à la fois leur rythme d'apprentissage et leur réalité de jeunes adultes sourds.

Cela représente tout un défi, puisque je dois trouver le moyen de faire le pont entre le monde des sourds et le monde des entendants. Parler de la poésie de Félix Leclerc ou de Gilles Vigneault à des jeunes qui n'ont jamais entendu leurs chansons n'est pas évident. En ce qui concerne le théâtre, ils possèdent leur propre troupe à Montréal, formée par des sourds, mais le théâtre québécois de Michel Tremblay ou de tout autre auteur, ils n'en savent rien puisqu'ils ne peuvent assister aux représentations.

Pour ce qui est du roman, plusieurs d'entre eux n'en ont jamais lu ou les commencent mais ne les achèvent pas. Trop de mots inconnus à chercher dans le dictionnaire, trop de phrases complexes difficiles à saisir les découragent dans leur lecture. Cette session-ci, dans le cadre du cours Discours narratif, nous avons lu le récit de Jean Giono « L'homme qui plantait des arbres », suivi du film d'animation de Frédéric Back. Les illustrations du livre aident les étudiants à mieux saisir le texte, et le film à consolider ce qu'ils ont lu. Nous terminons actuellement le premier tome du roman *Les filles de Caleb* d'Arlette Cousture. Les élèves ayant suivi la série à la télévision – elle était sous-titrée – ont lu le roman avec énormément d'intérêt.

Le film *Les enfants du silence* me sert également d'outil déclencheur pour mon cours Essai. Après discussions et échanges sur différents thèmes : l'amour entre sourds et entendants, l'enseignement offert aux enfants sourds, etc., les élèves rédigent quelques pages sans trop de difficulté car ce sont des sujets qui font référence à leur vécu.

En ce qui touche le cours Théâtre, j'ai d'abord consulté toute la documentation offerte aux élèves entendants pour ensuite sélectionner ce qui me semblait le plus pertinent pour mes élèves sourds. Je tenais à ce qu'il y ait une partie théorique sur le théâtre au Québec et une partie pratique comprenant des ateliers de mime, d'expression corporelle, etc. Pour cette deuxième partie, j'ai fait appel à un enseignant en théâtre maîtrisant la langue des signes. Le cours s'est avéré un succès. Les élèves sourds ont de la difficulté à l'écrit, mais pour ce qui est de l'expression corporelle et du mime ils sont extraordinaires. Habitués à utiliser leur corps pour communiquer, ils apprennent avec une facilité désarmante. Leurs performances nous éblouissaient constamment. Nous réalisions à quel point leur sens de l'observation jouait en leur faveur.

Enfin, j'ai découvert tout un monde différent avec une langue et une culture propres. J'ai appris cette langue et je continue toujours de l'apprendre. J'ai aussi appris à les aimer tels qu'ils sont avec leur sens de l'humour, leur gentillesse, leur patience, leur spontanéité et leur méfiance envers les entendants.

b) Le mode de mémorisation

Le terme « mémoire » recouvre un certain nombre d'opérations intellectuelles, entre autres : mémoriser (percevoir), retenir (assimiler), remémorer (évoquer). L'absence ou la ***restriction*** importante du langage verbal modifie-t-elle le mode de mémorisation ?

Restriction : réduction, diminution

Les diverses expériences faites chez les élèves ayant un handicap auditif fournissent des résultats qui varient selon la fonction de mémorisation analysée. Dans certaines conditions, ils obtiendront des résultats supérieurs à l'ensemble des entendants, alors que dans d'autres, ils se révéleront beaucoup plus faibles. Nous avons consulté certains auteurs là-dessus ; voici ce qu'ils disent :

> « En ce qui concerne la mémorisation d'images et de dessins, certaines situations expérimentales permettent aux handicapés auditifs d'obtenir des résultats supérieurs à ceux des entendants » (Myklebust, 1967).

> « Lors de la reproduction de formes géométriques, les handicapés auditifs adolescents s'avèrent aussi ***efficaces*** que les entendants si le moment de la reproduction suit immédiatement celui de la présentation du matériel. Par contre, si un intervalle plus long sépare les deux moments, les handicapés auditifs « oublient » beaucoup plus rapidement que les entendants » (Goetzinger, 1966).

> « Les personnes ayant un handicap auditif passent en général pour de bons observateurs. En effet, on constate parfois chez eux de meilleures ***performances*** aux épreuves de mémoire visuelle des mouvements ou des visages que celles de la population globale qui a servi à établir les normes » (O'Connor et Hermelin, 1973).

> « Il ne s'agit pas nécessairement d'une meilleure mémoire, mais d'une nouvelle organisation des perceptions visuelles, capable de pallier les risques

Efficaces : bons

Performances : activités réussies, succès, résultats

d'inadaptation aux situations dans lesquelles manque le signal sonore » (Bousquet et Mottier, 1978).

c) *Le mode de raisonnement*

Le mode de ***raisonnement*** de l'enfant qui est atteint, dès sa naissance, d'une surdité profonde est différent de celui que ***privilégie*** la culture occidentale. Nous raisonnons toujours ***de façon cartésienne*** : pour nous, tout est logique ; les ***faits*** doivent ***s'enchaîner*** de façon précise les uns après les autres.

L'enfant sourd profond scotomise (coupe) les étapes du raisonnement. Il raisonne soit ***par évocation***, soit ***par analogie***. Son écrit est donc apparemment ***décousu*** alors qu'en réalité le raisonnement existe et qu'il est parfaitement logique. Ce type de raisonnement existe d'ailleurs dans d'autres cultures.

L'organisation des idées en ordre logique pour raconter une histoire écrite représente une tâche parfois ***pénible*** et quelquefois impossible pour certains élèves sourds. Un enseignant disait que la copie de l'élève sourd était semblable à une peinture de Salvador Dali : les ***éléments*** étaient tous là, mais l'organisation, la structure, en étaient apparemment absents. L'on

Raisonnement : pensée

Privilégie : favorise, utilise davantage

De façon cartésienne : comme l'a expliqué Descartes

Faits : événements, choses (les mots, les gestes, les sensations, etc.)

S'enchaîner : se suivre

Par évocation : par le rappel d'une chose connue

Par analogie : en utilisant des ressemblances

Décousu : mal construit, sans lien entre les mots

Pénible : difficile

Éléments : morceaux nécessaires, élémentaires, de base pourrait dire que l'élève sourd a un « esprit ***en kaléidoscope*** ». Cet esprit entraîne, par défaut de synthétisation, des difficultés ***à plusieurs égards*** :

- dans l'organisation syntaxique de la phrase ;
- dans le ***récit***, parce que l'élève perçoit chaque étape, chaque image, de façon isolée, ce qui entraîne une difficulté à établir des liens entre les différents éléments du récit ;
- sur le plan de la compréhension, l'élève a ***du mal*** à lier deux ***propos soudés*** par un seul lien logique. Chaque ***énoncé*** est bien compris, séparément, mais leur rapport n'est pas évident ; l'enfant fait alors une erreur d'interprétation.

Voici, à titre d'exemple, le texte d'un élève sourd de 13 ans qui ***décrit*** un paradis terrestre :

> Dans une nappe bleue marine est maculé îlots. L'îlot préféré réaliste dans mes rêves. L'île est perdue dans les océans ; cette île à l'état sauvage est éloignée des terres civilisées... Que mon bonheur en désire tant. Mon bonheur, c'est une île éternelle, unique pour moi. surplus, mon corps aime la solitude et j'ai le plaisir de visiter, de voir, de toucher, de sentir, d'écouter ils travaillent avec plaisir.

C'est à nous de ***déchiffrer*** cette logique, d'accepter ce mode de raisonnement. Ensuite, c'est par une éducation ***appropriée*** que nous donnerons à cet élève l'occasion d'acquérir un raisonnement logique suffisant pour qu'il se débrouille dans la vie sociale qui l'attend. Il faut respecter sa personnalité, son mode de raisonnement, mais il faut aussi lui donner un minimum de raisonnement cartésien de façon qu'il puisse communiquer avec les autres personnes de son entourage.

En kaléidoscope : où les images (les idées) changent vite sans que la deuxième dépende de la première ; où l'assemblage des mots ou des idées se fait au hasard, une fois d'une façon, une fois d'une autre, sans que leur organisation soit importante, étant donné que tous les morceaux (les idées et les mots) sont tous là

À plusieurs égards : sur plusieurs points

Récit : la façon de dire, de décrire, de raconter

Du mal : de la difficulté

Propos : phrases, idées, ensemble de mots

Soudés : attachés solidement

Énoncé : phrase simple

Décrit : explique, représente

Déchiffrer : décoder

Appropriée : bien adaptée

5.6 AUTRES TRAITS PARTICULIERS

Voici quelques traits particuliers dont il faut tenir compte dans nos interventions éducatives auprès d'un élève ayant un handicap auditif. Ce sont, entre autres, le temps de latence, le contact flottant et les lacunes dans les connaissances générales.

5.6.1 Le temps de latence*

On appelle « temps de latence » le temps que l'élève sourd met pour répondre à une question dont, pourtant, il connaît bien la réponse. Si je pose une question à l'enfant après m'être assuré qu'il connaît parfaitement tous les éléments de la réponse, il peut souvent marquer un temps d'arrêt plus ou moins long avant de fournir cette réponse. C'est ce temps d'arrêt qui est appelé « temps de latence ». Il est important d'en connaître l'existence, de savoir qu'il est fréquent chez l'élève sourd et de ne pas prendre ce ***délai*** de réponse pour une absence de connaissance. Ce « temps de latence » peut être différent pour chaque élève.

On pense qu'il est lié à la difficulté d'adaptation aux différentes formes du langage. La même question n'étant jamais posée deux fois de façon tout à fait identique, l'élève sourd a parfois du mal à s'adapter à cette ***multiplicité*** de formes du langage.

Délai : intervalle de temps

Multiplicité : diversité, quantité

Constamment : continuellement

En éveil : en action, attentive

5.6.2 Le contact flottant

Lorsqu'un entendant est occupé à faire quelque chose, son audition est ***constamment en éveil***. Il reçoit des

Qualifiés : désignés, nommés, caractérisés, traités (accusés)

Girouettes : comme un objet qui bouge tout le temps

Privation : déficience, perte

Est privée du : a perdu, ne profite pas

Pris au dépourvu : dérangé brusquement, surpris par quelque chose d'inattendu, à quoi il ne s'attend pas

Lacunes : manques

Indépendamment de : en dehors de, sans parler de

Recueillera : recevra

Particulier : spécial, adapté

Assimilées : apprises, intégrées

Établir : faire

Généralisations : conclusions qui sont bonnes pour l'ensemble du groupe

informations auditives sur ce qui se passe autour de lui. On dit qu'il entretient un contact « flottant » avec l'entourage tout en demeurant attentif à ce qu'il fait. La surdité entraîne une diminution du contact « flottant » avec l'entourage. La plupart des enfants ayant une déficience auditive se voient rapidement ***qualifiés*** d'inattentifs, de ***girouettes*** ou d'instables, alors que leur ***privation*** auditive les oblige à se donner volontairement ce contact flottant, et ce, de façon visuelle.

La personne ayant un handicap auditif ***est privée du*** rôle tranquillisant du bruit et de la parole. Nous avons tous fait l'expérience du sursaut que provoque l'apparition soudaine d'une personne ou celle, pas plus rassurante, d'un contact silencieux. L'enfant sourd est souvent placé dans des situations semblables. Il est fréquemment ***pris au dépourvu***.

5.6.3 Les *lacunes* dans les connaissances générales

Les déficiences de la perception auditive, ***indépendamment*** de leurs autres effets, peuvent signifier que l'élève ne ***recueillera*** pas l'information de la manière habituelle. Beaucoup de choses que la plupart des élèves apprennent sans enseignement ***particulier*** ne seront pas ***assimilées*** par certains d'entre eux. Les élèves entendants, eux, écoutent et voient ce qui se passe ; ils ont les deux moyens pour ***établir*** des ***généralisations*** et classer les situations dans leur esprit. Quant aux enfants sourds, un grand nombre d'événements ordinaires et ***inattendus*** doivent fréquemment leur être expliqués. Les questions « qui ? », « quoi ? », « comment ? » et « où ? » ***les embarrassent***. Ils peuvent ne pas comprendre les relations que la grande majorité des entendants utilise couramment pour les avoir acquises dans la ***tendre enfance***.

5.7 L'INTERVENTION AUPRÈS DE L'ENFANT AYANT UN HANDICAP AUDITIF

Lorsque l'enfant sourd est prêt sur les ***plans*** psychologique, social et cognitif à être intégré dans une classe, il faut se demander qui accueillera cet élève. Il est primordial que l'enseignant soit, ***a priori***, psychologiquement capable de fonctionner avec des personnes handicapées, c'est-à-dire qu'il puisse les accepter telles qu'elles sont, avec leurs qualités et aussi leurs défauts. Si l'enseignant ressent de l'***aversion*** envers la personne handicapée, il en résultera un rejet de l'élève ; au contraire, s'il ***s'apitoie sur son sort***, il sera porté à lui donner un ***traitement de faveur***. En somme, l'enseignant doit être compréhensif tout en étant ***ferme***.

L'atmosphère, l'esprit qui règne dans la classe a une importance considérable dans la réussite de l'intégration de l'élève handicapé auditif. L'enseignant doit être constamment prêt à s'adapter à des situations nouvelles, à remettre en question les moyens qu'il utilise pour transmettre son contenu. Il doit avant tout être un bon communicateur et être doté d'un ***enthousiasme contagieux*** pour la ou les matières qu'il enseigne.

Inattendus : surprenants

Les embarrassent : sont compliquées pour eux

Tendre enfance : première enfance, quand on est tout petit enfant

Plans : aspects

À priori : d'abord

Aversion : malaise

S'apitoie sur son sort : se plaint

Traitement de faveur : préférence

Ferme : sévère

Enthousiasme contagieux : intérêt à partager

Il doit pouvoir aussi compter sur l'aide d'un enseignant itinérant, d'un éducateur spécialisé ou d'un psychologue, s'il survient des problèmes. Cette équipe jouera un grand rôle de soutien, de prévention et d'intégration.

Les encadrés 5.3 et 5.4 présentent deux témoignages qui résument bien l'importance de la réussite de l'intégration.

Encadré 5.3

Témoignage d'un enseignant

L'intégration d'un élève présentant un handicap n'est pas toujours chose facile. Il faut apprendre à le connaître et à l'« apprivoiser ». Il faut aussi se donner des règles de fonctionnement, préciser des exigences et souvent apprendre à travailler avec une autre personne, par exemple l'interprète. Une fois que tout semble bien installé, la préoccupation encore présente chez l'enseignant demeure : « J'enseigne ma matière comment pour qu'elle passe... ? Une volonté du contact, le goût de la relation personnelle sont indispensables en plus de l'imagination, du pragmatisme, et une certaine compétence pédagogique. Les différentes expériences avec les personnes handicapées auditives ont été pour moi des plus enrichissantes sur les plans personnel et professionnel. Je peux dire que les personnes handicapées sont elles aussi capables d'atteindre de hauts niveaux, qu'elles ont droit à l'éducation supérieure comme n'importe quel individu. Les personnes handicapées sont des individus à part entière et elles ont droit au respect comme tous les êtres humains !

Encadré 5.4

Témoignage de Lucy, élève ayant un handicap auditif

J'avais hâte d'être dans des classes ordinaires. Je voulais vivre l'expérience avec des entendants. J'avais toujours été avec des personnes sourdes. Certains cours ont été très difficiles comme les mathématiques par exemple, où c'était difficile de regarder en même temps l'interprète et le professeur qui écrivait au tableau. Quand il y avait beaucoup de visuel dans une théorie, c'était facile, sinon c'était très difficile.

La plupart des professeurs ont été compréhensifs. Ils connaissent les difficultés que peut vivre une personne avec un handicap auditif. Par exemple, en français, c'est très difficile de m'exprimer en écrit. J'allais rencontrer les professeurs qui ne comprenaient pas ce que j'avais écrit. Je leur expliquais ce que je voulais dire. J'ai vu que les professeurs ne se fichaient pas de moi. Je les comprenais et ils me comprenaient.

Je peux dire que je suis à l'aise ici au collège. Je me suis enrichie, aussi j'ai plus de fierté qu'avant. Je sais que je suis capable de passer à travers n'importe quoi. Je suis autonome, maintenant. J'ai pas peur de foncer dans le monde des entendants. J'ai rencontré des étudiants entendants ; j'aime cela les connaître, entrer en contact avec eux. C'est différent du monde des sourds : eux autres, ils sont ma famille, mon monde.

Il importe aussi de s'assurer que la direction de l'école ou du collège soit sensibilisée au handicap de la surdité. C'est elle qui crée l'atmosphère de l'établissement qui indirectement détermine les attitudes et les comportements de tous ceux qui y vivent. La direction joue un grand rôle de sensibilisation lors des rencontres ou des réunions avec les enseignants.

L'enseignant ou le responsable de l'accueil de l'élève sourd ou malentendant doit regarder en quoi la surdité affecte le processus d'apprentissage scolaire de l'élève avant toute intégration.

Pour cela, il est nécessaire de déterminer les besoins, avec les parents et l'élève si celui-ci est jeune ou en entrevue individuelle s'il est au secondaire ou au collégial. Les questions qui sont posées ne visent qu'un objectif : connaître l'élève, ses besoins et voir avec lui les services qui permettraient de ***compenser*** ses limitations auditives. Il se peut que l'élève ne puisse répondre précisément à certaines des questions. Le responsable de l'accueil de l'élève, qui voudrait davantage de précision, peut demander aux parents ou à l'élève de lui faire parvenir par l'intermédiaire de son audiologiste un audiogramme commenté sur ses capacités auditives. Pour faire cette évaluation, nous vous proposons, en annexe de ce chapitre, un questionnaire qui permet de dresser le profil audiologique et les besoins de l'élève ayant un handicap auditif.

> ***Compenser*** : diminuer
>
> ***Propres à*** : utiles pour
>
> ***Adressez*** : parlez

Voici enfin une série de conseils ***propres à*** faciliter, dans la classe, la communication avec un enfant ou un adolescent sourd.

- Ne parlez pas le dos tourné lorsque vous écrivez au tableau ; écrivez, puis retournez-vous et parlez.
- Lorsque vous vous ***adressez*** à la classe, évitez de bouger et de vous promener en tous sens.

- Si vous mangez ou fumez en parlant, votre parole est difficile à comprendre. Gardez le visage découvert et bien visible. Attention aux moustaches qui couvrent les lèvres (illustration 5.3). Ne couvrez pas votre visage avec vos mains ou avec un livre. Ne parlez pas la tête baissée.

Ne pas faire

5.3

- Attirez doucement l'attention de l'élève avant de lui parler. Il est important d'avoir l'attention de l'élève avant de commencer à parler (illustration 5.4).

Ne pas faire

5.4

- Veillez à ce que la lumière ***n'éblouisse pas*** celui à qui vous parlez. Par exemple, l'élève peut être ébloui par la lumière et voit difficilement votre visage. Placez-vous en face de lui, à sa hauteur autant que possible, à une distance qui n'excède pas trois mètres (illustration 5.5).

Ne pas faire

5.5

N'éblouisse pas :
n'aveugle pas, ne dérange pas les yeux

- Articulez et parlez à une vitesse régulière sans hésiter sur les mots (illustration 5.6). Par exemple, dites : « Le ballon rouge dans le cerceau. » Ne dites pas : « Le / ballon / rouge / dans le / cerceau » en hachant votre phrase.

Ne pas faire

5.6

- Parlez sans crier. Une voix trop forte crée de la ***distorsion*** lorsqu'elle est amplifiée par une prothèse. Quand on crie, le visage prend une expression agressive. Si vous ouvrez trop la bouche, l'enfant a l'impression que vous faites des grimaces. De plus, si on exagère les mouvements des lèvres et de la mâchoire, cela rend la lecture labiale difficile (illustration 5.7).

Ne pas faire

5.7

Distorsion : déformation des sons, des bruits

Poursuivre : continuer

Modifiez : changez

Sans cesse : sans arrêter, sans changer, continuellement

Tire toujours profit : profite toujours

- Assurez-vous de vous faire comprendre de l'élève avant de ***poursuivre*** la conversation. Si celui-ci a des difficultés à vous comprendre, ***modifiez*** votre phrase plutôt que de répéter ***sans cesse*** le mot, un symbole ou une expression qu'il ne connaît pas. Écrivez la phrase sur un papier ou au tableau. Écrivez les mots nouveaux au tableau ; l'élève ***tire toujours profit*** d'un support visuel.
- Utilisez de préférence des mots contenant des sons visibles (exemple : p-b-m / f-v / s-z / ch-j).

- Utilisez un nom propre en le spécifiant (exemple : Pierre, le professeur de dessin).
- Lorsque vous passez d'une matière à une autre, ***indiquez-le*** clairement.
- Afin de vérifier s'il a bien compris, faites-le répéter ou posez-lui des questions touchant les ***aspects clés*** du message.
- Réduisez les bruits de fond quand vous parlez afin d'établir une meilleure communication (illustration 5.8).

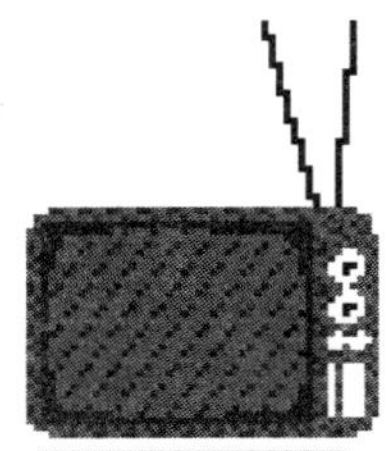

5.8

Indiquez-le : dites-le

Aspects clés : parties importantes

Désignez : choisissez

- Ne vous attendez pas à ce que l'élève soit attentif à tout moment ; la concentration lui demande un effort supplémentaire. La lecture labiale peut être une tâche fatigante pour l'élève, surtout si les restes auditifs sont peu utilisés.
- ***Désignez*** un camarade de classe qui accepterait de lui prêter ses notes de cours et de l'aider à l'occasion.

Pensez que, pour un élève sourd, faire des activités en groupe représente des situations difficiles parce que la conversation va d'un élève à un autre et que le camarade qui parle peut être assis à un endroit où l'élève sourd ne peut le voir. Le sujet de la discussion peut changer brusquement et l'élève sourd ne peut suivre le sens de la conversation ; il se fera donc des idées fausses. Afin de rendre les activités de groupe plus adéquates, l'intervenant peut suggérer aux élèves de s'asseoir en cercle.

En résumé, beaucoup d'informations sont transmises par nos mains et notre visage ; nos yeux, eux aussi, peuvent « parler ». L'élève aime que nous fassions des gestes en parlant. Il a besoin de consignes courtes, claires et précises, d'un vocabulaire ***approprié*** à son âge. Il a besoin d'aide pour apprendre à communiquer avec l'environnement.

Approprié : bien adapté, ajusté

S'y prendre : faire

Énoncer : dire, prononcer

Voici un exemple montrant comment ***s'y prendre*** avec de jeunes élèves sourds au cours d'une activité psychomotrice comportant cinq consignes.

Il faut les ***énoncer*** une à une en les illustrant par le geste, l'expression ; les dessiner au tableau sous forme de code, schéma, symbole, etc. (figure 5.4) ; les faire redire aux élèves de la façon suivante :

1) Tu passes sous la table.
2) Tu montes sur la chaise.
3) Tu tournes autour du cerceau.
4) Tu vas dans le cerceau.
5) Tu vas hors du cerceau.

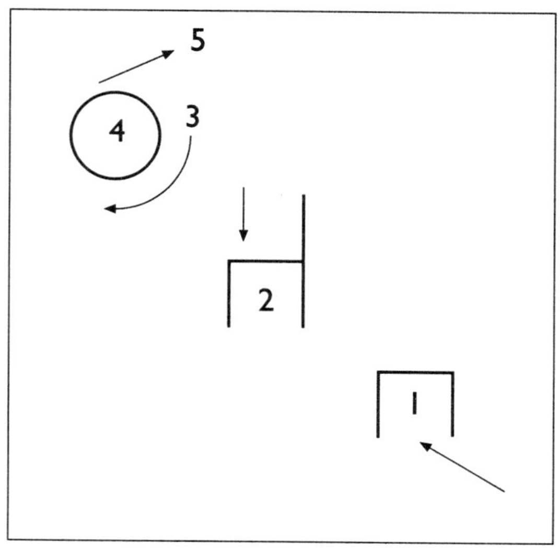

5.8 LES AIDES TECHNIQUES À LA COMMUNICATION

Nous nous limiterons ici à quelques types de ressources techniques propres à aider l'élève sourd ou malentendant dans la poursuite de ses études : le décodeur, le système à transmission privilégiée, les moyens de communication téléphonique.

Fins : buts, objectifs

1) *Le décodeur*. Cet instrument d'usage courant dans la vie quotidienne sert au visionnement d'émissions télévisées qui ont été préalablement sous-titrées. Il pourrait sûrement être fort utile dans la poursuite des études, si certaines productions audiovisuelles servant à des ***fins*** pédagogiques pouvaient être sous-titrées.

2) *Le système à transmission privilégiée* (système FM). Cet appareil est un système d'amplification individuel ou de groupe. L'enseignant porte un microphone qui émet des ondes radio-électriques en modulation de fréquence. L'élève malentendant capte ces ondes grâce à un récepteur branché sur une prothèse auditive qu'il porte sur sa poitrine. Ce système présente trois avantages :
   1) Il centralise l'effet de la distance entre les interlocuteurs.
   2) Il réduit l'effet des bruits ambiants à cause de la proximité du microphone (20 cm environ) de la bouche de l'enseignant.
   3) Il permet à l'élève d'utiliser son reste auditif avec beaucoup plus d'efficacité, comme complément à la lecture sur les lèvres.

3) *Les moyens de communication téléphonique.*

- L'amplificateur. Plusieurs endroits publics ont déjà ***pourvu*** le récepteur de quelques appareils téléphoniques d'un amplificateur qui permet un usage plus facile du téléphone aux personnes qui disposent d'un résidu auditif. Nul doute que les établissements d'enseignement pourraient, si ce n'est déjà fait, installer quelques appareils pourvus de ce mécanisme amplificateur.
- Le télescripteur est un autre moyen de communication. C'est un appareil couplé à une imprimante qui permet la communication téléphonique des malentendants entre eux et avec les entendants. C'est le service ATME (appareil de télécommunications pour malentendants) ou ATS (appareil de télécommunications pour sourds).
- Le téléphoniste d'un service téléphonique peut jouer un rôle d'intermédiaire entre les personnes sourdes et entendantes. Quand l'entendant parle, le téléphoniste transmet son message, qui est ensuite affiché sur l'ATS de la personne sourde par écrit. Inversement, quand la personne sourde répond par écrit, le téléphoniste exprime verbalement son message à l'entendant.

Pourvu : équipé

ANNEXE

Détermination des besoins de l'élève handicapé auditif

A) Renseignements généraux

L'élève a-il été récemment évalué en audiologie ? oui ______ non ______

Si oui, à quelle date ? ______________________________

Par qui ? ____

Où ? ____

Si non, prendre rendez-vous dans une clinique audiologique.

Quand est apparue la surdité ? à la naissance ? oui ______ non ______

Si non, à quel âge ? ______________________________

La surdité est-elle : stable ? oui ______ non ______

fluctuante ? oui ______ non ______

progressive ? oui ______ non ______

Quel est le degré de surdité ?

oreille droite __________ oreille gauche __________

Quelle est la capacité de discrimination auditive ?

oreille droite __________ oreille gauche __________

L'élève utilise-t-il une ou des prothèses auditives ?

oreille droite __________ oreille gauche __________

Quel type de prothèse auditive utilise-t-il ?

intra-canal ________ intra-auriculaire ________ contour d'oreille ________ boîtier ________

Quelle est la capacité de discrimination auditive avec cet appareil ?

oreille droite appareillée avec prothèse ____________________

oreille gauche appareillée avec prothèse ____________________

avec les deux prothèses ____________________

L'élève utilise-t-il un système d'amplification FM ? oui ______ non ______

Si oui, précisez le type et la marque : ____________________

Si non, aurait-il avantage à l'utiliser ? oui ______ non ______

L'élève utilise-t-il exclusivement son reste auditif et vocal dans sa communication avec les autres ? oui ______ non ______

L'élève maîtrise-t-il la lecture labiale ? oui ______ non ______

L'élève utilise-t-il d'autres modes de communication (langage gestuel par exemple) ? oui ______ non ______

Si oui, dans quelle proportion ? couramment ______ rarement ______

L'élève maîtrise-t-il bien la langue signée du Québec (LSQ) ? oui ______ non ______

L'élève utilise-t-il exclusivement la LSQ pour communiquer ? oui ______ non ______

L'élève utilise-t-il d'autres moyens de communication (reste vocal, lecture labiale, etc.) ? oui ______ non ______

Si oui, dans quelle proportion ? couramment ______ rarement ______

Dans lequel de ces modes de communication veut-il recevoir son enseignement ? ______

Remarques ____________________

____

____

____

____

B) Les besoins de l'élève

L'élève rencontre-t-il des difficultés particulières :

en lecture (rythme, compréhension, etc.) ? ___oui___ ___non___

en écriture (orthographe, syntaxe) ? oui ______ non ______

pour le travail en équipe ? oui ______ non ______

Comment palliait-il ces difficultés, au primaire, au secondaire ?
Comment cela se passait-il ?

____

____

____

____

L'élève a-t-il besoin ou aurait-il intérêt à utiliser les services :

d'un interprète oral oui ______ non ______

d'un interprète gestuel oui ______ non ______

d'un preneur de notes oui ______ non ______

L'élève a-t-il déjà utilisé les services
d'interprétariat, de preneur de notes ? oui ______ non ______

Si non, en connaît-il la nature ? oui ______ non ______

L'élève devra-t-il se procurer ou aura-t-il besoin :

d'un système d'amplification individuel ? oui ______ non ______

d'un décodeur ? oui ______ non ______

d'un téléscripteur ? oui ______ non ______

d'un téléphone pour malentendant ? oui ______ non ______

autres ____

L'élève aura-t-il besoin :

d'un horaire adapté à son handicap ?	oui ______	non ______
d'un soutien spécifique par l'enseignant ?	oui ______	non ______
d'un soutien spécifique par un pair ?	oui ______	non ______
d'un preneur de notes ?	oui ______	non ______
d'un enseignant itinérant ?	oui ______	non ______
d'un accompagnement physique ?	oui ______	non ______
d'un aménagement physique (éclairage des locaux) ?	oui ______	non ______
d'une adaptation pédagogique particulière ?	oui ______	non ______

Si oui, préciser ____

Autres remarques ____

____

____

____

____

____

____

____

____

____

____

BIBLIOGRAPHIE

Bousquet, D. et Mottier, C., *L'enfant sourd, développement psychologique et rééducation*, Baillière, Paris, 1978.

Bouton, C.P., *Le développement du langage. Aspects normaux et pathologiques*, Masson, Paris, 1979.

Bouvet, D., *La parole de l'enfant sourd*, P.U.F., Paris, 1982.

Bru, C., *Troubles réversibles chez l'enfant et l'adolescent*, Collection « Univers des sciences humaines », de Boeck, Bruxelles, 1977.

Caouette, C.E., « Étude longitudinale du développement d'enfants sourds », *Bulletin de Psychologie*, n° 27, 1974.

Chebannier, P., *Étude d'un test de performance sur une population d'enfants sourds*, Thèse pour le C.A.E. des I.N.J.S., Paris, 1966.

Colin, D., *Psychologie de l'enfant sourd*, Masson, Paris, 1979.

Coll, J., *L'enfant malentendant, le comprendre et l'aider*, Éditions Privat, Toulouse, 1979.

Cuxac, C., *Le langage des sourds*, Payot, Paris, 1983.

Davis, H., Silverman, A., *Hearing and Deafness*, Holt, Reinhart and Winston, New York, 1978.

Dubuisson, C., *Grammaire descriptive de la LSQ*, Université du Québec à Montréal, 1995.

Dubuisson, C., Nadeau, N., *Études sur la langue des signes québécoise*, Presses de l'Université de Montréal, Montréal, 1993.

Forues, G., *Daniel... sourd être humain*, Nouveau Monde, 1984.

Goetzinger, C.P., « A Study of the S.O. Rorschach with Deaf and Hearing Adolescents », *American Annals of the Deaf*, III, 1966.

Grémion, J., *La planète des sourds*, Sylvie Messinger, Paris, 1990.

Juhel, J.C., Bérubé, M. et Deschênes, J.C., *Guide pédagogique : le handicap auditif postsecondaire*, Sainte-Foy, Collège de Sainte-Foy, 1985.

Juhel, J.C. et Deschênes, J.C., *État de la situation de l'expérience d'intégration des étudiants handicapés sensoriels au C.E.G.E.P. de Sainte-Foy*, Sainte-Foy, Collège de Sainte-Foy, 1984.

Kendall, D., « Mental Development of Young Children », in Ewing, A., *Educational Guidance and the Deaf Child*, The Volta Bureau, Washington, 1957.

Loyer, L., *Analyse des besoins éducatifs des élèves handicapés auditifs de la polyvalente Lucien-Pagé*, essai présenté à la Faculté des sciences de l'éducation, Université de Sherbrooke, 1981.

Martin-Laval, H., *La psychologie du sourd, mythe ou réalité ?*, Éditions Prolingua, Longueuil, 1980.

Ministère de l'Éducation du Québec, *Guide pédagogique. Le handicap auditif, éducation préscolaire*, 1982.

Ministère de l'Éducation du Québec, *Guide pédagogique. Le handicap auditif, primaire*, 1983.

Ministère de l'Éducation du Québec, *Guide pédagogique. Le handicap auditif, secondaire*, 1984.

Morgon, A., Aimard, P. et Daudet, N., *Éducation précoce de l'enfant sourd*, Masson, Paris, 1980.

Myklebust, H.R., *The Psychology of Deafness*, Grune and Stratton, New York, 1967.

O'Connor, N. et Hermelin, B., « Short Term Memory for the Order of Pictures and Syllabus by Deaf and Hearing Children », *Neuropsychologia*, II, 1973.

Tremblay, R., Charron, F., *Conceptualisation et surdité*, Éditions du Cégep du Vieux Montréal, Services pédagogiques, Services de la recherche, 1992.

Viens, C., *L'élève avec des problèmes auditifs dans ma classe. Questions et réponses*, Éditions C.E.C.M., Montréal, 1981.

Chapitre 6

Les difficultés d'apprentissage de l'enfant ayant un handicap visuel

La vue est sans doute le sens le plus important de l'être humain. En effet, les yeux enregistrent constamment des informations et travaillent ***de concert*** avec les autres sens en les renforçant. Les informations recueillies rendent possible une perception globale, facilitant ainsi la transformation des données de l'environnement en images mentales. En effet, notre ouverture au monde extérieur et notre ***mode*** d'expression sont tributaires de la vue : connaissance des êtres et des choses, communication avec autrui par les expressions du visage et les gestes, etc.

De concert : en même temps

Mode : manière, façon

Outil : sens

Situer : orienter

Considérable : important

Compenser : remplacer

Conséquences : influences

La vue est aussi le meilleur ***outil*** qui soit pour nous ***situer*** dans l'espace, en relation avec les autres objets qui s'y trouvent et par rapport à tous les déplacements possibles. Tout en facilitant les déplacements, la vision permet de percevoir certaines réalités, comme la couleur, la profondeur, la distance et l'espace.

Donc, la vue joue un rôle ***considérable*** dans l'apprentissage et l'adaptation d'un individu à son environnement. La mémoire visuelle est très importante dans la scolarisation : mémoire des lettres, des mots, des schémas, des cartes, des courbes, etc. Il est donc évident que toute limite de la vision suppose une difficulté de fonctionnement et que la personne handicapée visuelle doit apprendre à la ***compenser***.

Le présent chapitre a pour but de donner les renseignements nécessaires pour permettre de mieux comprendre les ***conséquences*** du handicap visuel sur le comportement général d'un élève tant sur le plan social et psychologique que sur le plan cognitif. Nous commencerons par un bref exposé sur la fonction de l'œil, sur les différents types de handicap visuel ainsi que sur leurs causes et leurs conséquences. Puis nous traiterons de la communication et des caractéristiques particulières d'un élève ayant un handicap visuel. Pour finir, nous nous pencherons sur l'intervention et le rôle de l'intervenant.

6.1 L'ŒIL

Trotter *et al.* (1980) ont fait une très belle description du mécanisme de fonctionnement de l'œil :

> La lumière est le stimulus d'information pour l'œil. La lumière entre dans l'œil par la cornée qui est la première membrane externe du globe oculaire. Puis la lumière atteint l'humeur aqueuse, milieu liquide de l'intérieur de l'œil, la pupille, le cristallin et l'humeur vitrée. Les humeurs aqueuse et vitrée permettent au globe oculaire de garder sa forme ronde tout comme l'eau dans un ballon l'empêchera de se dégonfler.

Orifice : trou

Au foyer : claire

Se règle : s'ajuste

Atteignent : touchent

La pupille est l'***orifice*** central de l'iris ; ce dernier agit comme le diaphragme d'un appareil photographique. En pleine lumière, l'iris se contracte et, dans l'obscurité, il se dilate pour laisser pénétrer le plus de lumière possible. La pupille devient plus étroite lors de la contraction, et plus large lors de la dilatation.

Le cristallin est la lentille de l'œil. Tout comme on règle la lentille d'un appareil photographique pour mettre l'image ***au foyer***, le cristallin ***se règle*** pour que les rayons lumineux soient au foyer lorsqu'ils ***atteignent*** la rétine.

La rétine est la surface interne de l'œil ; elle est composée de récepteurs visuels permettant de voir. Ces récepteurs sont des bâtonnets qui favorisent la vision ***nocturne***, donc en noir et blanc, et des cônes qui permettent de voir toutes les couleurs du spectre. Avant d'atteindre les cônes et les bâtonnets, la lumière doit traverser la cornée, l'humeur aqueuse, la pupille, le cristallin et l'humeur vitrée. Lorsqu'un rayon de lumière frappe un cône ou un bâtonnet, il ***provoque*** une réaction chimique. Ces cellules nerveuses réceptrices transforment l'énergie lumineuse en signaux nerveux qui sont ***transmis*** au cerveau par le nerf optique.

Nocturne : de nuit, dans le noir

Provoque : fait

Sont transmis : sont amenés

Traite : classifie

Sens : signification

Sensée : connue

La fovea est un point au centre de la rétine qui a une très forte concentration en cônes mais aucun bâtonnet. Quand on regarde quelque chose attentivement, le cristallin fait la mise au point et dirige le faisceau lumineux sur la fovea. La nuit, par contre, comme les bâtonnets sont beaucoup plus sensibles que les cônes, et que la fovea n'en contient pas, il est fort possible qu'on ne distingue pas clairement. La vision périphérique (regard de côté ou du « coin de l'œil ») est beaucoup plus efficace la nuit. La coupe transversale de l'œil (figure 6.1) représente les principaux éléments du mécanisme de l'œil.

Quant au cerveau, il reçoit les stimuli* sensoriels et les ***traite***, leur donne un ***sens*** : c'est la perception. Il transforme les informations en une expérience psychologique ***sensée***. On apprend à percevoir ; la mémoire de même que l'expérience jouent un grand rôle dans cet apprentissage.

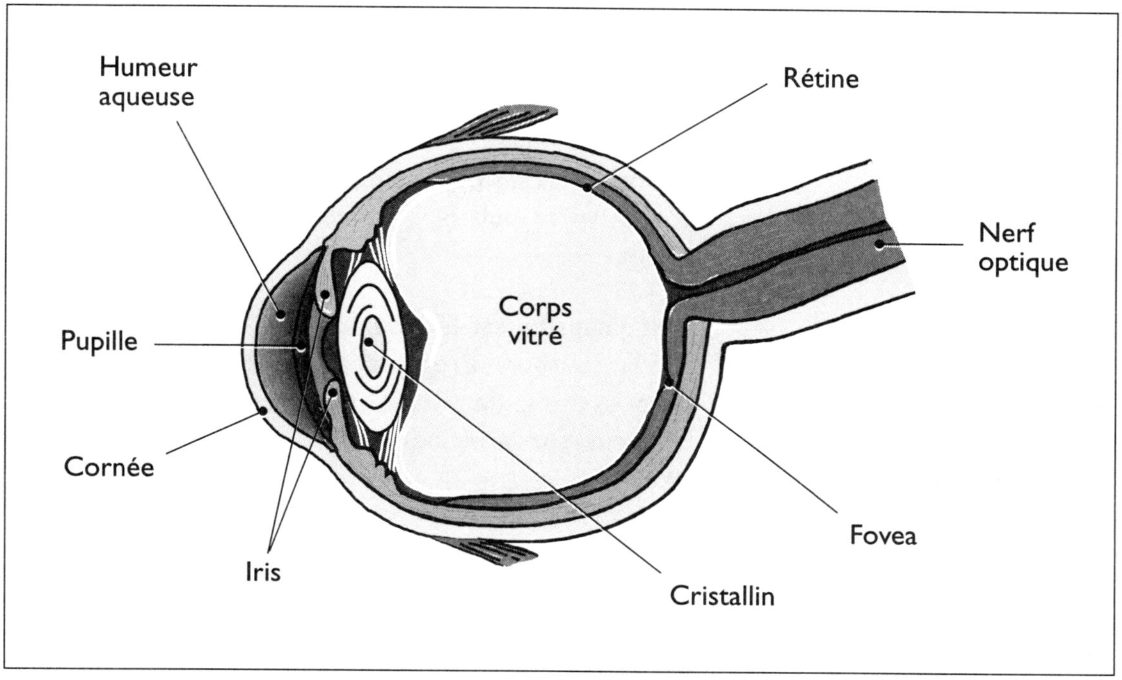

Figure 6.1

L'œil

6.2 LA MESURE DE LA VISION

Un œil normal fait converger les rayons lumineux sur la rétine pour former une image nette. L'œil myope, par contre, fait converger les rayons lumineux en avant de la rétine pour former l'image. Ainsi, plus l'image est éloignée de la rétine, plus la vision devient confuse. L'élève myope éprouve donc de la difficulté à voir les objets éloignés. Un cristallin ou une cornée trop bombés sont les causes les plus fréquentes de la myopie.

Dans le cas de l'œil hypermétrope (hypermétropie), se présente le phénomène inverse. Il fait converger les rayons lumineux en arrière de la rétine pour former l'image. L'image ainsi formée est confuse l'élève distingue mal les objets rapprochés. Un cristallin ou une cornée trop aplatis sont souvent à l'origine de ce défaut.

L'astigmatisme est le résultat d'une vision floue causée par la courbure irrégulière du cristallin de l'œil, d'où l'impossibilité de focaliser correctement les rayons lumineux sur la rétine.

Intervention : opération

Intégrité : bon état

Altération : changement, modification

Synergie : participation

Pôle postérieur : partie arrière

Binoculaire : des deux yeux

Convergent : se dirigent

L'accommodation permet d'adapter la force du globe oculaire à la distance de l'objet regardé, grâce au changement de la courbure du cristallin. L'absence du cristallin (après **_intervention_** de la cataracte) ou sa mauvaise position empêche l'accommodation. Un fonctionnement correct de la rétine nécessite l'**_intégrité_** de ses composantes (cônes et bâtonnets). Une **_altération_** d'une partie de la rétine conduit à une **_amputation_** du champ visuel. Un fonctionnement correct des muscles permet l'orientation adéquate du globe oculaire afin d'assurer la vision centrale. La coordination des nerfs moteurs des muscles du globe oculaire est faite de façon à permettre une **_synergie_** parfaite des deux globes oculaires : l'image de l'objet fixé se fait sur la macula (**_pôle postérieur_** de l'œil, dont le centre est la fovea). Cette synergie assure, par la vision **_binoculaire_**, la perception du relief. Par ailleurs, lorsque les deux axes visuels ne **_convergent_** pas vers l'objet fixé, il y a strabisme.

Examinons, enfin, les deux paramètres de la vision : l'acuité visuelle et le champ visuel. L'acuité visuelle indique le degré de sensibilité de la vision ; par exemple, la personne qui a une acuité visuelle de 6/21 « percevra » à 6 mètres ce qu'une personne avec une vision normale « percevra » à 21 mètres. Le champ visuel indique l'étendue de la vision, c'est-à-dire l'espace ***qu'embrasse*** l'œil. Certaines affections, comme la rétinite pigmentaire, réduisent le champ visuel d'un individu. Certaines personnes n'ont qu'un **champ** visuel périphérique ou central ; elles doivent donc regarder de côté ou s'efforcer de se centrer par rapport à leur ***champ*** visuel.

Qu'embrasse : que voit

Champ : espace

Continuum : étendue

Appauvrie : faible

Compromettre : nuire à

6.3 LES TYPES DE HANDICAP VISUEL

On peut classer les problèmes visuels sur un ***continuum*** qui va d'une vision légèrement ***appauvrie*** à la cécité totale. Lorsque la vue est déficiente au point d'engendrer des difficultés de fonctionnement dans l'environnement, on peut parler de handicap. On ne peut cependant pas considérer comme handicapées toutes les personnes ayant un problème de vision. Pour cette raison, nous utilisons les expressions « handicapé visuel », « fonctionnellement voyant » ou « fonctionnellement aveugle ».

Un élève « handicapé visuel » est celui dont l'évaluation oculo-visuelle révèle une diminution de l'acuité visuelle ou du champ visuel entraînant notamment des difficultés à lire, à écrire et à se déplacer, et pouvant ***compromettre*** sa scolarisation. Cet élève a besoin, même avec l'aide de la technologie, de services éducatifs particuliers.

Un élève « fonctionnellement voyant » fait appel à son résidu visuel comme ***mode*** principal d'acquisition de connaissances. Il utilise normalement le ***système graphique courant*** pour lire et écrire. Cependant, il a toutefois besoin de caractères d'imprimerie agrandis pour fonctionner efficacement ou d'aides optiques pour lire un imprimé ordinaire ; parfois il devra ***faire appel*** aux deux.

Un élève « fonctionnellement aveugle » utilise son sens du toucher comme mode principal d'acquisition des connaissances. Il utilise alors normalement l'alphabet braille pour lire et écrire. La personne fonctionnellement aveugle utilise au maximum tous les sens autres que la vue.

> ***Mode*** : manière
>
> ***Système graphique courant*** : écriture normale
>
> ***Faire appel*** : utiliser
>
> ***Fréquence décroissante*** : par ordre du plus fréquent au moins fréquent

6.4 LES CAUSES DU HANDICAP VISUEL

Il existe une multitude de causes possibles de la cécité. Celles-ci peuvent être soit reliées à une anomalie génétique, congénitale ou de développement, soit associées à une maladie, à un accident, etc. Le handicap visuel peut apparaître au cours de la grossesse (intoxication, phénomène héréditaire, maladie de la mère), au moment de l'accouchement, dans les heures ou les jours qui suivent (oxygénation des nouveau-nés) ou durant l'enfance ou l'adolescence (blessures à l'œil, intoxications, diabète, glaucome, cancer, méningite, etc.).

Selon l'Institut national canadien pour les aveugles (INCA), les causes les plus fréquentes de la cécité chez les enfants, par ordre de ***fréquence décroissante***, sont : les cataractes, l'atrophie optique, le nystagmus, l'albinisme, la fibroplasie rétrolenticulaire, la myopie, les autres dystrophies rétiniennes, la dégénérescence maculaire, la rétinopathie pigmentaire, les malformations oculaires congénitales et les autres infections oculaires.

6.5 LA *COMPENSATION* PAR LES AUTRES SENS

Si minime soit-il, le ***résidu*** visuel permet à l'élève handicapé visuel d'avoir accès à certaines informations. Toutefois, vu ces limites, les autres sens devront largement ***compenser*** le manque d'information. Mais il est tout à fait ***erroné*** de penser qu'un élève handicapé visuel possède une acuité sensorielle supérieure pour l'un ou l'autre sens, ou qu'il possède un sixième sens. Par contre, il est possible d'utiliser de ***façon optimale*** les habiletés des autres sens. La qualité de la compensation* par les autres sens est liée, d'une part, à l'accès à l'information et, d'autre part, à l'interprétation que l'élève en fait.

Regardons brièvement comment un élève handicapé visuel peut en arriver à « rentabiliser » son résidu visuel et à compenser son déficit par l'utilisation maximale des autres sens.

Compensation : remplacement

Résidu : reste

Compenser : remplacer

Erroné : faux

Façon optimale : au maximum

Repérer : voir

6.5.1 Le résidu visuel

La luminosité, les ombres, les couleurs et les contrastes peuvent devenir des indices permettant à la personne handicapée visuelle de connaître sa position, de situer les objets, de détecter les mouvements ou les obstacles et de ***repérer*** les objets connus.

6.5.2 Le toucher

Le toucher est le sens qui s'impose le plus pour l'élève fonctionnellement aveugle. Pour l'élève fonctionnellement voyant, il est un soutien très important du résidu visuel. Mais ce sens connaît ses limites. Alors que la vue est un sens global et de synthèse, le toucher est un sens de l'analyse. Toucher, c'est partir des ***éléments constituants*** d'un objet pour en arriver à la globalité. Il faut savoir que le « champ » spatial du toucher est beaucoup plus réduit que le champ visuel ; les objets dangereux (le feu, par exemple) ou ***hors d'atteinte*** (les étoiles) demeurent à jamais des objets ***inexplorés***.

Toutes les parties du corps sont susceptibles de recevoir des stimulations* tactiles, mais à des degrés divers. Cependant, les mains et les doigts sont les « outils » privilégiés du toucher. La sensibilité* du toucher est une habileté qui se développe. On peut apprendre à utiliser la face intérieure des bouts des doigts, à exercer une pression adéquate, à ***circonscrire*** l'objet lentement, à utiliser les deux mains, etc. La température, le poids, la forme, la dimension et la texture sont des indices qui servent à l'identification de certains objets, au ***repérage*** des objets connus et, finalement, à ***constituer*** une certaine image mentale proche de la réalité.

Éléments constituants : parties

Hors d'atteinte : qu'on ne peut pas toucher

Inexplorés : impossibles à voir

Circonscrire : toucher pour connaître

Repérage : recherche

Constituer : Former

Sources sonores : bruits

Sont localisées : sont situées

6.5.3 L'ouïe

Les ***sources sonores sont localisées*** par l'ouïe et peuvent être reconnues à distance. Un bruit ou un son permet de déceler la présence d'un objet, d'un animal ou d'une personne, et aussi d'en évaluer la distance et de l'identifier. Les sons aident aussi à se repérer et, par conséquent, à se diriger.

On sait que les personnes aveugles peuvent ***détecter*** la présence d'objets sans les toucher. Par exemple, certains aveugles peuvent se diriger vers un mur et s'arrêter avant de le toucher. Cette « sensation » ou « impression » d'avoir un mur devant eux est basée sur une sensation cutanée qui porte le nom de vision faciale (Kresh, Crutchfield, *et al.*, 1979). En réalité, ce sont les oreilles qui informent des obstacles. La personne apprend à entendre et à utiliser le son réfléchi par les obstacles solides, son qu'un voyant n'entend pas.

Les indices ***perceptibles*** fournis par le son, soit le ***timbre***, l'***intensité*** et le rythme, permettent de ***déduire*** des informations qui seront très utiles : reconnaître l'identité d'une personne par sa voix, ***juger*** de la distance ou de la direction d'un objet et, finalement, reconnaître les indices émotionnels de la voix de l'émetteur. En effet, dans la communication orale, l'ouïe joue un rôle capital. Elle permet de préciser ou même de compléter l'image mentale qu'une personne handicapée visuelle se fait d'un objet ou d'une situation.

6.6 LA COMMUNICATION

L'***aptitude*** à communiquer est un ***facteur déterminant*** dans la plupart des situations sociales. ***Émettre*** des symboles et recevoir des informations sont, dans l'interaction face à face, deux ***aspects fondamentaux***. L'élève handicapé visuel ***est privé*** d'un certain nombre d'informations relevant de l'aspect non verbal de la communication. Le fait de ne pas voir les expressions

Détecter : sentir

Perceptibles : entendus

Timbre : son grave ou aigu

Intensité : bruit faible ou fort

Déduire : deviner

Juger : évaluer

Aptitude : capacité

Facteur déterminant : qualité importante

Émettre : dire

Aspects fondamentaux : parties nécessaires

Est privé : manque

du visage, les contacts visuels ou les gestes sont une cause supplémentaire du manque de compréhension des messages.

La communication écrite est une forme de communication très utilisée dans notre société. Elle suppose la possibilité d'émettre, de diffuser de l'information, et celle aussi de recevoir cette information. Seule la vue permet d'y avoir accès. L'élève handicapé visuel doit donc acquérir des aptitudes à la lecture et à l'écriture afin de développer cet outil important de la communication dans le domaine de l'éducation et du travail.

Moyens : façons

Courant : normal

Port : utilisation

Support : aide

Les ***moyens*** utilisés dans la communication écrite sont très différents de ceux employés par les élèves voyants. Les élèves ayant un résidu visuel peuvent avoir accès à l'imprimerie ordinaire, grâce à des moyens que nous décrirons un peu plus loin. Ces derniers sont en général faciles à manipuler et requièrent peu d'entraînement. Quant aux élèves fonctionnellement aveugles, ils doivent utiliser le braille. La plupart d'entre eux l'ont appris pendant les premières années d'école, de même que tous les autres moyens destinés à faciliter les apprentissages scolaires.

En général, l'élève fonctionnellement voyant utilise le système graphique ***courant*** pour écrire. Le ***port*** de verres correcteurs ou de lentilles cornéennes peut être un ***support*** suffisant ; la lecture des caractères d'imprimerie peut aussi lui être accessible grâce aux aides optiques : systèmes télescopiques tenus à la main ou ajustés sur la monture des verres, loupes ou télévisionneuses, dont les descriptions seront données dans les pages suivantes. Il faut prendre conscience que la vitesse de lecture est plus lente dans la majorité des cas.

Pour l'écriture, l'élève ayant un résidu visuel se sert occasionnellement de feuilles lignées aux trais plus gros, de crayons-feutres ou de stylos à pointes larges. En raison de sa faible vision et de sa ***posture*** pour lire et écrire, il peut éprouver des malaises physiques. Le recours à un lutrin et à un éclairage d'appoint peut ***être indiqué***.

Dès que le résidu visuel ne lui suffit plus, l'élève fonctionnellement aveugle, doit, quant à lui, ***recourir*** au braille (figure 6.2) pour avoir accès à la lecture. Le braille est un système tactile de lecture et d'écriture qui est constitué de 63 ***caractères***. Chacun de ces caractères est lui-même ***constitué*** d'au maximum six points en relief. Ces caractères représentent les lettres, la ponctuation, les chiffres, les symboles mathématiques et les notations musicales. Il existe une version ***abrégée*** de ce système pour en accélérer le décodage et gagner aussi de l'espace. Un livre en braille est de toute façon beaucoup plus ***volumineux*** qu'une édition en caractères ordinaires. Le braille prend plus d'espace et est imprimé sur des pages plus épaisses.

Comme il se lit avec les doigts, un seul signe peut être perçu à la fois. La lecture est donc ***séquentielle***, ce qui en réduit ***considérablement*** la vitesse. L'utilisation des deux mains, l'index droit lisant une ligne, alors que le gauche ***repère*** le début de la ligne suivante, permet de gagner du temps. Même avec un entraînement adéquat et des appareils de plus en plus ***sophistiqués***, la vitesse

Posture : position (façon de se placer)

Être indiqué : être nécessaire

Recourir : utiliser

Caractères : symboles

Constitué : formé

Abrégée : résumée

Volumineux : gros

Séquentielle : successive

Considérablement : beaucoup

Repère : trouve

Sophistiqués : modernes

Accéder : apprendre

de lecture demeure plus lente chez l'élève handicapé visuel. Le braille représente le meilleur moyen d'***accéder*** à l'alphabétisation, à l'information et à une certaine autonomie.

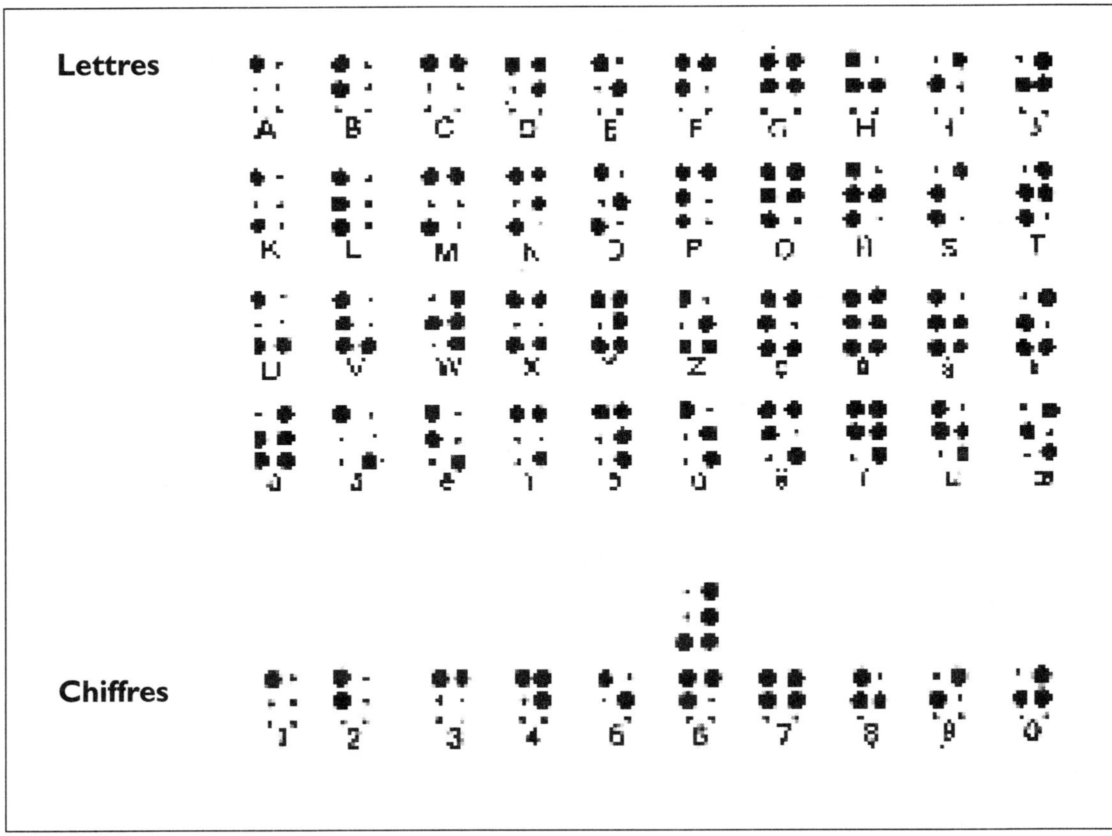

Figure 6.2

Le braille

Note : Les chiffres sont représentés par les dix premières lettres de l'alphabet précédées du signe numérique.

6.7 LES AIDES À L'INFORMATION ET À UNE CERTAINE AUTONOMIE

Il est important d'informer les camarades de classe du fonctionnement et du rôle des aides optiques, ce qui permet de mettre à l'aise l'élève handicapé visuel tout en satisfaisant la curiosité des autres élèves. En général, après un certain temps, les élèves voyants s'habituent à la nouveauté et au bruit et ils ne les remarquent plus. Regardons quelques aides optiques.

L'optacon permet, grâce à une minicaméra qui se déplace sur les caractères noirs, de transformer ceux-ci en ***impulsions*** tactiles sur une plaque où est posé le doigt de l'élève. Les impulsions peuvent aussi être transformées en ***voix synthétique*** ; c'est, si on peut dire, un livre parlant.

> ***Impulsions*** : bosses
>
> ***Voix synthétique*** : voix artificielle
>
> ***Moniteur visuel*** : écran
>
> ***Distorsion*** : changement

La télévisionneuse est composée d'une caméra et d'un ***moniteur visuel***. Il sert à l'écriture et à la lecture. Il est utile pour l'élève possédant un résidu visuel. Cet appareil demande une période d'entraînement relativement courte. Il est facile à utiliser et peut grossir le caractère jusqu'à 60 fois.

Le magnétophone à vitesse variable est spécialement conçu pour l'élève handicapé visuel. Les touches sont en relief et le fonctionnement est perçu tactilement. On peut enregistrer ou écouter à deux vitesses différentes et sur quatre pistes. Il est possible donc d'accélérer ou de ralentir le déroulement de la bande sans ***distorsion***. L'usage de cet appareil permet l'accès aux « livres parlés », qui sont des ouvrages enregistrés sur cassettes. Il faut ajouter que l'enregistrement des leçons ou des cours doit être réécouté par l'élève, ce qui suppose temps et énergie, car ces enregistrements devront être ensuite résumés et souvent retranscrits en braille. Trois heures d'écoute peuvent facilement représenter six heures de travail !

Le *versabraille* est un appareil électronique autonome de lecture et d'écriture braille qui ***emmagasine*** les informations sur cassette. Il a également la capacité de communiquer avec tout équipement électronique ayant un mode de communication ***compatible***. Cet appareil est à la fois un ordinateur (possédant mémoire, écran d'affichage tactile et clavier), un magnétophone modifié à ***repérage*** électronique et un appareil de lecture braille. Le *versabraille* permet à l'élève d'écrire ses travaux en braille et de les traduire à l'aide de l'imprimante en caractères ordinaires. ***En ce qui a trait à*** la lecture, l'afficheur et le repérage sont très rapides. Le *versabraille* permet aussi l'accès à des banques de données.

Emmagasine : enregistre

Compatible : semblable

Repérage : décodage

En ce qui a trait à : pour

La machine à écrire le braille est utile si l'élève maîtrise bien le doigté. Elle permet d'écrire rapidement et de vérifier simultanément ce qui est écrit en système abrégé du braille.

Le grapho-braille est une imprimante braille reliée à une machine à traitement de texte. Cet appareil permet à quiconque ne connaissant pas le braille de produire un texte dans cet alphabet.

La calculatrice parlante est munie d'écouteurs et les touches sont adaptées. Une voix synthétique indique le résultat de l'opération.

Il existe une banque de données appelée CAMÉLIA (Catalogue des médias substituts pour les livres et autres imprimés) qui ***recense*** l'ensemble des documents de langue française disponibles pour les personnes ayant un handicap visuel. Les ouvrages sont disponibles sur cassettes ou sur disquettes *versabraille*. Il s'agit de matériel pédagogique, de littérature pour enfants, de littérature générale, d'émissions de radio, etc.

Parmi les aides facilitant les déplacements et l'autonomie, l'on retrouve la canne blanche et le chien-guide. Les élèves ont appris très tôt à se déplacer avec une canne dans les cours de mobilité. La canne sert à fournir de l'information à l'élève lors de ses déplacements et à lui donner aussi plus d'autonomie.

Certains élèves se font guider par des chiens-guides (illustration 6.1). ***Il n'y a pas lieu*** de s'inquiéter, cela ne ***distrait*** pas la classe. Ces chiens sont dressés de façon impeccable et ***se plient*** à une discipline ***rigoureuse***. La plupart du temps, l'animal se couche tranquillement sous le pupitre de son maître. Le plus grand ***inconvénient*** que l'animal puisse ***imposer*** à l'enseignant est de bâiller ou de s'étirer de temps en temps, ou d'***émettre*** un grondement si la sirène d'un véhicule de secours se fait entendre. Les élèves de la classe peuvent être tentés de caresser un chien aussi docile et dévoué. Il faut éviter de le faire, car, lorsqu'il est en laisse, le chien a la charge de conduire son maître et il ne faut absolument pas l'en distraire.

Recense : regroupe

Il n'y a pas lieu : ce n'est pas nécessaire

Distrait : dérange

Se plient : obéissent

Rigoureuse : sévère

Inconvénient : problème

Imposer : donner

Émettre : faire

6.1

6.8 LES CONSÉQUENCES DU HANDICAP VISUEL SUR LES PLANS AFFECTIF, MOTEUR ET COGNITIF

De façon générale, un élève handicapé visuel a beaucoup plus de ressemblances que de différences avec un élève voyant. Toutefois, il est important de comprendre les différences qui peuvent exister dans les manières d'apprendre. Nous passerons brièvement en revue les aspects du développement de l'enfant aveugle sur les plans moteur et cognitif et, finalement, sur les plans affectif et social.

Balayage visuel : mouvement des yeux

Incitation : encouragement

Apprécier : évaluer

6.8.1 Le développement physique et moteur

C'est surtout sur le plan moteur que le handicap visuel présente des difficultés. En effet, chez le voyant, beaucoup d'apprentissages moteurs sont fortement liés à l'aspect visuel. Un simple ***balayage visuel***, souvent involontaire, permet de percevoir l'environnement et tout changement pouvant y survenir, sans avoir à se déplacer. Si on se reporte à l'enfance, l'environnement est une source constante de stimulations, d'***incitation*** à l'exploration et, par conséquent, un lieu d'exercice des habiletés. Ne dit-on pas d'un bébé curieux et « fouineur » qu'il est en bonne santé et qu'il se développe bien ? Les stimulations visuelles aident à construire l'espace, à ***apprécier*** les distances et à se renseigner sur les positions et les mouvements du corps. Enfin, elles permettent d'acquérir plusieurs habiletés motrices par voie d'imitation.

Il est donc permis de supposer que l'enfant handicapé visuel est désavantagé sur ce plan. Plusieurs éléments de son environnement immédiat ***échappent*** à sa perception, à moins ***qu'il ne les explore systématiquement***, ce qui est ***irréaliste***. De plus, l'imitation ***est compromise*** chez l'enfant handicapé visuel ou même parfois impossible chez l'aveugle de naissance.

Apprendre à se déplacer et à s'orienter représente donc un défi très important. Son autonomie est directement liée à l'entraînement qu'il aura reçu. Généralement, cet entraînement lui permet de développer des techniques et de les appliquer dans des endroits connus ou non. Cet entraînement, dispensé par des spécialistes, se nomme « entraînement en mobilité et orientation ». Notons que les élèves fonctionnellement voyants et fonctionnellement aveugles ont des façons de se déplacer forcément très différentes.

Parfois, l'élève handicapé visuel a des comportements ***symptomatiques*** qui peuvent agacer les autres élèves de la classe. Il peut s'agir de gestes nécessaires, comme étirer les paupières, se couvrir un œil, froncer les sourcils ou se placer les doigts devant les yeux pour ***simuler*** l'effet d'une lentille ; tout cela pour mieux saisir les signes inscrits au tableau. Il pourra aussi tourner constamment la tête, se balancer. Il n'est pas toujours conscient de l'image qu'il projette dans son entourage.

Échappent : se perdent

Qu'il ne les explore systématiquement : qu'il ne touche tout ce qu'il voudrait voir

Irréaliste : impossible

Est compromise : est limitée

Symptomatiques : caractéristiques

Simuler : faire comme

6.8.2 Le développement cognitif

Chez l'enfant handicapé visuel, l'intégrité des fonctions intellectuelles est conservée. Il peut emmagasiner des connaissances, nourrir sa pensée, la formuler comme un enfant voyant. « Il peut, contrairement à l'enfant sourd, apprendre sa langue maternelle par l'intermédiaire de laquelle pénètre dans son esprit, concepts généraux, relations entre termes de propositions et entre propositions » (Trannoy, 1971).

Selon Hattwell, cité par Trannoy (1971) : « La vision joue un rôle déterminant dans le développement cognitif. Et les différentes études tendent à démontrer que si des différences existent, " la déprivation " visuelle ne porte pas atteinte au mécanisme lui-même du fonctionnement intellectuel chez l'enfant [...] Elle le prive des moyens de contrôle par lesquels le voyant procède aux ajustements du réel. »

Particularités propres : caractéristiques spéciales

Conforme : semblable, pareille

Fournit : donne

Regardons donc sommairement ici les ***particularités propres*** à l'expérience cognitive des enfants handicapés visuels. Nous parlerons ultérieurement plus en détail des répercussions du handicap visuel sur le vécu scolaire en général.

Chez un enfant voyant ou possédant un résidu visuel, l'image mentale se forme à partir de perceptions visuelles. Chez l'enfant handicapé visuel, cette image peut être plus ou moins ***conforme*** à la réalité ou se former moins rapidement que dans le cas de l'enfant fonctionnellement voyant. La compensation par les autres sens devient, pour l'enfant fonctionnellement aveugle, un moyen qui, s'il ***fournit*** certains indices, ne rend pas toujours compte de l'exactitude des choses et même parfois peut donner une tout autre physionomie aux personnes et aux objets. Donc, ce sont les représentations concrètes, les images spatiales qui présentent des difficultés.

L'enfant fonctionnellement aveugle doit donc explorer davantage, avec ses autres sens, la réalité qui l'entoure. Il va sans dire que, dans cette exploration, les déplacements et l'utilisation du corps sont essentiels.

Il est important de soutenir le développement cognitif en stimulant l'exploration de l'environnement et en y ajoutant le support verbal. En effet, la description verbale des objets et des situations est pour l'élève handicapé visuel un moyen très important pour ***accéder*** à la connaissance. Il est évident qu'un enfant handicapé visuel peut présenter un retard plus ou moins prononcé par rapport aux enfants voyants. L'enfant ayant un résidu visuel peut avoir un retard moins prononcé que l'enfant fonctionnellement aveugle. Ce retard peut être davantage causé par son mode de fonctionnement que par ses capacités intellectuelles.

> ***Accéder*** : arriver
>
> ***Abusive*** : exagérée

L'on constate que les élèves handicapés visuels ont plus de difficultés à intégrer des expériences qu'ils réussissent pourtant à mémoriser. En général, ils sont portés au verbalisme (utilisation ***abusive*** de mots dont le sens ne correspond pas à l'expression de la réalité) ; le verbalisme diminue beaucoup à l'adolescence. Les images mentales sont parfois déformées par rapport à la réalité en raison de descriptions imprécises qui lui ont été faites.

L'on remarque que l'***écart*** entre les voyants et les non-voyants tend à ***s'annuler*** au début de l'adolescence, période où le jeune élève accède à la pensée opératoire formelle. Il est capable de faire des abstractions et des raisonnements logiques à partir d'hypothèses. La référence au concret peut cependant demeurer nécessaire pour l'élève handicapé visuel.

L'élève peut, au cours d'une conversation, avoir davantage besoin de se sécuriser en posant des questions et en nommant fréquemment les autres personnes. Il peut aussi parler plus lentement, plus fort, avec moins d'intonation et être en général moins expressif sur le plan gestuel.

Écart : distance, différence

S'annuler : disparaître

Comblés : réalisés

6.8.3 Le développement affectif

L'affectivité est un domaine qui, chez le jeune enfant, est en étroite relation avec la motricité, car l'œil suscite la motricité et, à son tour, la motricité aide la perception visuelle à se préciser. Si l'enfant handicapé visuel n'est pas plus stimulé qu'un autre enfant, il risque donc de devenir plus passif et plus dépendant de l'adulte. D'autre part, ses premiers contacts avec d'autres enfants ainsi que ses premières expériences scolaires lui permettent de prendre conscience des limites que lui impose son handicap. Il peut éprouver des difficultés à surmonter ses frustrations* et, de là, se replier sur lui-même.

Il n'est pas rare que, devant son sentiment d'incompétence, l'enfant devienne passif, exigeant pour autrui, agressif et refuse le contact si ses désirs ne sont pas ***comblés***. Par ailleurs, lorsqu'il est accepté tel qu'il est, qu'il a développé une autonomie suffisante, il a davantage confiance en lui-même, utilise mieux ses possibilités et accepte plus son handicap. Dans ce dernier cas, il peut arriver qu'il refuse avec beaucoup de ***véhémence*** toute ***tentative*** de surprotection ou tout acte qu'il juge comme tel.

L'adolescent handicapé visuel doit faire face aux mêmes tâches développementales que l'adolescent voyant, soit acquérir une compétence*, diriger ses émotions, devenir autonome, ***établir*** son identité, rendre ses relations interpersonnelles plus dégagées, clarifier ses buts et développer son ***intégrité***. Comme les autres jeunes, il connaît des ***fluctuations*** quant à son niveau de confiance en lui et il recherche la reconnaissance de sa ***valeur propre***, ***à ses yeux*** comme à ceux d'autrui.

Certaines attitudes de l'entourage peuvent lui compliquer la tâche. Il est très fréquent qu'un enfant ou qu'un adolescent handicapé visuel soit surprotégé par sa famille, laquelle peut être perçue comme particulièrement écrasante à cette période. La ***redéfinition*** des rapports familiaux et sociaux est souvent plus douloureuse chez lui. Comme tout adolescent, il recherche dans le groupe de pairs un environnement plus ***conforme*** à ses besoins d'appartenance, de valorisation et d'actualisation de soi. En fait, l'adolescent a besoin de se libérer de certaines valeurs, de devenir plus indépendant, de s'intégrer à un groupe d'amis et de partager leurs valeurs.

Outre la surprotection du milieu familial, ce sont les attitudes de l'entourage, ***fondées*** sur des préjugés*, qui peuvent le plus ***compromettre*** l'intégration sociale de

Véhémence : violence

Tentative : essai

Établir : trouver

Intégrité : personnalité

Fluctuations : changements

Valeur propre : valeur personnelle

À ses yeux : pour lui-même

Redéfinition : compréhension

Conforme : fidèle

Fondées : basées

Compromettre : déranger

la personne handicapée visuelle. Elle risque d'être jugée plus facilement comme dépendante et peu autonome, étant donné son besoin de soutien dans sa démarche scolaire. Il est évident que, dans ce contexte, la redéfinition des rapports familiaux à l'adolescence et la progression vers l'autonomie présentent des difficultés. En outre, il lui est souvent assez difficile de s'intégrer dans un groupe en raison d'attitudes parfois réservées ou négatives de ses camarades.

Propension : habitude

Reflète : montre

En somme, l'élève handicapé visuel peut avoir développé un certain repli sur soi ou, tout au moins, une certaine réserve. Il peut avoir tendance à se tenir avec les mêmes camarades, et attendre qu'on s'intéresse à lui plutôt que de faire les premiers pas. Ce repli sur soi, cette **_propension_** à la rêverie au début de l'âge adulte est souvent une réponse de la personne handicapée visuelle aux exigences de la société, à ses refus, à ses portes souvent fermées et, souvent, une réponse qu'elle partage avec ses frères voyants...

6.9 LES DÉPLACEMENTS EN COMPAGNIE D'UN ÉLÈVE HANDICAPÉ VISUEL

Combien d'intervenants savent exactement comment agir en présence d'un élève handicapé visuel ? Lorsqu'il s'agit de lui présenter une chaise, lorsqu'il demande de l'aide pour aller dans un autre local ou qu'il veut des explications pour s'y rendre tout seul, les voyants éprouvent un malaise qui **_reflète_** souvent une ignorance des moyens nécessaires pour accomplir divers gestes quotidiens. Les six illustrations suivantes décrivent l'attitude que devrait avoir une personne voyante avec un élève handicapé visuel.

- L'intervenant demande à l'élève s'il a besoin d'aide pour se déplacer. Il est préférable de lui offrir son bras plutôt que de lui tenir le bras (illustration 6.2). Dans le cas d'un jeune enfant, l'intervenant et l'enfant se tiennent par la main ou ce dernier prend le poignet de l'intervenant (illustration 6.3).

A atteint : est arrivé

6.2

6.3

- Devant un escalier, l'intervenant fait placer la main de l'élève sur la rampe et lui indique si l'escalier monte ou descend. L'intervenant précède toujours d'une marche l'élève. Enfin, il l'avertit lorsqu'il ***a atteint*** les dernières marches (illustration 6.4).

6.4

- Devant des escaliers roulants, l'intervenant et l'élève font une pose sur la plaque métallique qui est située devant l'escalier roulant. L'intervenant demande ensuite à l'élève de prendre la ***main courante*** et, dans un deuxième temps, d'avancer le pied sur la première marche. L'intervenant indique la fin de la montée et redonne les mêmes explications au moment de quitter l'escalier roulant (illustration 6.5).

Main courante : rampe d'escalier

6.5

6.6

Cadre de référence :
repère

- Pour faire asseoir l'élève, l'intervenant lui fait toucher le dossier du siège et lui indique s'il est placé devant, derrière ou à côté de celui-ci (illustration 6.6).
- Lorsqu'un intervenant doit laisser l'élève handicapé visuel tout seul dans un local pour quelques instants, il le met en contact avec un objet fixe (table, chaise, mur, etc.) afin de lui donner un **_cadre de référence_** et le sécuriser.

- Dans le cas des portes à ouvrir ou à fermer, c'est en général l'intervenant qui ouvre la porte et l'élève qui la referme ; dans le cas des jeunes enfants, l'intervenant ***se charge*** de la refermer. L'intervenant conserve le contact avec la porte jusqu'à ce que l'élève l'ait ***saisie*** à son tour. Il lui indique aussi dans quelle direction elle s'ouvre (illustration 6.7).

Se charge : est responsable

Saisie : touchée

6.7

- Si, dans la classe, les meubles ont été déplacés ou dérangés, il est important de prévenir immédiatement l'élève afin qu'il puisse s'y habituer.

Dans une école, les déplacements de l'élève handicapé visuel sont généralement les suivants :

– déplacements de la porte d'entrée à son local ou à ses locaux de classe ;
– déplacements entre sa classe et la salle de toilette ;
– déplacements entre sa classe et le gymnase ;
– déplacements entre sa classe et le secrétariat ;
– déplacements entre la classe et la cours de récréation.

Il est inutile que le jeune élève handicapé visuel soit complètement ***familiarisé*** avec les autres endroits. L'intervenant présente le plan de l'école de façon tactile et verbale à l'aide d'une maquette et lui signale les ***repères*** les plus importants (les escaliers, la porte d'entrée, la classe, les couloirs). Cela lui permet d'avoir une certaine représentation globale de cet espace.

Familiarisé : qu'il connaît

Repères : endroits

Pistes : conseils

Appréhensions : craintes, peurs

Restrictions : limites

Entreprise : activité

Éviter : s'empêcher

Assumer : bien accepter

Surmonter : contrôler

6.10 QUELQUES *PISTES* D'INTERVENTION

Un enfant handicapé visuel a besoin d'aide et d'encouragement pour acquérir son autonomie. La plupart des intervenants comprennent leurs ***appréhensions*** et les ***restrictions*** qu'ils doivent vivre sur le plan de leur autonomie.

Venir en aide peut être une ***entreprise*** délicate car il faut ***éviter*** de s'imposer ou de surprotéger afin de permettre à l'enfant handicapé visuel de bâtir sa confiance en lui-même pour ***assumer*** son handicap. Bien des intervenants, y compris des enseignants, éprouvent un certain malaise lorsqu'ils rencontrent pour la première fois un élève handicapé visuel. Il est important de ***surmonter*** ce malaise, et de se rappeler qu'un élève aveugle n'est pas différent des autres élèves ; il a les mêmes besoins. Pour avoir accès aux informations de l'environnement, il utilise ses autres sens. Cependant, on peut lui faciliter la tâche en modifiant notre attitude.

Une poignée de main peut suffire à lui transmettre un message. Puisqu'un élève handicapé ***ne peut avoir accès*** aux messages non verbaux, il ***convient*** d'être toujours suffisamment ***explicite*** verbalement. Le ton de la voix lui indique également la ***teneur émotionnelle*** du message. Se nommer lorsqu'on le rencontre, pour lui permettre de nous reconnaître et de nous saluer, de même que l'avertir lorsqu'on le quitte, sont des gestes appréciés.

Ne peut avoir accès : ne peut voir

Convient : est nécessaire

Explicite : clair

Teneur émotionnelle : niveau émotif

Emploient : utilisent

Désigner : dire

Adressez : parlez

Encadrés : suivis

Il n'est pas nécessaire d'éviter les mots « voir » et « regarder » dans la conversation courante. Ces termes font partie du vocabulaire des personnes handicapées visuelles. Elles les ***emploient*** pour ***désigner*** leur propre façon de « voir » par le toucher ou par l'utilisation du résidu visuel et, parfois, dans les expressions courantes.

Ne parlez pas à l'élève handicapé visuel par l'intermédiaire d'une tierce personne. Faites-le normalement et assurez-vous qu'il sait que vous vous ***adressez*** à lui en l'appelant par son nom, en touchant son bras, ou de toute autre façon. Lorsque vous assistez à une démonstration visuelle avec un enfant handicapé visuel, lisez-lui le programme et décrivez-lui la scène.

C'est un principe universel en pédagogie que l'action éducative, tant par son contenu que par ses méthodes, doit s'adapter aux caractéristiques et aux besoins de l'élève, et non l'inverse. Ainsi, certains élèves doivent être ***encadrés*** de façon plus souple que d'autres ; certains proviennent d'un milieu socio-économique défavorisé, d'autres éprouvent des difficultés de concentration ; certains ***réclament*** la liberté d'essais et d'erreurs ; d'autres enfin réclament des périodes ***successives*** de ***récupération*** et de rattrapage. Il n'y a donc rien d'original ni de particulier à devoir assurer, pour le soutien pédagogique d'élèves atteints de handicap sensoriel, des ***ressources palliatives*** qui leur permettent de bénéficier d'un niveau comparable de chance de réussite. Ce n'est donc pas privilégier l'élève que de lui fournir une assistance scolaire ou des documents adaptés qui compensent ses limitations fonctionnelles.

Plusieurs situations amènent parfois les enseignants à surprotéger l'élève handicapé visuel. Bien que cette attitude soit compréhensible, il ne faut pas oublier qu'un des buts de l'école est de rendre l'élève le plus autonome possible. L'école est le terrain sur lequel il doit pouvoir exercer cette habileté. Donc il ne faut pas éviter de le placer en situation de saine compétition. En général, lorsqu'il a accès à toutes les ressources qui lui sont nécessaires, il peut fournir un rendement comparable à celui des autres élèves. Dans le cas contraire, il ne faut pas oublier qu'il peut, lui aussi, être moins doué, plus limité intellectuellement, indépendamment de son handicap.

Une manière ***subtile*** de surprotéger l'élève handicapé visuel consiste parfois à ***survaloriser*** certaines de ses performances. Cette attitude risque de développer chez lui la tendance à se faire une fausse image de lui-même, laquelle pourra l'amener plus tard à être déçu de lui, ou de la simplicité des travaux qu'on exige de lui. Dans le même ordre d'idée, ***il ne faut pas céder*** à certaines manipulations visant à obtenir un traitement

Réclament : demandent

Successives : qui se suivent, une après l'autre

Récupération : travail

Ressources palliatives : aides, intervenants spécialisés

Subtile : cachée

Survaloriser : trop encourager

Il ne faut pas céder à : il ne faut pas accepter

Justifier ses performances : expliquer ses échecs

de faveur, ou ***à justifier ses performances***, en raison du handicap. Certes, ce dernier est réel et peut entraîner des obstacles. Mais, en gardant toujours à l'esprit le but poursuivi, soit l'intégration sociale, il est important de l'amener à surmonter ces difficultés. L'enseignant doit stimuler le dynamisme et la motivation de l'élève handicapé visuel à relever des défis, ce qui favorise l'acquisition de connaissances et aura sans doute aussi des effets bénéfiques sur l'estime de soi de l'étudiant.

Voici les témoignages d'un enseignant, d'un responsable de l'intégration des élèves handicapés dans un collège et d'une étudiante aveugle, à propos de l'intégration.

Encadré 6.1

Témoignage de Jacques Courchesne, enseignant

La situation qui prévaut dans une classe lorsqu'il faut tenir compte d'un handicapé visuel est assez particulière. L'enseignant doit constamment se préoccuper du mode spécial de compréhension de l'élève handicapé tout en continuant de s'occuper du reste de la classe. Il y a donc une tension additionnelle pour l'enseignant. Cette situation peut amener l'enseignant, consciemment ou pas, à ralentir un peu son débit ou bien l'amener à faire trop de clarifications (du moins du point de vue du reste de la classe) ; les deux façons de faire ont une influence sur le reste de la classe qui peut trouver ces procédés ennuyeux. La présence d'un élève handicapé vient donc modifier, parfois considérablement, le travail de l'enseignant. Cette présence force l'enseignant à sortir des sentiers battus pour mieux passer le contenu de sa matière.

Selon moi il faut utiliser tous les moyens audiovisuels possibles mis à notre disposition pour aller chercher l'intérêt et surtout pour le maintenir. Cependant, l'enseignant réalise rapidement que c'est un mythe que de considérer l'élève handicapé comme n'importe quel autre élève de la classe. Si les enseignants agissaient tous ainsi, très peu d'élèves handicapés parviendraient à réussir leurs études.

Encadré 6.2

Témoignage de Jean-Claude Deschênes, responsable de l'intégration des élèves handicapés dans un collège

Les professeurs, comme vous le savez sans doute, ne sont pas formés pour enseigner à des élèves handicapés ; c'est pour plusieurs d'entre eux une expérience tout à fait nouvelle et qu'ils vivent, certains comme un défi, d'autres péniblement, d'autres à contrecœur. Il en est qui doutent de leurs capacités professionnelles devant telle situation ou ne savent pas comment l'élève pourra s'intégrer à leur cours, étant donné la méthodologie utilisée.

Nous avons été confrontés assez souvent à des problèmes pédagogiques ou méthodologiques à première vue insolubles ou du moins très complexes, quelquefois insurmontables, en rapport avec l'enseignement à des élèves handicapés. Même lorsque nous n'arrivions pas à trouver la solution parfaite, nous en trouvions quand même une, et même si on n'était pas tout à fait certains de sa pertinence et de son efficacité, comme c'était la seule qu'on avait, on l'essayait, quitte à réajuster tout cela par la suite. Vous savez, quand on cherche, on cherche. On n'a pas le choix de faire ce qu'on peut avec ce qu'on a et ce qu'on est.

Bien qu'elles soient utiles et nécessaires, la technique et les ressources matérielles ne suffiront jamais sans la complicité de l'âme. L'âme d'abord. De cette façon, si nous ne trouvons pas les meilleures solutions pratiques, tout ne sera pas perdu tout à fait si au moins nous avons fait preuve d'un peu d'âme. Et, à ma connaissance, c'est par là que l'essentiel passe d'abord et toujours. C'est l'éducateur qui forme, pas l'équipement.

Bien des professeurs saisissent cette occasion pour faire du ménage et retrouvent l'origine de l'acte d'enseigner en se mettant dans la peau de cet élève aveugle ou sourd, en réfléchissant d'une manière autre que théorique sur le rôle des sens dans la communication et la transmission des connaissances ; des professeurs qui, au fond, continuent d'apprendre, si je puis dire, en écoutant les sourds, et en regardant les aveugles.

Plusieurs m'ont avoué que cela avait été enrichissant pour eux sur le plan personnel ou professionnel, ou sur les deux. Certains qui, au départ, avaient des fortes réticences ont franchi un chemin considérable, peut-être par « goût », vous me direz, mais par conscience professionnelle, en essayant d'y mettre du leur le plus possible.

Qu'on le veuille ou non, il existe maintenant une « culture », un « vécu » en rapport avec les élèves handicapés et leurs déficiences, et cette « culture » imprègne peu à peu les mentalités. Nous avons déjà nos « loups de mer », nos gens d'expérience, munis de gros bon sens, tel ce professeur qui me disait : « Tu ne paniques pas, tu t'informes et après tu fais ton possible en te servant de ton jugement ! » Je connais des hommes et des femmes amoureux de leur métier et éducateurs dans l'âme, qui ont été et qui sont pour ces élèves, comme pour les autres, des témoins du fondamental et d'authentiques auxiliaires dans leur conquête de cette autonomie tant convoitée de l'être humain. J'ai été et je suis encore témoin de gestes d'une belle grandeur, qui pour l'instant ne sont pas publiés : la grandeur s'accommode souvent mieux de l'ombre.

Par ailleurs, notre collège non plus n'est pas à l'abri des préjugés ni des peurs qui affligent l'humanité face à l'étrange, à l'inconnu, au différent : on retrouve ici, comme ailleurs, des comportements qui laissent pour le moins songeur, surtout s'ils sont le fait d'enseignants.

Pourquoi, par exemple, humilier un élève qu'on ne connaît pas encore, à l'entrée de sa classe, à la première période de la première session, en lui disant sans autre forme de procès : « Ça ne sert à rien de rester dans mon cours, tu ne peux pas comprendre. »

Pourquoi ignorer purement et simplement l'élève handicapé dans sa classe, l'oublier carrément, comme si c'était un meuble, en se disant : « Il ne faut pas leur faire de privilèges à ces gens-là ! Moi, les handicapés, je les traite comme les autres... »

Pourquoi refuser de s'informer et préférer cultiver son préjugé ?

Encadré 6.3

Témoignage de Dominique Genest, élève fonctionnellement non voyante

Le début au collège, ce fut très difficile. Plusieurs professeurs m'ont donné une chance. Ils n'étaient pas certains que j'arriverais à atteindre les objectifs, ils étaient sceptiques. À la fin de la session, ils étaient surpris des résultats et contents d'avoir vécu l'expérience. Il faut dire que j'y mets beaucoup du mien ; je suis motivée, je pose des questions. Lorsque je suis assise avec les autres étudiants dans un cours, la canne blanche n'est plus un jeu. Je la mets de côté et je fonctionne avec les autres.

Je considère qu'il y a un travail d'équipe, à ce moment-là. C'est ma responsabilité d'aller rencontrer les professeurs pour voir comment on peut s'entendre et essayer de les mettre à l'aise avec ma déficience visuelle. Je dédramatise la situation au moyen de l'humour. Je leur donne un peu mon « mode d'emploi », c'est-à-dire comment je réagis face à ma déficience visuelle et comment ils peuvent fonctionner avec moi. En étant à l'aise, c'est plus facile aussi pour le professeur de l'être avec moi.

Pour ce qui est de l'ouverture des professeurs à accueillir un élève avec un handicap visuel, il y a place à l'amélioration. Pour moi c'est un grand stress à chaque début de session lorsque je rencontre chaque professeur pour savoir s'il y a possibilité de fréquenter son cours. Je me demande s'il m'acceptera, si je pourrai répondre aux objectifs, etc.

Je pense que leur façon de juger devrait changer. La plupart du temps, les professeurs se basent sur leurs croyances personnelles qui sont souvent des préjugés par rapport aux personnes qui ont un handicap visuel. Par exemple, je me suis inscrite à un cours X. À la fin du premier cours, le professeur m'a rencontrée afin de clarifier ses doutes et ses appréhensions. Il les a énoncés et n'a pas écouté les solutions que je proposais afin d'atteindre les objectifs. Dans les faits, il m'a rencontrée pour me dire gentiment qu'il ne pouvait pas me garder dans son cours. Il m'a dit vaincue avant même d'avoir commencé la course.

J'espère toujours tomber sur des gens qui sont aussi fous que moi. Car ce sont ceux qui ont cette folie-là qui vont me laisser une chance d'évoluer, quoi ! J'en ai rencontré au collège des gens comme cela !

6.11 LES RÉPERCUSSIONS DU HANDICAP VISUEL SUR LE VÉCU SCOLAIRE

Mentionné : dit

Confuses : non précises

Analogies : ressemblances

Fragmentaire : incomplet

Se livrer à : faire

Comme nous l'avons **_mentionné_** précédemment, il se peut que l'image mentale chez l'élève handicapé visuel manque de précision. Le verbalisme peut en être la conséquence. Afin d'éviter ces images mentales incorrectes, imprécises ou **_confuses_**, il faut s'efforcer de multiplier les descriptions verbales ou les expériences concrètes avec les objets. On doit se servir des connaissances déjà acquises afin de faire des **_analogies_**, des comparaisons, pour amener de nouvelles connaissances. Il faut multiplier les exemples et permettre la manipulation de maquettes et du matériel de laboratoire. L'appel à l'imagination est une autre façon de compenser son handicap. De plus, l'utilisation de moyens assez simples présente souvent des avantages pour l'apprentissage avec les autres élèves.

Un élève voyant procède par déduction. Il a d'abord une « vision » globale des objets, des personnes et des situations, puis il analyse et décompose. Un élève handicapé visuel procède différemment. L'accès au monde lui est d'abord **_fragmentaire_**. L'image qu'il se forme de la réalité, des personnes ou des objets est la résultante de l'addition des diverses composantes obtenues par les autres sens. Un élève aveugle doit donc **_se livrer à_** un travail extrêmement complexe et important pour construire des images réalistes. Pour l'enseignant, procéder par induction signifie donc « procéder par étapes ». D'un premier élément on passe à un second puis à un troisième et ainsi de suite, en faisant chaque fois des liens entre chacun d'eux et avec leur situation par rapport au point de départ. De plus, si on a à donner une définition, on doit la donner d'abord en entier et, ensuite, revenir et expliquer, afin de permettre à l'élève de la noter ou de l'enregistrer.

La plupart des élèves handicapés visuels ont besoin d'un peu plus de temps que les autres élèves pour exécuter certains gestes. Par exemple, le manque ou le peu de vision ne leur permet pas de repérer aussi vite un objet ou la première ligne d'une page. Ils ont souvent besoin de plus de temps pour se faire une « image » globale de ce qu'ils ont « sous les yeux » ou de ce dont on leur parle. Ils procèdent du détail à l'ensemble, alors que l'élève voyant voit « d'un coup d'œil ».

De plus, l'élève travaille souvent avec du matériel spécialisé (télescope, loupe, agrandisseur de textes, dictionnaire en braille, etc.) et l'utilisation de ce matériel exige un temps supplémentaire qui peut dépasser des deux tiers le temps normal prévu.

Contrairement à l'écriture, la lecture ne constitue pas un problème majeur pour l'élève fonctionnellement voyant : il peut habituellement lire le système graphique courant de grosseur normale (dactylographie). Pour ce faire, il doit généralement placer son livre très près de ses yeux et utiliser une aide optique (loupe, lunettes de lecture, etc.). Mais, à cause de sa courte distance de travail, son champ visuel se trouve limité et l'oblige à bouger non seulement les yeux mais aussi la tête pour lire jusqu'au bout de la ligne. Il arrive parfois que l'élève saute des lettres, des mots et même des lignes ; par le fait même, la qualité et la vitesse de la lecture en sont souvent ***affectées***. Une solution à ce problème est de lui demander de suivre la ligne avec son index, de repasser son doigt sur la ligne qu'il vient de lire et de le descendre au début de la ligne suivante ; on peut aussi lui faire placer une règle sous la ligne à lire et utiliser un pince-feuille afin de stabiliser la feuille.

Par ailleurs, l'écriture présente pour l'élève fonctionnellement voyant un défi de taille ; en effet, l'orthographe et la grammaire peuvent très souvent laisser à désirer. C'est le manque de contacts avec l'écrit qui est responsable de cette ***lacune***. Sur le plan de l'intégration des éléments de la syntaxe, de la morphologie et du lexique, l'étudiant peut ***assimiler*** sans problème ; cependant il le fait moins rapidement en raison de sa lenteur d'exécution en lecture et en écriture. Il est souhaitable de mettre à la disposition de l'élève fonctionnellement aveugle le *Petit Larousse* en braille, ou le *Petit Robert* en gros caractères pour l'élève fonctionnellement voyant.

> ***Affectées*** : diminuées
>
> ***Lacune*** : manque
>
> ***Assimiler*** : apprendre
>
> ***Tente*** : essaie

Comme pour la lecture, l'élève fonctionnellement voyant doit se positionner très près de son cahier pour écrire, surtout s'il veut voir les lignes qui sont souvent très pâles. Son rythme est souvent ralenti ; il ***tente*** parfois de compenser cette lenteur en écrivant rapidement sans faire très attention à la formation des lettres et à la présentation de son texte. Afin d'aider l'élève à écrire, l'enseignant doit lui permettre d'utiliser des crayons gras, d'écrire plus gros, d'utiliser un lutrin (plan incliné) et des feuilles lignées noires. L'on constate souvent qu'après quelques minutes de lecture ou d'écriture, l'élève handicapé visuel est fatigué et a besoin d'exercices de détente, d'étirement ou de relaxation.

L'enseignant ou le responsable de l'accueil de l'élève handicapé visuel doit toujours considérer en quoi ce handicap peut ***affecter*** son processus d'apprentissage scolaire.

Pour cela, une détermination des besoins doit se faire avec les parents et l'élève si celui-ci est jeune, ou en entrevue individuelle, s'il est au secondaire ou au collégial. Les questions posées ne visent qu'un objectif : connaître l'élève, ses besoins et voir avec lui les services qui permettraient de compenser ses limitations visuelles. Il se peut qu'il ***ne puisse*** répondre précisément à certaines des questions. Le responsable de l'accueil qui voudrait davantage de précisions peut demander aux parents ou à l'élève de lui faire parvenir, par l'intermédiaire de son ophtalmologiste ou son optométriste, un rapport sur l'état oculo-visuel ***qui fait mention***, entre autres, des données concernant l'acuité et le champ visuel. Pour faire cette évaluation, nous vous présentons en annexe de ce chapitre un questionnaire visant à déterminer les besoins de l'élève handicapé visuel.

> ***Affecter*** : déranger
>
> ***Ne puisse*** : ne soit pas capable de
>
> ***Qui fait mention*** : qui montre, qui décrit

6.12 LA PLANIFICATION DES ACTIVITÉS

Nous avons déjà mentionné que, dans la majorité des cas, il est souhaitable que l'élève handicapé visuel participe aux activités de la classe. Bien sûr, certaines auront besoin d'être adaptées, que ce soit au chapitre de la préparation de l'activité comme telle, des objectifs poursuivis ou du matériel requis.

Il va sans dire que l'enseignant prépare d'abord sa classe en fonction d'élèves voyants. La présence d'un élève handicapé visuel va cependant exiger certaines étapes supplémentaires. Les adaptations qui ***s'imposent*** vont toutefois être différentes, suivant qu'il s'agit d'un élève fonctionnellement voyant ou fonctionnellement aveugle. Ce dernier, comme on le sait, doit ***recourir*** au braille.

> ***S'imposent*** : sont nécessaires
>
> ***Recourir*** : utiliser
>
> ***Pertinents*** : adaptables
>
> ***Requis*** : nécessaires
>
> ***Délais*** : temps

Dans un premier temps, l'enseignant vérifie si les objectifs visés pour l'ensemble du groupe correspondent à des objectifs ***pertinents*** pour l'élève handicapé visuel, avec un matériel et selon les critères de réussite fixés pour les autres élèves. Dans un deuxième temps, il choisit les volumes, les cahiers d'exercices, les textes, les agrandissements de textes et les adaptations d'examens ***requis*** pendant l'année scolaire. Enfin, l'enseignant s'assure que les transcriptions en braille ou sur cassettes seront faites dans des ***délais*** raisonnables. Il devra également prévoir la planification à long et à moyen terme des aides matérielles nécessaires à l'apprentissage.

6.13 L'ÉVALUATION : LES EXAMENS ET LES TRAVAUX

En règle générale, il faut prévoir un délai assez long pour les examens et les travaux. Si c'est un travail qui demande beaucoup de lectures de textes écrits, il faudra se poser les questions suivantes : Existe-t-il des enregistrements ou des transcriptions en braille des documents ou des volumes à consulter pour effectuer le travail ? Si non, est-il possible d'utiliser d'autres documents déjà enregistrés ou transcrits en braille ?

Si tous les documents nécessaires au travail existent dans la forme voulue, il faut se rappeler que, une fois son travail écrit en braille, l'élève doit le taper à l'ordinateur ou à la machine à écrire.

Certains élèves peuvent aussi répondre en utilisant directement un ordinateur portable ou une machine à écrire standard. Cependant, à cause du bruit produit par ces appareils, il est préférable d'installer l'élève dans un autre local ou de lui faire subir son examen individuellement à un autre moment.

> ***Mérite*** : avantage
>
> ***Préserver*** : conserver, garder

Un examen présenté sur cassette a le ***mérite*** de ***préserver*** l'objectivité. De plus, l'élève peut réécouter la question, étant donné qu'il ne peut la relire. Si l'enseignant pose lui-même les questions, il doit s'en tenir à une formulation écrite, les répéter au besoin et laisser à l'élève un moment pour réfléchir et organiser sa réponse. Cette formule peut cependant n'être d'aucune utilité pour certains types d'examen (exemple : le tracé d'une carte).

6.14 L'AMÉNAGEMENT DE LA CLASSE

L'enseignant aménage sa classe en fonction de l'élève handicapé visuel qui y est présent. En général, il laisse l'élève handicapé choisir sa place en classe. Si celui-ci doit travailler avec des appareils électriques, il doit tenir compte de la place des prises de courant si ces appareils fonctionnent sans piles.

L'élève présentant un résidu visuel préfère souvent se placer à l'avant pour pouvoir lire au tableau. Celui qui utilise un système télescopique préfère, quant à lui, se placer à l'arrière, au centre, pour avoir un champ visuel ***adéquat***. Cependant, cette aide optique peut réduire son champ visuel et ralentir son rythme de travail dans les premiers mois de son utilisation ou si sa place dans la classe n'est pas adéquate.

Adéquat : correct

L'enseignant devra aussi accepter que l'élève handicapé se déplace à l'occasion pour mieux voir une démonstration ou une explication au tableau. Il pourra faciliter le travail de l'élève en accompagnant les notes inscrites au tableau d'explications verbales, en écrivant gros, d'une manière lisible, en utilisant des craies blanches ou jaunes (éviter les autres couleurs), en s'assurant que le tableau soit bien nettoyé et en évitant d'écrire des notes importantes dans les extrémités supérieures et inférieures du tableau.

6.14.1 L'éclairage

L'éclairage est un facteur à surveiller pour certains types de problème visuel. Par exemple, certains handicaps visuels comme l'albinisme demandent un minimum d'éclairage pour travailler, tandis que, dans d'autres cas, il faut un éclairage supérieur à la normale. De façon générale, certaines règles sont à suivre en matière d'éclairage.

- Il faut éviter les sources lumineuses éblouissantes et les objets qui reflètent la lumière (par exemple, une illustration recouverte de verre).
- L'éclairage naturel peut devenir source d'éblouissement, par exemple l'ensoleillement, les après-midi d'hiver. Il est alors préférable de fermer les rideaux et d'utiliser l'éclairage artificiel.
- L'enseignant doit éviter de se placer devant une fenêtre qui laisse passer beaucoup de lumière pour donner des explications.
- Il est utile d'ajouter une rangée de tubes fluorescents au-dessus du tableau, car, bien souvent, l'éclairage est plus faible à cet endroit. Mais il faut ***éviter*** que cette nouvelle lumière ***se réfléchisse*** sur le tableau.

> ***Éviter*** : faire attention
>
> ***Se réfléchisse*** : se reflète
>
> ***Graphies*** : dessins
>
> ***Accentuer*** : augmenter

6.14.2 Le matériel scolaire

Le matériel scolaire utilisé en classe ne présente pas de grandes difficultés pour les élèves fonctionnellement voyants, mais il doit respecter les conditions suivantes : bons contrastes, texte aéré, ***graphies*** simples, bonne qualité d'impression. On peut ***accentuer*** le contraste d'une photocopie dactylographiée de bonne impression et au besoin agrandie en posant dessus un acétate de couleur jaune. Les contours ou les parties les plus importantes des dessins et des graphiques peuvent simplement être plus foncés.

Le rétroprojecteur peut donner des effets variables en raison de sa faible luminosité et des contrastes insuffisants. L'élève préférera parfois s'installer derrière l'appareil et lire directement sur l'acétate.

Attrait : intérêt

Résidu : reste

Convenir : s'adapter

Les films, les vidéos, les diaporamas, l'informatique (cédérom, internet, etc.) peuvent être des approches intéressantes même avec un élève fonctionnellement voyant. La plupart du temps, ces médias complètent ou illustrent les explications de l'enseignant.

Le matériel tridimensionnel a un ***attrait*** spécial, surtout si l'élève n'a pas de ***résidu*** visuel ; les détails d'un objet doivent être bien accentués mais pas trop nombreux, sinon leurs liens sont plus difficiles à établir. Les dimensions de l'objet doivent ***convenir*** à une perception tactile. Entrent dans cette catégorie les reproductions en relief de diagrammes, de graphiques, d'illustrations et de cartes géographiques, les modèles tridimensionnels d'organes anatomiques, etc.

ANNEXE

Détermination des besoins de l'élève handicapé visuel

A) Renseignements généraux

En quoi consiste le handicap visuel de l'élève ?

____

Comment le nomme-t-on ?

____

L'élève est-il fonctionnellement voyant ? oui ______ non ______

fonctionnellement aveugle ? oui ______ non ______

L'élève a-il été récemment évalué en ophtalmologie ? oui ______ non ______

en optométrie ? oui ______ non ______

Si oui : à quelle date ? ______________________

Par qui ? ______________________

Où ? ______________________

Si non : prendre rendez-vous dans une clinique spécialisée en ophtalmologie.

Quand est apparue la cécité ? à la naissance ? oui ______ non ______

Si non, à quel âge ? ______________________

La cécité est-elle : stable ? oui ______ non ______

progressive ? oui ______ non ______

L'élève a-t-il un résidu visuel ? ______________________

Utilise-t-il ce résidu visuel pour lire ? oui ______ non ______

écrire ? oui ______ non ______

se déplacer ? oui ______ non ______

A-t-il d'autres difficultés sur le plan physique ou sensoriel ?

____

____

Remarques

____

____

____

B) Si l'élève est fonctionnellement voyant

Que lui reste-t-il comme capacité visuelle ?

____

Quelle est sa capacité visuelle de l'œil droit ? _______________

de l'œil gauche ? _______________

A-t-il des problèmes de champ visuel ? oui ______ non ______

d'acuité visuelle ? oui ______ non ______

de fatigue visuelle ? oui ______ non ______

Dans quelles conditions peut-il utiliser de façon optimale son résidu visuel ?

____

Quelles sont les conditions qui l'empêchent d'utiliser son résidu visuel ?

____

Quelles sont les difficultés que rencontre l'élève fonctionnellement voyant en lecture et écriture ?

1) Lecture des textes

Peut-il lire le caractère imprimé standard ? oui _______ non _______

l'écriture manuscrite ? oui _______ non _______

en script ? oui _______ non _______

À quel rythme (approximativement) ? _______________________________

Doit-il faire appel au caractère agrandi ? oui _______ non _______

Si oui, surtout dans quelles occasions ? _______________________________

____

Peut-il lire longtemps sans fatigue ? oui _______ non _______

Utilise-t-il le braille à l'occasion ? oui _______ non _______

Utilise-t-il à l'occasion les « livres parlés » (livres sur cassettes) ? oui _______ non _______

2) Lecture au tableau

Peut-il lire au tableau ? oui _______ non _______

Dans quelles conditions le peut-il (éclairage du local, couleur du tableau, de la craie, distance du tableau, angle par rapport au tableau, etc.) ?

____

____

3) Les projections (texte, vidéo, film, etc.)

Éprouve-t-il des difficultés à lire les textes projetés par rétroprojecteur ? oui _______ non _______

Les projections sur vidéo, film, écran d'ordinateur lui causent-elles des difficultés (dimensions de l'écran, luminosité de l'écran couleur, distance par rapport à l'écran, éclairage pendant la projection, etc.) ?

oui ______ non ______

Connaît-il d'autres types de difficultés concernant la lecture en général ? oui ______ non ______

4) *L'écriture à la main*

Peut-il écrire à la main de façon lisible ? oui ______ non ______

Dans quelles conditions peut-il le faire avec le plus d'efficacité ?

____

À quel rythme peut-il écrire ?

____

5) *L'écriture à la machine à écrire ou à l'ordinateur*

Peut-il écrire à l'ordinateur ou à la machine à écrire ? oui ______ non ______

Dans quelles conditions peut-il le faire avec le plus d'efficacité ?

____

À quel rythme peut-il écrire ?

____

6) *Au primaire (ou au secondaire), comment cela se passait-il pour la lecture et l'écriture ? Comment fonctionnait-il ?*

____

____

____

C) Si l'élève est fonctionnellement aveugle ou non voyant

1) La lecture du braille

Peut-il lire le braille intégral ? oui ______ non ______

le braille abrégé ? oui ______ non ______

Éprouve-t-il des difficultés particulières en ce qui a trait à la lecture du braille ? oui ______ non ______

Si oui, lesquelles ?

____

Connaît-il l'existence du code utilisé pour la transcription en braille des mathématiques ? oui ______ non ______

2) La lecture du caractère imprimé

Peut-il lire le caractère imprimé agrandi ? oui ______ non ______

sur papier ? oui ______ non ______

sur écran ? oui ______ non ______

Préciser :

____

____

3) La lecture « auditive »

Utilise-t-il les enregistrements sur cassettes (livres parlés) avec profit ? oui ______ non ______

Lequel de ces trois modes de lecture (braille, imprimé et auditive) privilégie-t-il ?

____

Une combinaison de ces trois modes est-elle possible dans son cas ? oui ______ non ______

Dans quelle proportion ?

____

4) L'écriture

L'élève maîtrise-t-il l'écriture en braille intégral ? oui ______ non ______

en braille abrégé ? oui ______ non ______

Peut-il écrire à la main ? oui ______ non ______

à l'ordinateur ou à la machine à écrire ? oui ______ non ______

Dans quelle proportion utilise-t-il le braille et l'écriture courante ?

____

5) Avant son arrivée à l'école

Était-il intégré à des classes d'élèves voyants ? oui ______ non ______

Comment cela se passait-il ?

____

____

Comment fonctionnait-il :

pour la lecture et l'écriture ?

____

pour les travaux en classe et les laboratoires ?

____

pour les travaux longs ?

____

pour les travaux en équipe ?

____

pour les examens ?

____

D) Équipement

L'élève aura-t-il besoin :

d'un horaire adapté à son handicap ?	oui ______	non ______
d'un soutien spécifique par l'enseignant ?	oui ______	non ______
d'un soutien spécifique par un pair ?	oui ______	non ______
d'un preneur de notes ?	oui ______	non ______
d'un lecteur ?	oui ______	non ______
d'un enseignant itinérant ?	oui ______	non ______
d'un accompagnement physique ?	oui ______	non ______
d'un aménagement physique (éclairage des locaux) ?	oui ______	non ______
d'une adaptation pédagogique particulière ?	oui ______	non ______

Si oui, préciser :

____

____

____

L'élève devra-t-il recourir aux services d'un intervenant en mobilité et en orientation pour « découvrir » sa nouvelle école avant le début de l'année scolaire ? oui ______ non ______

L'élève est-il autonome sur le plan de ses déplacements en général ? oui ______ non ______

L'élève sera-t-il accompagné d'un chien-guide ? oui ______ non ______

Autres remarques

____

____

____

BIBLIOGRAPHIE

Bélanger, D., *Mémoires vives*, Association québécoise des parents d'enfants handicapés visuels, Montréal, 1986.

Daigle, S., Geoffroy, R. et Sénécal, J.N., *Se déplacer avec aisance*, Institut Nazareth et Louis-Braille, Longueuil, 1984.

Deschamps, J.P., *L'enfant handicapé et l'école*, Flammarion, Paris, 1981.

Gardou, C., *Le handicap en visage*, Érès, Toulouse, 1997.

Goupil, G., *L'intégration scolaire des enfants en difficulté*, Nouvelle Optique, Montréal, 1983.

Institut national canadien pour les aveugles, *Les six points magiques de l'écriture braille*, Institut national canadien pour les aveugles, 1987.

Kresh, Crutchfield, *et al.*, *Psychologie*, Renouveau Pédagogique, Montréal, 1979.

Lefèvre, L. et Delchet, R., *Les handicapés sensoriels*, Éditions E.S.F., Paris, 1972.

Ministère de l'Éducation du Québec, *Le handicap visuel. Guide pédagogique, primaire*, Direction générale du développement pédagogique, ministère de l'Éducation, 1983.

Trannoy, A., *L'adaptation des enfants handicapés physiques*, Casterman, Paris, 1971.

Trotter, R. et Mc Connel, J.V., *Psychologie, science de l'homme*, HRW, Montréal, 1980.

Annexe

Annexe

QUELQUES PIONNIERS DE LA PÉDAGOGIE ACTIVE

Au XXe siècle, on voit apparaître en éducation les expressions école nouvelle, méthode active, pédagogie ouverte, etc. Elles expriment la nécessité pour l'élève d'être l'élément actif de son éducation. Progressivement, l'enseignement passe d'un état statique à un état dynamique. Maria Montessori, Célestin Freinet et Ovide Decroly, entre autres, en sont les tenants.

MARIA MONTESSORI

Maria Montessori est née en Italie en 1870. À 26 ans elle devint la première femme d'Italie à obtenir le grade de docteur en médecine. Elle effectua son ***internat*** à la clinique de psychiatrie de l'Université de Rome. L'activité qu'elle y déploya auprès des personnes ayant une déficience intellectuelle lui inspira plusieurs des idées qui constituent le ***fondement*** de sa méthode. Les déficiences intellectuelles lui apparaissaient un problème d'ordre beaucoup plus pédagogique que médical ; aussi, elle en conclut que les personnes ayant une déficience intellectuelle pouvaient être aidées grâce à une éducation spéciale. Elle prouve le ***bien-fondé*** de sa théorie en améliorant de ***façon significative*** la situation de nombreux jeunes déficients intellectuels.

Maria Montessori renouvela complètement la pédagogie traditionnelle en ***prônant*** une « éducation scientifique », qui ***tient compte*** de l'évolution naturelle de chaque enfant.

Internat : cours supérieur (universitaire) pour devenir médecin

Fondement : base

Bien-fondé : vérité

Façon significative : façon évidente, claire, concrète

Prônant : recommandant, conseillant

Tient compte : respecte

La première école Montessori a été créée dans la banlieue pauvre de Rome, en 1907, sous le nom de *Casa dei bambini* ou « Maison des enfants », pour des enfants de moins de cinq ans. Elle utilisa le matériel dont elle avait déjà fait usage pour enseigner aux enfants plus âgés ayant une déficience intellectuelle. Les résultats obtenus à la *Casa dei bambini* ***suscitèrent*** un grand intérêt chez les pédagogues. En 1909, elle publie son premier ouvrage sur les principes et les résultats de sa méthode sous le titre de *Pédagogie scientifique appliquée dans la maison des enfants*. Cependant, plusieurs idées contenues dans cet ouvrage provoquèrent des ***résistances***, surtout chez les Américains, ***ancrés*** dans des ***conceptions*** de l'éducation qu'ils n'étaient pas prêts à modifier. Freud fut l'un de ceux qui ***firent obstacle*** aux idées de Maria Montessori.

Suscitèrent : firent naître, causèrent

Résistances : oppositions (refus)

Ancrés : fixés profondément

Conceptions : idées

Lui fit obstacle : n'était pas d'accord

S'établit : s'installa, est devenue une pratique

Agissant : participant, en faisant des choses

Pivot : base principale

Tempérament : caractère, personnalité

Malgré les oppositions, la méthode Montessori ***s'établit*** dans plusieurs pays d'Europe et dans d'autres parties du monde. Aux États-Unis, lors de l'exposition universelle de San Francisco, les visiteurs pouvaient voir fonctionner une classe Montessori qu'on y avait installée. On assista par la suite à l'ouverture de plusieurs écoles Montessori en Amérique du Nord. Maria Montessori mourut en 1952, à l'âge de 81 ans.

La méthode

Sa méthode, destinée aux enfants d'âge préscolaire, est basée sur un principe de pédagogie active selon lequel l'enfant apprend en ***agissant***. Le ***pivot*** de cette pédagogie est la liberté de l'enfant à choisir lui-même ce qu'il va étudier, selon son ***tempérament***, ses goûts du moment et son niveau d'évolution. Cette méthode insiste, d'une part, sur la liberté et la douceur et, d'autre part, sur l'importance de l'apprentissage des sensations. Dans ce but, elle utilise un matériel varié qui suit une progression ***soigneuse*** : cubes, emboîtements, bâtonnets à compter, lettres mobiles. On laisse à l'enfant une grande liberté d'action et de mouvement dans un ***cadre préétabli*** qui favorise le développement et l'épanouissement de la personnalité.

Les enfants sont initiés à apprendre dans une situation non directive et incités à faire des activités qui les conduisent à comprendre les trois systèmes symboliques essentiels de la société : la lecture, l'écriture et les mathématiques.

Maria Montessori ***s'inscrit en faux*** contre l'opinion courante selon laquelle l'enfant imite les adultes. Sans doute reproduit-il les gestes et les paroles des grandes personnes de son entourage, mais il ne les reproduit pas en les copiant ***servilement*** ; il les refait à sa façon et les transforme toujours. Ce qui l'amuse le plus, c'est de modifier ce qu'il a ***enregistré***, de comparer, par l'imagination et la mémoire, le geste vu et le geste refait.

Les périodes sensibles

Les trois ***aspects*** fondamentaux de sa méthode sont l'éducation motrice, l'éducation des sens et l'éducation intellectuelle (le langage). Selon Maria Montessori, c'est au cours des premières années de l'enfance, surtout de la naissance à la sixième année, que le développement intellectuel de l'enfant est le plus rapide : il faut donc en

Soigneuse : très bien divisée

Cadre préétabli : règlements décidés d'avance

S'inscrit en faux : n'est pas d'accord (avec les idées populaires actuelles)

Servilement : sans penser, sans réfléchir

Enregistré : appris par cœur

Aspects : parties

tirer le maximum de profit. Elle a observé chez le tout jeune enfant des étapes importantes dans son développement, ce qu'elle va appeler les « périodes sensibles » (tableau A-1). Cette sensibilité ne dure que le temps qu'il faut pour que soit comblé tel ou tel besoin précis de l'enfant. Les « périodes sensibles » ***s'échelonnent*** de la naissance à 6 ans.

L'éducateur doit connaître l'existence de ces « périodes sensibles » et en tenir compte afin de respecter le développement normal de l'enfant. Elle a beaucoup ***insisté*** sur la nécessité de mieux comprendre les ***aptitudes*** et les capacités de l'enfant. Elle a démontré que l'enfant a un « esprit absorbant », doué d'une grande capacité d'apprendre et d'assimiler sans effort et ***inconsciemment*** tout ce que lui offre le monde qui l'entoure.

S'échelonnent : se suivent, se répètent, reviennent

Insisté : conseillé fortement

Aptitudes : possibilités

Inconsciemment : sans qu'il s'en aperçoive

Installent le mobilier selon leur fantaisie : placent les meubles où ils veulent

Préalable : avant

La classe Montessori

La classe Montessori n'est pas divisée en années ou en catégories d'élèves. La raison en est simple : les enfants ne réagissent pas de la même façon devant le même matériel de développement. Il faut donc les laisser avancer chacun à leur rythme. L'enfant apprend réellement en fonction de ses propres besoins et capacités.

Les enfants sont laissés libres de faire ce qui leur plaît et aussi longtemps qu'ils s'y intéressent. Ils se déplacent comme ils veulent, parlent entre eux, ***installent le mobilier selon leur fantaisie***, prennent des objets sans permission ***préalable***.

Tableau A-1

Les « périodes sensibles », selon Maria Montessori

Âge	**Manifestations**
De la naissance à 3 ans	L'enfant a un esprit « absorbant ». Il tente des expériences sensorielles.
De 18 mois à 3 ans	Il développe son langage.
De 18 mois à 4 ans	Ses muscles se développent et il apprend la coordination de ses mouvements. Il s'intéresse aux petits objets.
De 2 à 4 ans	Il rend plus harmonieux ses mouvements corporels. Il commence à se soucier de la réalité. Il prend conscience qu'il y a un ordre dans le temps et dans l'espace.
De 2 1/2 à 6 ans	Il raffine la perception de ses cinq sens.
De 3 à 6 ans	Il manifeste une certaine résistance à l'influence des adultes.
De 4 à 4 1/2 ans	Il développe plus particulièrement son sens du toucher.

La classe Montessori est très fonctionnelle et conçue de façon à favoriser la pleine liberté de l'enfant dans ses mouvements et dans son travail. Le local et les meubles sont ***proportionnés*** à l'enfant. Le matériel (toujours de bonne qualité) est placé sur des étagères faciles d'accès. Tout ce qui se trouve dans la classe doit avoir une fonction et pouvoir être manipulé et touché par l'enfant.

Proportionnés : de la bonne grandeur pour l'enfant

N'a pas négligé : n'a pas oublié

Réalisation : préparation

Dispositions : places, endroits

Est constitué : est composé, est fait, est formé de

Telles que : comme, par exemple

Degré de rugosité : plus ou moins rude (qui n'est pas lisse, petites bosses au toucher)

Gradation : qui augmente ou qui diminue petit à petit

Maria Montessori ***n'a pas négligé*** le sens du beau dans la ***réalisation*** de son matériel et dans l'aménagement du milieu physique de la classe. Le cadre est coloré, les tables, placées dans des ***dispositions*** variées, favorisent le travail individuel. On y retrouve des plantes vertes et des pots de fleurs ainsi que des tapis qui permettent de travailler par terre.

Le matériel

Le matériel sensoriel ***est constitué*** d'une série d'objets groupés selon certaines qualités, ***telles que*** la couleur, la forme, la dimension, le son, le ***degré de rugosité***, le poids, la température, etc. Chacun des objets de ces ensembles illustre la même qualité, mais à des degrés différents. Il s'agit donc d'une ***gradation*** dans laquelle l'objet suit une progression régulière et, quand c'est possible, mathématiquement établie. Par exemple : feuilles de papier lisse et rugueux, bouteilles de diverses senteurs, emboîtements géométriques, cadres de laçage et de boutonnage, jeux géométriques pour le dessin, tablettes de couleurs, tablettes de poids progressifs, tour, etc.

Selon Maria Montessori, le sens le plus important est le toucher, d'où la ***prépondérance*** à donner aux exercices sensori-moteurs et aux activités manuelles sous toutes leurs formes. L'éducation du toucher vise surtout à acquérir une certaine habileté manuelle et permet aussi de développer l'attention, l'observation, la mémoire et le raisonnement.

L'éducation sensorielle sert également de base à l'éducation esthétique et morale. En multipliant les expériences de sensations, et en développant la capacité d'***apprécier*** les plus ***infimes*** différences entres les ***stimulants***, on ***affine*** la sensibilité (illustration 1).

Prépondérance : la plus grande importance

Apprécier : comprendre

Infimes : minuscules (les plus petites)

Stimulants : quelque chose qui influence le comportement d'une personne, qui fait réagir cette personne. Ex. : bruit, couleur, forme, texture (dur, mou), odeur...

Affine : améliore, rend plus précise

1

Le matériel scolaire est concret, coloré et facile à manipuler. Il comprend, entre autres : des bouliers, des cubes à ***dimensions relatives*** (illustration 2), des bâtonnets à compter (illustration 3), des lettres de bois creuses à ***palper***, des lettres et des chiffres rugueux à reconnaître avec le doigt, un alphabet mobile (caractères cursifs découpés), des formes géométriques, etc.

Dimensions relatives : grandeurs qu'on peut mesurer et comparer ensemble

Palper : toucher

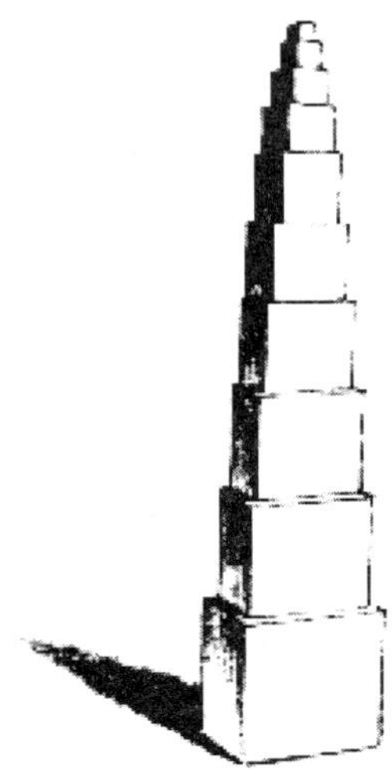

2

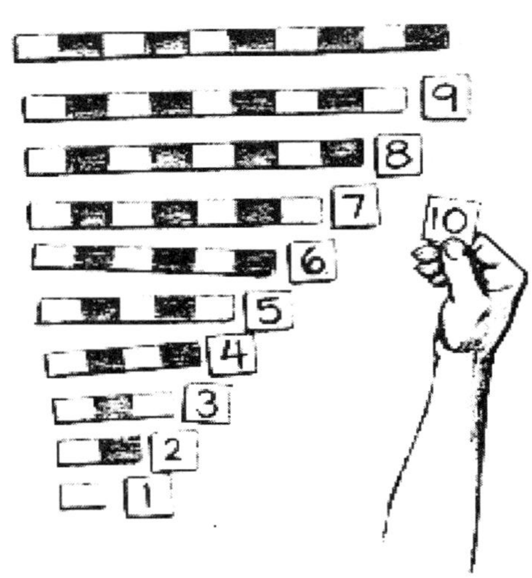

3

Dans son apprentissage de la lecture, l'enfant de cinq ans va chercher sur l'étagère les lettres rugueuses et les lettres de l'alphabet mobile. À cet âge-là, il s'intéresse aux ***signes*** et à leur ***relation aux sons***; les yeux ouverts, puis couverts d'un bandeau, il suit du doigt, dans le sens normal de l'écriture, les lettres rugueuses (illustration 4). C'est la première approche de l'écriture.

4

Signes: formes, lettres

Relation aux sons: lien entre les signes et leur son (bruit). Ex.: la lettre « b » et le son « bé »

Diphtongue: voyelle complexe dont le bruit du son change pendant qu'on la prononce. Ex.: « ai », « oi »

Variées: différentes

Repérer: trouver

À l'étape suivante, il compare des mots avec quelques lettres de l'alphabet mobile, il apprend à mettre les lettres « à l'endroit », dans le bon sens, puis à les ranger dans la case qui leur convient: il met tous les « d » avec les « d » et tous les « b » avec les « b ». Les lettres et les ***diphtongues*** sont de couleurs ***variées***, ce qui permet de ***repérer*** les consonnes, les voyelles, ou de voir si elles peuvent se prononcer de plusieurs façons (le « s » se prononce parfois « z »).

Le rôle de l'éducateur dans une classe Montessori

Maria Montessori considérait l'éducateur comme un observateur, toujours prêt à guider, à conseiller et à soutenir l'***enthousiasme*** que met l'enfant à apprendre, ***sans toutefois lui nuire*** dans ses efforts pour apprendre tout seul.

> De cette manière, écrit-elle, on pourra constater que l'enfant a sa personnalité qu'il cherche à développer ; il a de l'initiative, il choisit lui-même son occupation et y persévère ou passe à une autre selon ses besoins intérieurs ; il ne craint pas l'effort, au contraire il le recherche et il éprouve une grande joie de se trouver face à des obstacles qu'il se sent la capacité de surmonter.

Le rôle de l'éducateur sera de veiller à ce que chacun agisse librement et personnellement. Le respect ***mutuel*** est aussi une condition essentielle pour que puisse ***s'appliquer*** la méthode. L'éducateur ***fera en sorte*** que cette règle soit le plus souvent respectée par les enfants. L'enfant pourra se déplacer et parler quand il le voudra, travailler seul ou avec d'autres, mais il ne devra jamais interrompre un camarade ou intervenir dans ses occupations sans y être ***explicitement*** invité.

Le ***souci*** de faire respecter un certain ordre est un autre ***aspect*** de la méthode. En effet, selon Maria Montessori, l'ordre est un élément important. Trouver les choses toujours à la même place et dans le même état répond à un besoin de sécurité chez les enfants. Ils ont besoin d'ordonner et de ***maîtriser*** leur cadre de vie en mettant de l'ordre dans ce qui n'était d'abord pour eux qu'un ***chaos de sensations***. C'est en exécutant et en répétant des gestes relativement

Enthousiasme : intérêt

Sans toutefois lui nuire : sans l'empêcher, en lui permettant

Mutuel : entre les personnes

S'appliquer : être utilisée

Fera en sorte : fera des efforts spéciaux

Explicitement : directement, de façon claire

Souci : volonté

Aspect : idée

Maîtriser : contrôler

Chaos de sensations : différentes sensations qui ne sont pas claires (mêlées)

simples et sobres que s'ordonne et se maîtrise l'environnement.

Dans la mesure où il y a dans une classe abondance de matériel scolaire, l'éducateur doit, dès le début, ***assigner*** une place à chaque chose et la changer le moins possible au cours de l'année. De plus, chaque enfant a une armoire où il met ses affaires personnelles dont il est responsable.

L'apport de Maria Montessori a été remarquable à son époque, et une partie de ses idées, assez riches et ***ingénieuses*** pour ***surmonter l'épreuve du temps***, peuvent encore être utilement adaptées au monde moderne. C'est à Maria Montessori que nous devons l'aspect accueillant de nos garderies et maternelles et leur grande ouverture à une activité spontanée des enfants.

La méthode Montessori vise à développer toute la personnalité de l'enfant, elle stimule sa liberté mais dans un cadre organisé. Elle met donc dans la liberté le secret du développement physique, intellectuel et spirituel de l'enfant.

Assigner : donner, trouver

L'apport : le travail fait

Ingénieuses : originales, spéciales, nouvelles

Surmonter l'épreuve du temps : être toujours à la mode

Modeste : pas riche

École normale : école où sont formés les instituteurs

CÉLESTIN FREINET

Célestin Freinet est né en 1896 dans une famille ***modeste*** de Provence, au sud de la France. Il fait l'***école normale*** à Nice. Il participe à la guerre où il est gravement blessé au poumon. Après quatre ans de convalescence, il est nommé instituteur à Bar-sur-Loup (Alpes-Maritimes). Il débute avec une pédagogie traditionnelle qu'il trouve vite ennuyeuse et épuisante :

rappels à l'ordre, devoirs écrits, leçons ***magistrales***, etc. De plus, sa santé ne s'améliore guère. Il supporte mal les poussières de la classe et dès qu'il a parlé un peu, il est ***menacé*** d'une ***syncope***. « C'était l'immobilité de mort sur le divan et la désespérance quotidienne », dira Élise Freinet son épouse. C'est alors qu'il commence son journal de bord.

Magistrales : théoriques

Menacé : en danger

Syncope : crise, perte de connaissance rapide et courte

Bredouille : prononce mal

Instable : changeant

Susceptible : se fâche facilement

Persécuté : pense qu'on lui veut du mal

Coopération : aide entre les personnes

Freinet observe, écrit, prend des notes. Dans ce journal, des portraits montrent tout le fossé qui sépare certains enfants de l'école : Honoré avec son manteau trop grand a l'air d'un singe dans un cirque ; Joseph, qui apporte dans ses poches (selon les saisons) des escargots, des insectes, n'a aucun goût pour les études ; à la moindre question, Faroppa est frappé d'agitation et ***bredouille*** ; Mario, ***instable*** et ***susceptible***, est agressif et se sent toujours ***persécuté***.

Au lendemain de la Première Guerre mondiale, quelques pédagogues éprouvent de la déception face aux théories pédagogiques utilisées alors. Freinet pense que la discipline naît spontanément du travail et de la ***coopération***, de la spontanéité de l'enfant. Pour reprendre une phrase populaire de Freinet : « On ne fait pas boire un âne qui n'a pas soif. S'il boit, c'est de son propre mouvement et pour le plaisir qu'il y trouve. » En d'autres termes : on ne peut pas forcer un enfant à apprendre s'il ne voit pas d'intérêt à apprendre. Voici un extrait du discours de Freinet au Congrès de l'école moderne à Angers (France) en 1949.

> Malheur à l'enfant à qui on a expliqué la bicyclette au lieu de lui laisser faire les expériences qui lui auraient donné la maîtrise de cette mécanique. Il n'ignore rien de la

bicyclette. Il sera sans doute, plus tard, un sportif passif qui s'arrache les journaux de sports, s'entasse sur les stades et sur les parcours du tour de France en battant des mains et en criant le nom du champion. Mais il ne sait pas monter à bicyclette.

Malheur à l'écolier à qui on « explique » tout à l'école, au lieu de le faire expérimenter et agir, à qui on « explique » les sciences au lieu de les lui faire construire, à qui on explique l'écriture et la rédaction au lieu de les leur faire vivre par la correspondance.

Freinet critique violemment la « scolastique », nom qu'il donne à la conception scolaire traditionnelle ; selon lui, il faut, pour élaborer une pédagogie, s'appuyer sur la pratique vivante de l'enseignant et non sur une psychologie élaborée en dehors de la classe, et qui est, par le fait même, toujours ***inapplicable***. La critique de la conception traditionnelle s'accompagne d'une critique du cadre scolaire qui, dans son aspect matériel même (organisation de la classe, horaire découpant le réel par disciplines, autorité incontestée de l'enseignant), semble conçue pour étouffer l'initiative de l'enfant ou le réduire à l'écoute passive. ***C'est à la lumière*** de cette ***double critique*** qu'il faut comprendre les différentes techniques introduites par Freinet : ce ne sont pas des modifications ponctuelles ; elles visent au contraire à donner le maximum d'espace à l'initiative de l'enfant, ce qui doit faire ***basculer*** la tradition.

Inapplicable : qui ne peut être appliquée (pratiquée)

C'est à la lumière : c'est à l'aide

Double critique : double remarque

Basculer : faire changer

Délibérer : discuter pour décider

Freinet attache aussi une importance fondamentale à l'expression sous toutes ses formes. Il a modifié le cadre scolaire traditionnel. Il organise sa classe en laboratoire, conduit ses élèves hors de l'école pour des « leçons de choses » en plein air, fait ***délibérer*** la classe sous forme de conseil pour lui donner le sens de la décision collective.

Le texte libre consiste à permettre à l'élève de s'exprimer hors du ***carcan*** de sujets imposés de rédaction aux règles étroites ; il peut ainsi parler de ce qui l'intéresse d'abord, de son expérience immédiate, de son milieu, de son histoire familiale. C'est à partir de son environnement naturel qu'il va développer ses capacités d'expression.

Carcan : ce qui limite ou empêche la liberté d'action

Tâtonnement : chercher quelque chose par des essais

Appropriation : apprentissage, connaissance

Prise de conscience progressive : connaissance qui se fait de façon graduelle

L'usage de l'imprimerie en classe permet d'aborder de façon vivante la lecture et l'écriture, et aussi de prendre appui sur les liens qui unissent l'enfant à son milieu social.

Freinet fonde sa propre école à Vence en 1935 et celle-ci sera reconnue comme école expérimentale.

La pensée pédagogique de Freinet

Pour Freinet, l'apprentissage se fait par essais et erreurs ; c'est le principe du ***tâtonnement*** expérimental. L'***appropriation*** du savoir-faire et du savoir-être se fera grâce à des expériences répétées, de plus en plus réussies, et à une ***prise de conscience progressive***. Il faut avoir un besoin de connaître pour apprendre ; il faut donc mettre l'enfant dans des situations naturelles qui développent ce besoin. L'enseignant doit proposer des outils, organiser le milieu, aider l'enfant dans ses découvertes.

La relation enseignant-élève

À plusieurs reprises, Freinet s'en prend à la conception selon laquelle l'enseignant est infaillible et ***omnipotent***. Il déplore l'***autoritarisme*** qui, selon lui, ne saurait conduire qu'à un ***conditionnement néfaste***. Le but avoué de sa pédagogie consiste en la préparation éclairée d'individus autonomes.

Pour s'épanouir, l'autonomie exige un climat ***propice***. C'est ici que l'attitude de l'éducateur ***revêt une importance capitale***. Il importe d'accorder à l'enfant le plus de liberté possible, mais toujours dans le respect de l'autre.

Il rappelle cependant la ***distinction capitale*** existant entre liberté et ***anarchie***. Un éducateur doit être un ***démocrate*** souple ; il doit permettre à l'enfant d'agir en fonction d'un besoin, d'un intérêt véritable. Ce que Freinet ***réprouve***, c'est l'enseignement considéré comme une simple transmission de connaissances, ***sans recours*** à l'activité de l'élève. Il ***s'érige à juste titre***

Omnipotent : l'autorité du professeur est absolue

Autoritarisme : caractère de quelqu'un qui commande, qui décide pour les autres

Conditionnement néfaste : très mauvaise influence

Propice : favorable, idéal, le meilleur possible

Revêt une importance capitale : devient très importante

Distinction capitale : différence essentielle, nécessaire

Anarchie : désordre

Démocrate : personne qui ne se pense pas supérieure

Réprouve : n'est pas d'accord, rejette

Sans recours : sans la participation

S'érige à juste titre : n'est pas d'accord, avec raison contre le « par cœur » de la leçon « ***ex cathedra*** » et insiste sur la nécessité de corriger les « ***complexes scolaires*** » résultant d'apprentissages mal effectués.

L'enseignant, loin de disparaître et de se taire, vit la vie avec ses élèves. Chaque membre du groupe doit pouvoir se réaliser et c'est à l'éducateur d'ouvrir au maximum de nouvelles pistes. En un mot, la relation éducateur-élèves ne relève pas d'un quelconque laisser-faire ; si l'éducation ne se limite pas au dressage, il convient tout de même de guider l'élève ; selon Freinet, l'élève doit faire seul son bout de chemin.

Pour lui, « tout être humain possède un élan fondamental vers la connaissance, le savoir. L'enfant veut monter dans l'arbre de vie. » Malheureusement, ce donné initial ***s'atrophie*** souvent à cause de ***facteurs négatifs issus*** de la famille, de l'école et de la société. Que faire alors ? La réponse est logique : ***tenter*** de redonner au sujet son sens dynamique. Freinet recommande d'avoir ***recours*** à des techniques dont voici quelques exemples.

Ex cathedra : d'une façon autoritaire, sévère

Complexes scolaires : conséquences mauvaises pour l'élève

S'atrophie : diminue, perd sa force

Facteurs négatifs issus : causes négatives qui viennent

Tenter : essayer

Avoir recours : utiliser

Typographe : personne qui fait de l'imprimerie

Le travail créateur

L'imprimerie

Au début de son expérience, un ***typographe*** lui a dit : « Les enfants perdront les lettres, ils les casseront. » Malgré cet avertissement, il achète une presse toute petite, le papier utilisé sera du papier recyclé, car on manque d'argent. Le matériel de base de l'imprimerie Freinet est fait d'une caisse contenant les différents caractères d'imprimerie, d'une presse, d'une plaque à encrer avec encre, d'un rouleau spécial et de ***composteurs***.

Au départ, l'éducateur laisse aller les enfants à la découverte de l'imprimerie ; ils ne savent pas que le mot doit être composé en plaçant les signes de droite à gauche, contrairement à l'écriture. Le premier essai sera difficile et certainement un échec.

Pour les aider à comprendre, l'éducateur présentera leur mot écrit devant un miroir : ils ne pourront le lire. Là le rôle de l'éducateur est important ; il doit inviter les élèves à prendre quelques précautions et à « contrôler » sans cesse leur travail ***grâce au*** miroir.

En effet, la recherche des ***caractères***, leur place correcte dans le composteur sont des difficultés que les élèves doivent surmonter. Une fois entraînés, ils y parviennent en très peu de temps.

L'imprimerie est un travail qu'on ne peut faire seul ; il nécessite la ***constitution*** d'un groupe de travail où les tâches sont partagées et où chacun a un rôle à jouer, selon son talent (illustration 5). Pour être belle, la page imprimée doit ***être le fruit*** d'un travail planifié, d'une discipline qu'on se donne soi-même, d'une véritable participation. Mais c'est aussi un outil technique par lequel l'apprentissage de l'écrit se fait par tâtonnements. Voici quelques exemples : inversions, famille de lettres, ***prise de conscience*** des lettres dans l'espace, de la direction, de la notion de latéralité, etc. Il amène à se préoccuper de l'orthographe, de la lisibilité. Pour être lue, la page doit être écrite correctement, présentée

Composteurs : réglettes où sont placés les caractères d'imprimerie

Grâce au : avec

Caractères : lettres et chiffres

Constitution : formation

Être le fruit : être le résultat

Prise de conscience : compréhension

harmonieusement ; on doit donc faire attention à la disposition du texte et des illustrations.

5

> ***Opérations*** : étapes
>
> ***Démystifier*** : comprendre comment fonctionne
>
> ***Sens critique*** : capacité d'analyser, de trouver les qualités et les défauts
>
> ***Non négligeable*** : importante
>
> ***Spontanément*** : d'une manière personnelle, sans aide
>
> ***N'est pas imposé*** : n'est pas décidé par le professeur

Avec l'imprimerie, les enfants ont entre les mains un outil qui leur donne la possibilité de contrôler toutes les ***opérations***, depuis la création jusqu'à la diffusion d'une communication, et aussi de ***démystifier*** le texte imprimé, de développer leur ***sens critique***, dimension ***non négligeable*** de l'expérience. L'usage de l'imprimerie en classe permet d'aborder de façon vivante la lecture et l'écriture, et aussi de prendre appui sur les liens qui unissent l'enfant à son milieu social.

Les textes libres

Les enfants écrivent ***spontanément*** quand ils le désirent, aussi bien à la maison qu'à l'école. Le sujet ***n'est pas imposé*** et les textes servent à la fois pour les acquisitions scolaires et l'épanouissement de la personnalité. Comment exploite-t-on ces productions ? Les élèves se divisent en petits groupes et chaque groupe propose un texte. Un vote est pris par l'ensemble de la classe sur chaque production. L'enseignant accorde un ***droit de faveur*** aux poésies passables, aux textes racontés de ***vive voix***, aux ***tendances*** historiques. Il n'intervient que si un élève ***boycotte*** les textes d'un autre camarade. D'autre part, ***par le biais*** de rédactions collectives, l'enfant est amené à ***déceler*** l'ordre des idées et à s'interroger sur le ***style*** d'un texte selon le message à transmettre. C'est aussi le texte libre que l'on enrichit en commun et dont on étudie les règles grammaticales. Ce texte peut devenir un album, être mis au point collectivement ou individuellement, être inclus dans le recueil personnel de textes ou se transformer en affiche.

Il ne s'agit donc pas d'un exercice qui sert de prétexte à une leçon de grammaire, ni d'une rédaction imposée. Le but premier, c'est un exercice d'écriture libre qui peut être le point de départ d'activités d'expression artistique et dramatique, donc d'expression globale.

Le journal scolaire

Le journal scolaire est un recueil de textes que l'éducateur et les enfants ont décidé de diffuser. C'est en quelque sorte un portrait de vie de la classe. On y retrouve des ***comptes rendus*** d'enquêtes, de visites et d'événements ou d'activités ayant marqué la vie du groupe. Tout le monde participe à la rédaction des écrits et aux tâches diverses que cela implique. Pour Freinet, le journal scolaire permet d'ouvrir les murs de

Droit de faveur : plus grande importance

Vive voix : dit avec la parole, la voix

Tendances : liens, approches

Boycotte : n'est pas d'accord

Par le biais : avec

Déceler : trouver

Style : composition, manière d'écrire, d'exprimer sa pensée

Comptes rendus : résumés

l'école ; c'est aussi comprendre les autres, les connaître, les aimer ; c'est envoyer sur tous les chemins les ondes secrètes de la vie et de l'amour.

La correspondance scolaire

La correspondance scolaire est essentiellement une activité de communication qui peut devenir le moteur de la classe, le centre du travail et de l'activité. Elle consiste à jumeler deux classes de régions différentes, qui échangent sur différents sujets : la végétation, les animaux, les fêtes, les spécialités ou certaines curiosités de leur région. Les élèves échangent sur ce qu'ils sont, sur ce qu'ils ont en commun, sur ce qui les différencie. C'est une ***activité intégratrice très riche*** car elle permet de toucher à tout. Il n'est pas possible, en effet, de parler de son milieu sans faire auparavant des enquêtes et des recherches, sans non plus échanger textes et travaux de toutes sortes sur ce qui se vit en classe. Ajoutons à cela la dimension affective dans le choix du ou des correspondants, la préparation des colis, la joie qu'occasionne la réception d'un nouveau paquet, etc. Ce jumelage peut même déboucher sur un « voyage-échange », pour autant qu'il soit possible de le faire. Ce voyage représentera pour l'enfant un événement majeur dans sa vie scolaire.

> ***Activité intégratrice très riche*** : activité qui permet d'utiliser tout ce qu'on a appris

Le fichier scolaire ou bibliothèque de travail (BT)

Il s'agit ici de petits documents contenant des illustrations et des textes portant sur les matières au programme, comme la littérature, les sciences, le calcul, la grammaire, l'histoire, la géographie, etc. Les élèves participent activement à la composition du fichier en apportant des photos, des revues qui méritent d'être découpées. Ces illustrations et ces textes sont collés sur des petites fiches et classés selon la matière.

Par exemple, si l'enseignant veut parler des serpents, il consulte le fichier des animaux, en extrait la fiche « serpents » et y puise ce qu'il a comme documents sur le sujet. Au cours de sciences, il demandera aux enfants de décrire, à l'aide des illustrations, quelques espèces de serpents des diverses régions du monde. En littérature, on lira quelques belles pages de grands écrivains. En histoire, on cherchera à identifier les remèdes utilisés à différentes époques contre les morsures de serpents, etc. Freinet dit : « Si nous habituons les enfants à questionner leur entourage, ce sont eux qui pourront nous donner ces précieux renseignements. C'est la définition du calcul vivant. » Ainsi, l'éducateur passera avec les enfants interroger le fermier sur le prix de son blé, de ses pommes de terre, sur l'étendue du pré ***fauché*** en un jour ; auprès du maçon, on s'informera de la valeur des matériaux ou des proportions chaux-sable dans la fabrication du ciment.

Fauché : coupé

Magistral : théorique, donné par le professeur

Pair : élève

Touche : intéresse

La conférence

Les conférences préparées par les élèves intéressent plus les camarades que le cours ***magistral***. D'un enfant à l'autre la langue est la même, l'accent est porté sur des faits qui, inaperçus ou négligés par l'adulte, savent piquer la curiosité des jeunes. De plus, le fait d'entendre un ***pair*** aborder un sujet qui nous ***touche*** de près (divorce, amour, mort), mais dont nous n'osons pas parler, peut contribuer à réduire des tensions émotionnelles chez l'enfant.

Qu'on le veuille ou non, la vie a ses exigences et la discipline en est une. En effet, la vie collective et l'effort individuel imposent une contrainte à l'enfant, une ***discipline***.

Pour développer ce sens de la discipline sur le plan individuel, on demande à l'élève, en début de semaine, d'inscrire ses projets dans les « cases » d'un plan de travail. En fin de semaine, il peut confronter lui-même ses ***engagements*** avec ses réalisations.

Les problèmes de discipline collective sont discutés à la réunion hebdomadaire générale, qui est présidée par un élève.

La pédagogie Freinet repose sur la coopération dans le développement de toutes les responsabilités qu'elle fait naître à l'intérieur de l'école. L'essentiel est d'avoir des résultats pas tant spectaculaires que valables sur le plan de la vie. Il s'agit essentiellement de faire participer les élèves à la vie active à l'intérieur et à l'extérieur de l'école.

L'apport de Freinet à l'éducation moderne nous ***incite*** à mesurer l'importance de ses ***propos***. Freinet est un praticien de l'école élémentaire, sa pratique quotidienne de quarante années passées au milieu des enfants constitue une expérience et un témoignage irremplaçables. Sa pédagogie est une méthode ouverte, qui laisse libre cours à l'imagination et à l'esprit inventif des éducateurs. Freinet a beaucoup écrit. ***On peut ne pas le suivre*** dans toutes ses élaborations théoriques, mais le

> ***Discipline*** : ensemble de règles obligatoires
>
> ***Engagements*** : choses qu'on a promis de faire
>
> ***Apport*** : nouvelle façon d'enseigner
>
> ***Incite*** : fait réfléchir
>
> ***Propos*** : théories
>
> ***On peut ne pas le suivre*** : même si on n'est pas d'accord

trait le plus attachant de sa personnalité a passé dans son œuvre et reste un objectif à atteindre, non seulement pour les éducateurs, mais pour tous les rapports humains : donner la parole et savoir écouter. Même si la pédagogie Freinet n'est plus à l'avant-garde, elle a fait des racines qu'on ne pourra jamais arracher...

OVIDE DECROLY

C'est à Renaix, en Belgique, que naît en 1871 Ovide Decroly. Après avoir obtenu son diplôme de médecine, il se spécialise dans l'étude du système nerveux et des maladies mentales et complète sa formation en psychologie et en pédagogie.

Il fonde en 1901, à Bruxelles, un institut pour des enfants ayant une déficience intellectuelle, l'Institut pour enfants irréguliers. Devant le succès de son entreprise, il décide d'appliquer à l'éducation des enfants normaux l'expérience acquise auprès des enfants ayant des difficultés. C'est ainsi qu'en 1907 il ouvre l'école de l'Ermitage.

C'est à cette école, dans la banlieue de Bruxelles, que nous retrouvons la forme la plus complète et la plus originale de cette pédagogie. Cette école deviendra pour les éducateurs de tous les pays un centre de « pèlerinage » où ils viendront étudier un modèle et chercher une ***source d'inspiration***. L'enfance d'Ovide Decroly se passa dans un grand jardin, ce qui explique peut-être l'importance de ce milieu dans la pédagogie decrolyenne. Afin de mieux comprendre cet environnement, nous faisons une ***brève*** description de l'école de l'Ermitage (encadré 2).

> ***Source d'inspiration*** : qui fait naître des idées nouvelles
>
> ***Brève*** : courte

Encadré A-1

Description de l'école de l'Ermitage

Le jardin

C'est un jardin où la vie pénètre par les animaux et les fleurs et qui offre un cadre de vie agréable. Les enfants peuvent choisir, au terrain de jeux, les exercices physiques qu'ils désirent. Cependant, la présence d'un certain ordre dans l'agencement des allées et des dépendances canalise discrètement la liberté. Ce jardin a diverses fonctions :

- décoration : pelouses, arbres (faux acacias, cerisiers,magnolias...), fleurs (tulipes...) ;
- jeux : balançoires, etc. ;
- observation des animaux : nichoirs, chèvres, poissons rouges, chiens, chats, lapins, poules, canards, oies et pintades...

Ce jardin comporte quelques dangers que les enfants doivent apprendre à surmonter : les pierres et les pentes du terrain (maîtrise de la marche et de la course), les animaux (prudence et respect), l'escalier tournant (maîtrise de l'équilibre). Pour les jeux d'eau, les enfants ont à leur disposition des seaux, des entonnoirs ; pour le jardinage, des pelles, des bêches, des râteaux, etc.

La classe

Partout, les fenêtres s'ouvrent au soleil. Sur les tables de travail, se retrouvent des plantes fraîchement cueillies ; aux murs sont fixées des illustrations de problèmes, des cartes géographiques sur lesquelles on voit épinglées des images ou des phrases rappelant les caractères particuliers des différents pays. Des modelages reposent sur les étagères. Il y a des insectes, des tortues, des crapauds, des souris, ainsi que de tout jeunes poussins dans une couveuse transparente. Tout ce petit monde vit à son aise près des enfants, au milieu de la classe.

Dans cette école, on rencontre des enfants concentrés sur leur activité. Certains élèvent des souris blanches et les pèsent chaque jour pour voir si elles ont grossi. Cette activité a une importante fonction pédagogique : le problème est concret et est lié à l'amour de l'élève pour sa souris blanche, amour qui le pousse à connaître exactement le résultat de son étude. On imagine combien les règles de mesure du poids (grammes, kilogrammes) ainsi apprises dans un contexte d'expériences continues deviennent claires pour l'enfant et combien, par le fait même, les problèmes les plus abstraits peuvent se greffer sur une structure pratique stable.

Decroly disait : « l'école pour la vie, par la vie ». Il veut par là que l'école, pour être une préparation à la vie, doit être elle-même une vie ; elle doit apporter à l'enfant ce que lui apportera sa vie d'adulte : une activité libre, motivée par les besoins de sa nature, et une source de joie.

L'école est un jardin, un atelier, un laboratoire, où l'activité manuelle, loin de nuire à l'activité intellectuelle, la soutient, la ***motive***. Decroly a montré nettement que l'éducation doit suivre l'***évolution physiologique*** et psychologique de l'enfant et que le meilleur moyen de réussir l'éducation de l'enfant dit « normal » et également celle de l'enfant ayant des difficultés d'apprentissage consiste à rechercher dans la vie même les instruments de cette action.

Motive : encourage

Évolution physiologique : développement (croissance) du corps

Abondant : beaucoup

Recueillies : ramassées, prises, trouvées

Le matériel

Cette pédagogie requiert un matériel assez ***abondant*** mais peu coûteux, qui peut être facilement réuni ou fabriqué par l'éducateur et par les enfants eux-mêmes. Il s'agit de documentations ***recueillies*** en dehors de l'école, d'appareils élémentaires construits à l'école, du « terrarium », de la couveuse, de la cage d'oiseau et de celle du lapin, de l'aquarium, d'une mini-serre, etc.

La méthode

N'est pas l'essentiel : n'est pas le plus important

Données : matériel qui existe naturellement dans le milieu (entourage)

Systématiquement : en détail et au complet

Doctrine : ensemble des croyances ou des principes

N'est pas destiné : n'est pas fait pour

Tenir compte : faire attention

Réciproques : qui sont échangées

A attribuée : a donnée

Dans la méthode Decroly, le matériel construit ***n'est pas l'essentiel***, comme c'est le cas dans la pédagogie de Maria Montessori ; en fait, il complète les ***données*** du milieu naturel qui reste l'éveilleur par excellence. Ovide Decroly n'a jamais exposé ***systématiquement*** la ***doctrine*** qui lui a servi de base. On peut toutefois trouver l'essentiel de ses idées dans une conférence qu'il donnait à Renaix, où il disait en substance :

> Il faut préparer les enfants à s'adapter à l'existence, les éduquer pour la vie... Pour cela, le développement des activités suivantes est nécessaire : se suffire à soi-même, n'être pas à la charge des autres, acquérir les qualités morales indispensables pour affronter les difficultés de la vie, permettre d'élever et de diriger sa jeune famille, enfin celles qui font un être social, un citoyen conscient des bénéfices qu'il tire de l'association humaine et des savoirs qui en résultent aussi. Tel est le but de l'éducation.

Pour atteindre ce but, il faut se baser sur trois réalités et les étudier soigneusement : l'enfant d'abord, qui est au centre, le milieu où l'enfant agit et vit puisque l'éducation est une adaptation à ce milieu et, enfin, la société puisque l'enfant ***n'est pas destiné*** à vivre isolé et qu'il faut ***tenir compte*** des réactions ***réciproques*** entre l'individu et la société. On comprend dès lors l'importance que Decroly ***a attribuée*** aux recherches en biologie, en ***psychogenèse***, à l'***exploitation systématique*** du milieu par la pratique des « centres d'intérêt » et à l'étude de la sociologie.

On peut ramener à deux contributions principales le renouveau introduit par Decroly dans le domaine de la pédagogie active : l'apprentissage global des techniques scolaires, surtout celles de la lecture et de l'écriture, et la méthode des centres d'intérêt.

L'apprentissage de l'écriture ***élaboré*** par Decroly est, comme celui de la lecture, ***fondé*** sur la méthode globale. L'écriture ***est assimilée*** au dessin. L'enfant dessine un mot. Quand il sait dessiner parfaitement ce mot, il est alors capable d'en détailler les courbes, jusqu'à reconnaître les éléments premiers du dessin, c'est-à-dire les lettres. Dans ce domaine, Decroly ***est à l'opposé*** de la théorie de Maria Montessori qui ***initie*** d'abord les enfants à l'écriture et à la lecture des lettres.

Les centres d'intérêt

Un aspect important de sa pédagogie ce sont les « centres d'intérêt ». L'enseignement par « centres d'intérêt », tel que l'ont conçu Decroly et ses collaborateurs, constitue une des réalisations les plus originales de sa pédagogie. Decroly cherche son ***point d'appui*** dans l'action concrète, c'est-à-dire dans l'acte global, qui a une signification et ***se trouve donc mû*** par un intérêt ***dominant***. Or, l'école traditionnelle présente, au contraire, les connaissances à acquérir sans relation aucune avec les intérêts de l'enfant, avec l'action proprement

Psychogenèse : étude des causes d'un problème mental

Exploitation systématique : utilisation du milieu où la personne vit

Élaboré : inventé

Fondé : basé

Est assimilée : est intégrée, est incluse

Est à l'opposé : est le contraire

Initie : commence à montrer

Point d'appui : base

Se trouve donc mû : est stimulé

Dominant : le plus important

dite. Bien plus, elle les présente isolément et ***analytiquement***. Il y a des leçons de grammaire, d'arithmétique, de géographie, d'histoire, etc., mais sans lien, sans que l'enfant comprenne ni les connexions intimes de ces parties entre elles, ni, par conséquent, leur rapport avec la vie elle-même. L'horaire est souvent ***morcelé*** : chaque heure, l'enfant change d'activité. Par exemple, il passe de l'analyse d'un verbe à la lecture d'une carte géographique, puis à la solution d'un problème d'arithmétique.

Analytiquement : d'une façon séparée, sans lien

Morcelé : divisé en parties

Combinées : les deux (analyse et synthèse) ensemble

Acquisition systématique : apprentissage étape par étape

Porte : est dirigée

L'effort de Decroly a été de chercher à procéder, dans l'enseignement même, à un passage constant du global à l'analyse et à la synthèse ***combinées*** : autrement dit, de l'action significative ou du centre d'intérêt à l'***acquisition systématique*** des connaissances qui s'y rapportent. Pour ordonner les matières scolaires, il base ses centres d'intérêt sur quatre grands thèmes empruntés aux besoins essentiels de l'homme, à savoir :

- le besoin de se nourrir ;
- le besoin de se défendre contre les dangers et les ennemis ;
- le besoin de travailler solidairement ;
- le besoin de se détendre, de se divertir, de se réaliser, de créer.

L'observation

Decroly place l'observation* à la base de toutes les activités scolaires. C'est par elle qu'il faut obligatoirement commencer ; elle ***porte*** directement sur les

faits et les êtres étudiés. L'enfant entre d'abord, par l'observation, en contact direct (autant que possible) avec les choses, les êtres et les événements ; il les regarde et les décrit par rapport à lui, à son école, à sa famille, au milieu plus ***vaste*** où il vit.

L'enfant entre directement en contact avec les choses en toute liberté. Par exemple, il ***élève*** lui-même un animal, lui donne à manger, observe sa taille, son poids, son comportement, etc. Ce ne sont pas des animaux empaillés ou des plantes desséchées, sortis de leur cadre naturel de vie. Il ne s'agit pas d'un monde artificiel, mais d'un contact direct avec la vie, grâce auquel les sens de l'enfant seront le plus possible ***en éveil***.

L'expression

Un autre aspect de l'enseignement de Decroly est l'expression. L'enfant exprime soit manuellement, soit de façon abstraite, ce qu'il a observé. Pour cela, il peut utiliser le langage graphique ou toute autre forme d'expression. C'est dans les activités d'expression qu'aboutissent et viennent s'intégrer les diverses connaissances.

L'expression consiste en activités manuelles de toutes sortes, comme le modelage, le dessin, le jardinage, la fabrication de maquettes, la confection de décors pour des représentations théâtrales ou pour reconstituer des scènes de vie éloignées dans le temps. Plus l'enfant avance en âge, plus l'observation et l'expression doivent ***se parfaire*** et se complexifier.

Faits : événements qui sont liés à la réalité

Vaste : grand

Élève : s'occupe de, donne les soins à

En éveil : stimulés

Se parfaire : s'améliorer

L'association

Poursuit l'extension : continue à ajouter des informations

Analogies : ressemblances

Rapports de causalité : liens entre des choses ou des personnes lorsqu'on les compare

Sujet traité : le sujet qu'on étudie présentement

Compatibles : peuvent vivre ensemble, en même temps

Gestion mentale : organisation des idées, pensée

Hypothèses : idées pour expliquer et prévoir ce qui peut arriver

Axes : idées

Quand une idée est acquise par l'observation et l'expression, on en ***poursuit l'extension*** dans le temps et l'espace par des associations. L'association consiste à habituer l'enfant à chercher des ***analogies***, des différences, des ***rapports de causalité***. Dans l'association, deux parties de l'enseignement entrent particulièrement en action : l'histoire, pour l'association dans le temps, et la géographie lorsque l'étude du ***sujet traité*** s'étend dans l'espace ; exemple : l'association de la France (géographie) avec les premiers colons du Québec (histoire).

Prenons un autre exemple. Les enfants veulent des poissons dans leur classe. En installant l'aquarium, ils apprennent à faire des recherches. Ils ont dû former des équipes et lire des livres sur les aquariums et les poissons avant de savoir lesquels sont ***compatibles***. Les enfants appliquent une méthode de ***gestion mentale*** qui privilégie quatre séquences : détermination du problème, élaboration d'***hypothèses*** de solution, application d'une solution retenue et évaluation des résultats. Autrement dit, ils apprennent à apprendre.

L'observation, l'expression et l'association constituent donc les trois ***axes*** importants de la pédagogie de Decroly. Pour mieux en comprendre les grands principes, voici un exemple de centre d'intérêt portant sur les plantes, pour un groupe d'enfants de 10-12 ans (encadré 3).

Encadré A-2

Exemple de centre d'intérêt : « les plantes »

Observation

Les parties différentes de la plante.
Les plantes potagères.
L'utilité des plantes.
La nourriture des plantes.
Les plantes qu'on cultive.
Les plantes sauvages.
Les plantes fourragères.
Les plantes médicinales.
Les plantes textiles.
Les plantes aquatiques.
Le jardin botanique et ses plantes.
Les fleurs et leurs familles.
Les couleurs.
La germination.
Les fruits et les fleurs de la saison.
La fécondation des plantes.

Expression

Recherche des mots appartenant à la famille des mots « plante », « fleur », « feuille », etc.
Chaque saison a ses fleurs.
L'emblème des fleurs.
L'histoire d'une plante.
Dessins des différentes parties d'une plante.
Causerie entre un têtard et une plante aquatique.
L'histoire d'une marchande de violettes et de ses bouquets.
Dessins sur les fleurs, les feuilles.
Modelage d'une fleur.

Sujets de conférence

Les fêtes de fleurs à différentes époques.
Les plantes d'appartement à fleurs.
Les notables qui ont légué leur nom aux plantes ; exemple :

Bégonia = Michel Bégon
Poinsettia = Joël Robert Poinsett
Bougainvillée = L.A. de Bougainville
Fuchsia = Léonard Fuchs

Les parfums extraits des fleurs.
Comment les Africains extraient le caoutchouc des plantes.
Utilité des plantes pour les petits oiseaux et utilité des petits oiseaux pour les plantes.

Association

Les plantes qui vivent dans d'autres pays.
Les plantes alimentaires des autres pays.
Les forêts vierges et leurs plantes.
Le cactus du Mexique.
La Hollande et ses tulipes.
Les curieuses fleurs du Japon.
Les plantes des pays froids, des pays chauds.
Les plantes marines.
Les fruits exotiques et leur utilité.

Disciples : personnes qui font la même pédagogie que Decroly

L'influence de Decroly a été et reste étendue, principalement dans les pays latins européens et en Amérique du Sud, où lui-même et plusieurs de ses ***disciples*** ont introduit les idées et les pratiques nées en Belgique. On ne peut parler à son sujet d'un système parfaitement organisé, comme la pédagogie de Maria Montessori par exemple, mais plutôt d'une méthodologie particulière de l'étude du milieu.

Comme la plupart des ***novateurs***, Decroly a été l'objet de ***louanges enthousiastes*** mais aussi d'***oppositions tenaces***. Sans tenir compte ici des objections que les éducateurs spiritualistes lui ont opposées du fait de sa ***philosophie naturaliste***, les éléments proprement techniques de sa pédagogie ont été critiqués, parfois avec ***vivacité***. On lui a notamment reproché de partir d'intérêts qui, pour être réels, ne sont pas pour autant vécus par les enfants, et qui sont ***en somme*** une ***transposition*** des préoccupations des adultes dans le comportement de l'enfant. On a également regretté qu'il ne soit pas tenu compte du goût pour le merveilleux et pour les contes, si important chez le jeune enfant. On a encore ***prétendu*** que Decroly faisait la part trop grande aux jeux et aux occupations concrètes et ***négligeait*** la formation de la volonté. Quoi qu'il en soit, le nom de Decroly restera dans l'histoire de la pédagogie contemporaine comme celui d'un grand éducateur tout dévoué à l'enfance.

Novateurs : personnes qui ont des idées nouvelles

Louanges enthousiastes : félicitations encourageantes

Oppositions tenaces : personnes qui ne sont vraiment pas d'accord

Philosophie naturaliste : pensées qui sont orientées vers la nature

Vivacité : force

En somme : en résumé

Transposition : qui a pris la place de

Prétendu : dit, pensé

Néglige : ne s'occupe pas assez

BIBLIOGRAPHIE

Chanel, E., *Les grands thèmes de la pédagogie*, Collection « Sciences humaines », Le Centurion, Paris, 1970.

Chavardès, M., *Les grands maîtres de l'éducation*, Sud, Paris, 1966.

Decroly, O. et Monchamp, *Initiation à l'activité intellectuelle et motrice par les jeux éducatifs*, Delachaux et Niestlé, Neuchâtel, 1978.

Freinet, C., *Pour l'école du peuple*, Maspero, Paris, 1969.

Freinet, C., *Les techniques Freinet de l'école moderne*, Bourrelier-Colin, Paris, 1967.

Freinet, C., *Les dits de Mathieu*, Delachaux et Niestlé, Neuchâtel, 1967.

Freinet, C., *Les méthodes naturelles d'apprentissage de la langue*, Delachaux et Niestlé, Neuchâtel, 1967.

Freinet, C., *L'éducation du travail*, Delachaux et Niestlé, Neuchâtel, 1967.

Gilbert, R., *Bon pour enseigner ?*, Pierre Mardaga, Bruxelles, 1980.

Hainstock, H., *Comment éduquer votre enfant selon la méthode Montessori*, Éditions Paulines, Montréal, 1971.

Hamaïde, A., *La méthode Decroly*, Delachaux et Niestlé, Neuchâtel, 1966.

Michelet, M., *Les outils de l'enfance*, tome 1, Delachaux et Niestlé, Neuchâtel, 1968.

Orem, R.C., *Le manuel Montessori*, Denoël-Gonthier, Paris, 1975.

Prévot, G., *La coopération scolaire et sa pédagogie*, E.S.F., Paris, 1972.

Glossaire

A

Acuité auditive : degré de sensibilité* et de précision des organes récepteurs* de l'oreille. Le fonctionnement normal de ces organes permet de différencier les sons et les bruits provenant de l'environnement immédiat.

Affect : terme général pour désigner un état affectif qui se situe entre les deux pôles plaisir-déplaisir. Par exemple, si j'éprouve un sentiment de peur en face de mon patron, il s'agit d'un affect qui dépend de l'idée que j'ai de moi-même, de celle que j'ai de mon patron et de la relation qui doit exister entre les deux.

Affectivité : ensemble des phénomènes de la vie affective qui regroupent les impressions, les sentiments, les émotions*, les passions.

Afférent : se dit d'un nerf qui transporte vers le centre nerveux l'information reçue à la périphérie de l'extérieur du corps. (Voir **Efférent**)

Âge de développement : niveau du développement* psychologique et moteur de l'enfant.

Âge mental : niveau du développement* intellectuel de l'enfant, mesuré à l'aide de tests psychométriques.

Agressivité : sorte d'instinct se manifestant à travers toute une gamme de sentiments et de conduites. Il s'agit d'un processus primaire et indépendant, d'une réaction à la frustration. Si l'agressivité est une composante de tous les sentiments et des attitudes, c'est de la façon dont elle se canalise et se module que dépend l'équilibre de la personnalité.

Aire d'association : aire corticale qui intègre les informations sensorielles qu'elle reçoit.

Amplification du son : degré auquel le son est augmenté par un appareil auditif.

Analyseur : récepteur* sensoriel (oreille, œil, etc.) qui permet de percevoir et d'analyser le monde extérieur.

Anatomie : étude scientifique de la forme, de la disposition et de la structure des organes des êtres vivants.

Aphasie : trouble, perte ou altération de la compréhension du langage* écrit ou verbal causés par une lésion des centres nerveux. C'est une incapacité de recevoir ou de classifier les symboles linguistiques. L'aphasique peut parler, mais ses paroles* sont, en général, inappropriées et dépourvues de sens. Impossibilité de traduire la pensée par des mots.

Approche multi-sensorielle : approche qui utilise tous les organes des sens ; la vue, l'ouïe, l'odorat, le goût et le toucher.

Assimilation : intégration d'une expérience nouvelle à une ou à des expériences anciennes et connues.

Attention : capacité de fixer son esprit sur quelque chose, de rester alerte (vigilant) et d'enregistrer l'information ; une attention soutenue est nécessaire à la concentration*.

Autosuggestion : action de se suggestionner soi-même, de se persuader de quelque chose.

B

Bégaiement : trouble du langage* qui se caractérise par des blocages et des répétitions dans la parole*. Trouble de l'élocution.

Bégayer : parler d'une manière hésitante, confuse ; arrêt involontaire du débit des mots.

Béhaviorisme : étude scientifique et expérimentale du comportement*.

C

Cérébral : qui concerne le cerveau, la pensée, l'activité intellectuelle.

Cognition : terme générique désignant tout processus qui entraîne la connaissance d'un objet. Elle comprend la perception*, la conception, le jugement et le raisonnement*.

Communication : ce qui permet d'établir une relation avec une ou des personnes.

Compensation : mécanisme psychique inconscient qui permet de suppléer à (contrebalancer) une déficience, un handicap.

Compétence : capacité de bien faire quelque chose.

Comportement : réaction d'une personne dans un milieu donné, façon de faire d'une personne devant les objets, les événements, autrui.

Concentration : ce qui permet de fournir un effort intellectuel dans le but de fixer son attention* sur un seul sujet.

Concept : idée abstraite et générale. Représentation intellectuelle (mentale) d'un mouvement, d'un objet, de façon symbolique abstraite.

Conscience du corps : connaissance de son propre corps, des différentes parties de son corps et de leurs relations les unes avec les autres.

Coordination motrice : ce qui permet d'effectuer des mouvements selon des séquences précises, harmonieuses. Exemple : coordination des mains, des bras, de l'œil par rapport à la main.

Coordination oculo-manuelle : aptitude à coordonner des activités visuelles et manuelles.

Cortex cérébral : substance grise située à la surface externe des hémisphères cérébraux et formée par les neurones* et leurs ramifications.

D

Décodage : action d'attribuer un sens spécifique à une séquence donnée de sons ; cela demande la structuration du rythme sonore, la connaissance des sons et du langage* parlé.

Déficience auditive moyenne : perte de l'audition qui empêche la personne d'entendre des conversations à voix basse ou les paroles* de personnes éloignées.

Déficience auditive sévère et profonde : la personne ne peut pas entendre sans amplification (appareil auditif) et, dans certains cas, elle est incapable d'entendre même avec cet appareil.

Déficience neurologique : atteinte du système* nerveux.

Développement : hiérarchie (ordre, classement) des étapes à franchir en fonction de l'âge. Croissance du cerveau et du corps.

Développement psychomoteur : développement de l'esprit et du processus mental, y compris les sentiments, en relation avec la croissance physique.

Discrimination auditive ou visuelle : ce qui permet de différencier des bruits ou des sons perçus par l'oreille ou des stimuli visuels perçus par l'œil.

Discrimination tactile : ce qui permet de percevoir, de reconnaître par le toucher les différences et les similitudes entre divers objets (la forme, la grandeur, etc.).

Dissociation : ce qui permet de faire en même temps deux mouvements qui ne sont pas en harmonie ; ils sont indépendants l'un de l'autre.

Dominance cérébrale : prépondérance, supériorité du côté droit ou gauche du corps.

Dyscalculie : difficulté dans l'apprentissage du calcul ; problème dans l'organisation* spatiale. L'enfant ne sait pas par où commencer l'opération.

Dysgraphie : difficulté dans l'exécution, la coordination du geste graphique ; problème de motricité* fine (écriture, dessin en général).

Dyslalie : trouble de l'articulation verbale, dû à des malformations ou à des lésions des organes de la phonation (langue, dents, lèvres, palais).

Dyslexie : difficulté dans l'apprentissage de la lecture, sans déficit sensoriel ni intellectuel.

Dysorthographie : difficulté dans l'apprentissage de l'orthographe (confusion entre droite et gauche, bas et haut, dans le dessin des lettres ; ex. : b, d, p, q).

Dyspraxie : incapacité d'exécuter des mouvements volontaires dans deux ou plusieurs domaines.

E

Éducation : art de développer les qualités morales, intellectuelles et physiques qu'une personne possède à l'état potentiel.

Éducation psychomotrice : action pédagogique et psychologique utilisant le mouvement dans le but de normaliser, d'améliorer le comportement* de l'enfant, de lui permettre de mieux se situer dans l'espace et dans le temps, d'établir des relations normales avec les objets et d'harmoniser ses relations avec autrui.

EEG : abréviation d'électroencéphalogramme ; enregistrement graphique de l'activité électrique du cerveau par l'application d'électrodes sur le cuir chevelu (la tête).

Efférent : se dit d'un nerf qui transporte l'information produite par le centre nerveux de l'intérieur vers la périphérie du corps. (Voir **Afférent**)

Émotion : réaction intense du corps humain à une situation inattendue, accompagnée d'un état affectif agréable ou désagréable.

Empathie : communication* affective avec une autre personne ; capacité de ressentir ce que l'autre ressent ; compréhension psychologique des autres.

Équilibre : maintien de la posture* corporelle ; l'équilibre est dynamique lorsque le corps se déplace, et statique lorsque les mouvements ont lieu sans déplacement du corps.

Étiologie : étude des causes des maladies ou des dysfonctions chez l'être humain.

Évocation : action de rappeler une chose oubliée, de la rendre présente à l'esprit. Fonction de la mémoire par laquelle les souvenirs sont rappelés à la conscience.

F

Fatigue : diminution de la capacité d'agir qui apparaît après un effort important, une dépense physique ou intellectuelle.

Figure-fond : forme symbolique à reconnaître au milieu d'un groupe de symboles. L'enfant doit avoir la capacité de percevoir et de comprendre les symboles* et d'isoler celui qui est important.

Fratrie : ensemble des frères et sœurs qui composent une famille ; exemple : Jean est le deuxième de la fratrie, Claire est la dernière de la fratrie.

Frustration : état résultant de la rencontre d'un obstacle externe ou interne à la satisfaction d'un désir émanant d'une pulsion. La frustration est un facteur essentiel dans le développement du Moi qui sera d'autant plus vigoureux qu'il sera capable de l'assumer (la frustration étant inhérente au principe de réalité).

H

Habileté : capacité d'effectuer un travail, une tâche.

Hémisphère : les deux moitiés symétriques, droite et gauche, du cerveau.

Hyperactivité : activité excessive, instabilité* motrice.

Hypertension : augmentation de la pression dans le sang artériel. L'hypertension se manifeste par des maux de tête, des crampes aux extrémités, des troubles sensoriels.

Hypertonie : état neurologique se caractérisant par une augmentation de la tension musculaire (contraction exagérée).

I

Inadaptation : problème d'intégration au milieu ; impossibilité d'assumer dans la société son rôle normal, de satisfaire ses exigences et celles de son entourage.

Infirmité motrice cérébrale (IMC) : trouble moteur ou postural dû à une lésion cérébrale*.

Influx nerveux : phénomène par lequel on explique la propagation (vitesse) des effets de l'excitation dans les nerfs.

Inhibition : diminution de l'activité psychomotrice causée par la diminution ou l'arrêt d'une fonction organique ou neurologique.

Instabilité : agitation excessive de la personne, de sorte qu'elle passe d'une activité à l'autre, bouge, se déplace sans cesse.

Instinct : comportement* spontané, héréditaire et inné. Mouvement psychomoteur exécuté sans expérience préalable.

Intelligence : capacité globale permettant de comprendre, de connaître, d'avoir une pensée rationnelle et une interaction cohérente avec l'environnement.

L

Langage : moyen de communication* entre les personnes ; il peut être verbal, écrit ou par signes spécifiques (par exemple, LSQ, morse, braille). Il existe un langage de la pensée, qui suit le développement* mental, un langage réceptif qui fait partie de l'audition, de la lecture, un langage expressif qui est parlé, ou moteur.

Langage intérieur : langage de la pensée. Façon d'intérioriser et de structurer ses expériences sans utiliser la parole*.

Latence (temps de...) : intervalle de temps entre le moment de la formulation mentale de la réponse (dans sa tête) et le début de la réponse verbale.

Latéralisation : conscience que l'on a des deux côtés du corps, sur soi, la partie droite et la gauche, et qui permet de les utiliser simultanément ou séparément.

Latéralité : prédominance fonctionnelle de la droite ou de la gauche du corps. En psychomotricité, on parle de latéralité acquise lorsque l'enfant a pris conscience de la droite et de la gauche sur soi et sur autrui.

Ludique : relatif au jeu. Activité ludique.

M

Maturation nerveuse : série de transformations qui conduisent à la maturité du système nerveux.

Mémoire auditive : capacité de se souvenir des bruits et des sons discriminés pour pouvoir les reproduire correctement. Habileté* à distinguer, à discerner les fréquences, la tonalité, l'amplitude (longueur des sons).

Mémoire visuelle : capacité de se souvenir des objets, des personnes ou des formes (symboles) vus antérieurement.

Milieu : espace de vie où s'exercent les influences socio-économiques et éducatives et dans lequel se réalisent les échanges psychoaffectifs entre les personnes.

Moi : ce qui constitue l'individualité, la personnalité de l'individu. Le moi se développe sous l'influence de la maturation du système nerveux et des conditions socio-culturelles et affectives.

Motricité : ensemble des fonctions biologiques qui assurent le mouvement ; ensemble des mouvements assurés par ces fonctions.

Motricité fine : raffinement (perfectionnement) des fonctions motrices qui permet le contrôle de la main et des doigts, en vue d'atteindre la précision et l'habileté*.

Motricité globale : développement* du système neuromusculaire qui permet d'acquérir une coordination des mouvements, un tonus* musculaire, un contrôle postural et respiratoire et de maîtriser un certain équilibre* moteur. (On parle aussi de motricité brute.)

N

Négativisme : résistance à toute sollicitude. Le sujet négativiste peut être passif, inerte, refusant de parler, ou actif, réagissant par la fuite ou par une attitude opposée à celle que l'on attend.

Neuro-motricité : aspect de la motricité* en relation avec le système nerveux, sa maturation et ses troubles.

Neurone : cellule appartenant au système nerveux, comprenant un corps cellulaire et des prolongements (axone et dendrites).

Normalisation : processus par lequel on essaie de rendre le style de vie d'une personne le plus proche possible de ce qui est considéré comme normal dans une culture, dans la société.

Normalité : un comportement* est considéré comme anormal s'il s'écarte trop du comportement considéré comme normal par la société dans laquelle vit le sujet. Les psychanalystes définissent la normalité en termes de santé : absence de conflits, créativité, et non en termes de bonne adaptation à une société particulière.

O

Observation : méthode ayant pour but de relever un certain nombre de faits à partir desquels il sera possible de former une hypothèse que l'on soumettra à la vérification expérimentale.

Oculo-moteur : acte moteur guidé essentiellement par la vue.

Opposition : attitude hostile se manifestant par une résistance passive ou active contraire à celle que l'on souhaite.

Organisation perceptive : phase de structuration, dans le cerveau, des sensations et des perceptions* conduisant à la connaissance des objets et des relations entre eux.

Organisation spatiale : phase d'exploration de l'espace par le mouvement ; perception* des divers rapports spatiaux entre les objets et adaptation du corps à ses propres dimensions.

Organisation temporelle : phase d'appréhension et de structuration des données du temps immédiat ; possibilité de se situer dans le temps, de l'évaluer et de percevoir l'ordre de succession des événements.

P

Parole : acte moteur entraînant la production de sons audibles et faisant intervenir les lèvres, la langue, la mâchoire, les cordes vocales, etc.

Pathologique : caractère de ce qui est anormal, qui provoque de la souffrance.

Pédagogie : science de l'éducation des enfants ; méthode d'enseignement.

Perception : processus d'organisation et d'intégration des sensations que l'enfant reçoit de stimulus* internes et externes.

Perception auditive : processus par lequel le sens de l'ouïe peut saisir (capter) tout bruit ou son et l'interpréter ; la perception auditive permet de distinguer des ressemblances ou des différences entre les sons et les bruits.

Perception visuelle : processus par lequel le sens de la vue peut saisir (capter) tout objet et l'interpréter ; la perception visuelle permet de distinguer des ressemblances ou des différences entre les objets, les symboles.

Phonème : le plus petit élément sonore du langage* ; exemple : le son correspondant à la lettre « t » est un phonème.

Posture : position des éléments (tête, tronc*, membres) du corps les uns par rapport aux autres, et à un moment précis ; exemple : être debout les bras en l'air et la tête penchée. Position à partir de laquelle l'enfant commence un mouvement.

Praxie : système de mouvements coordonnés pour atteindre un but ; exécution motrice, représentation du geste à faire.

Préjugé : attitude spécifique, négative ou positive, envers une personne, fondée sur une croyance imposée par le milieu et pouvant résister à l'information.

Prévention : ensemble des mesures qui permettent d'éviter l'apparition, l'aggravation ou les conséquences des maladies et, d'une façon générale, d'améliorer la santé des personnes ou des populations.

Pronation : mouvement de l'avant-bras entraînant une rotation de la main, de l'extérieur vers l'intérieur, comme lorsqu'on pose sa main sur une table.

R

Raisonnement : opération de la pensée consistant en un enchaînement logique de rapports (c'est-à-dire de jugements) aboutissant à une conclusion. L'on distingue deux sortes de jugement : la déduction, qui est le passage du général au particulier, et l'induction, qui est l'extrapolation d'un cas particulier à la généralité.

Récepteur : partie d'un organe sensoriel (rétine, oreille, peau, etc.) assurant la communication* entre la stimulation et le message (l'influx) nerveux.

Réflexe : réponse immédiate et involontaire du système nerveux à une excitation particulière.

Relations spatiales : conscience des distances existant entre les objets, les personnes, dans l'espace.

Relaxation : détente progressive, volontaire du tonus* musculaire.

Résidu auditif : reste d'audition, très petite capacité auditive ; l'individu entend parfois certains sons même s'il est considéré comme sourd.

Rythme : cadence régulière, mouvement réglé, alternance régulière de certains événements. Activité se renouvelant à intervalles réguliers.

S

Savoir : terme pour désigner l'intelligence abstraite ou verbale, caractérisée par la facilité à se servir des symboles.

Savoir-être : terme pour désigner l'intelligence sociale, caractérisant la facilité à s'entendre avec les êtres humains.

Savoir-faire : terme pour désigner l'intelligence pratique, impliquant la facilité à manipuler les objets.

Schéma corporel : représentation ou idée que nous nous faisons de notre corps en mouvement ou à l'arrêt (immobile).

Sens : canaux par lesquels le corps reçoit des informations. On en compte cinq : la vue, l'odorat, l'ouïe, le toucher et le goût.

Sensibilité : aptitude à réagir à des excitations externes ou internes. C'est la possibilité de percevoir des impressions en provenance du corps ou du monde extérieur.

Sensorimoteur : qui concerne simultanément la sensation et la motricité* ; qui réagit à une sensation par un mouvement ; exemple : le nez qui bouge en sentant une mauvaise odeur, les yeux qui se ferment devant un éclair.

Sons gradués : sons dont la fréquence (hauteur) augmente selon des intervalles réguliers, sons de plus en plus aigus.

Stade de développement : étape importante du développement de l'enfant.

Stéréognosie : capacité de reconnaître la forme, la taille et le poids des objets.

Stéréotype : idée toute faite, non fondée ; opinion dépourvue d'originalité.

Stimulation sensorielle : stimulation des organes des sens* (ouïe, goût, odorat, vue et toucher).

Stimulus : agent extérieur provoquant une action déterminée. Phénomène susceptible de faire réagir certains récepteurs* sensoriels d'une personne, et d'avoir un effet sur son comportement*. Quelque chose qui incite à l'action et à l'effort. (Pluriel : stimulus ou stimuli.)

Succession auditive : capacité de se souvenir de ce qu'on a entendu en respectant l'ordre des sons ; exemple : un numéro de téléphone, do – mi – sol – do.

Supination : mouvement de l'avant-bras entraînant une rotation de la main, de l'intérieur vers l'extérieur, comme pour recevoir un petit objet. (Voir **Pronation**)

Symbole : élément substitutif riche en signification et exprimant l'essence même de l'idée ou de la chose qu'il représente.

Symétrie : distribution régulière des deux parties du corps, de la gauche et de la droite ; équivalence des deux côtés du corps.

Synapse : point de contact entre deux neurones*.

Syncinésie : activité musculaire involontaire qui produit un geste désordonné, incontrôlé, qui perturbe, modifie l'exécution de l'activité volontaire ; la syncinésie est fréquente chez le jeune enfant.

Syndrome : ensemble des signes et des symptômes qui caractérisent une maladie, une affection.

Système nerveux central : partie du système nerveux qui comprend l'encéphale et la moelle épinière. Endroit où l'information est traitée, emmagasinée et retrouvée. (Abréviation : SNC.)

T

Tempo : rythme* d'une action ; tempo personnel : rythme propre de la personne.

Tonus musculaire : état de tension active et involontaire du muscle. Contraction minimale d'un muscle au repos. C'est le tonus musculaire qui permet de maintenir la station debout.

Tronc : partie du corps humain à laquelle se rattachent la tête et les membres.

V

Vocabulaire : ensemble des mots dont dispose une personne. Niveau de connaissance des mots, de leur signification et de leur emploi. L'influence socio-culturelle agit beaucoup sur la quantité de mots que la personne possède, maîtrise.

MARQUIS
MEMBRE DU GROUPE SCABRINI
Québec, Canada
2006